文革的起源

公有制啟示錄

蘇福忠——著

目次

第二部　記住，千萬別帶孩子去幹活兒

引子　村祭

寫作這些人，不是因為我年屆花甲，人老了喜歡回憶往事，而是這些人始終活躍在我的腦海裡，陪伴我，激勵我，撫慰我。從一個小小山村走出來，與文字結緣，與英語結緣，這種概率大大小於過去的中舉人、中狀元；抑或在百萬分之一也未可知。正因如此，如果我不能寫一寫他們的艱辛和悲苦而無所作為，我會成為罪人。

大約過了五十歲，我總喜歡對我以為有頭腦、會寫作的朋友以及有些名氣的熟人反覆說：「這個體制下，我們的經歷是罕見的，獨特的，不要拿外國人的說法當法寶，更不要拿主流宣傳當準則，認真地把我們所見所聞所經歷的寫出來，如實寫出來，一定有不可代替的價值。」人輕言微，自然沒有人回應；說得多了，人家還會表示出客氣的不耐煩：你幹嗎不寫？大約從那個時候起，我就開始醞釀自己動筆寫點歷史了。有些文章運氣好，在一些雜誌發表了；大部分文章運氣不好，發表不了，好在電腦這個寶貝做了庇護所，都存了起來。

我寫完一個人物，腦子便如同卸去一部分重負。自己閱讀寫出來的人物，每一遍都讓我唏噓不已。請別人看，他們很虔誠地告訴我：「唉，是啊，中國農村這樣的事情太多了。」我還在等待進一步評說，而他們的樣子告訴我：這就是我們的讀後感。我詫異，大惑不解：莫非我寫的東西真的不能令人有所感觸？細想之下，我掂量出了「中國農村這樣的事情太多了」的分量。因為「太多了」，世人習以為常，把很不正常的東西視為常態了，也就是魯迅先生筆下的愚民拿饅頭蘸人血而求治病了。麻木當然是很可悲的。怎麼再讓那些非常態的事實讓讀者感覺它們的非常態、感覺它們的可怕、感覺它們的沉重呢？

這是個問題。

前三十餘年來，中國的事情一直都是兩張皮：上面為所欲為地施行一套，下面艱難困苦地自行一套；上面的一套純粹人為，下面的一套純粹自救；上面的一套越喧囂，下面的一套越啞音；上面的一套越強勢，下面的一套越慘澹。我儘量把這兩種形態往一起拉，儘量讓讀者看到兩者背道而馳的原因、結果、恐怖和危險的所在。

我筆下的「父老鄉親」一直認為上面的一套是「吃飽撐的」大道理，我因此曾經一度認為他們的觀點很落後，很愚昧，很可憐，到了我年過半百，才意識到他們的認識遠遠高出我的認識。畢竟，我是所謂新體制下成長起來的一代，一直被洗腦，被填鴨，要擺脫被肆意擺佈的囧境，是很難的，有時甚至是痛苦的。而他們的生存環境一直在惡化，他們一直在惡化的環境裡苦苦掙扎，他們就看得更清楚、更準確。然而，卻又因為他們不屈不撓的苦苦掙扎，上面的大人物才能吃得住，沒完沒了地折騰他們，形成了幾十年的惡性循環。這實在是人類從來沒有過的悲劇。而我，只是試圖把這樣的悲劇寫出一點來，讓人類歷史上多那麼小小的一筆，記住過去，引以為戒。

去年是辛亥革命的百年祭，官方和網上的媒體倒也熱鬧，可惜只是熱鬧而已，少有慧眼識得出，先輩們前赴後繼追求的科學、民主和自由，在我們這個古國裡，至今還是抽象的名詞，哪家都有自己的解釋，哪家都有自己的道理。而在我看來，在中國，科學就是工業革命的成果，民主就是商業活動，自由就是買賣商品。所有的東西都是舶來品，關鍵只是一方要把過剩產品輸送給另一方，賺取利益，富國強民；一方是利用開關與閉關與另一方對峙，自家先爭論不休，打打鬧鬧，上綱上線，開關是賣國也是愛國，閉關是愛國也是賣國，問題的核心只是誰坐了江山，誰說話算數。苦的還只是老百姓，一百年過去了，古國只開了一點點門縫，他們便以百倍的熱情和幹勁兒，讓十五億人解決了吃飯的問題——一個天大的問題，而依靠的還是科學。至於民主和自由，沒有私有制，一切都談不上，因為「民主和自由」這樣的概念，是私有制的意識形態。這是我在「解讀」部分重點闡述的。

魯迅先生說：「無破壞即無新建設，大致是對的；但有破壞卻未必即有新建設」。哪裡只是「未必」的程度？而是徹徹底底地破壞後，一點新的東西都沒有建立起來。比如我們那個偏僻的小小山村，牌樓沒了，石閣沒了，三官廟沒了，一棵老槐樹沒了，另一棵老槐樹也沒了，那樣的地理文化養育出來的父老鄉親也都沒了；連多少沾染過那樣的地理文化的兒時的「發小」們（案：「發小」即從小一起長大的朋友）都成了老人，也在一個接一個地沒了。人文環境不止沒有新建設，連這樣新建設的概念是什麼，怕是還沒有產生；不，永遠都不會產生。

上世紀八十年代中，我的一個同鄉送了一本《陵川縣地名錄》，棗紅色封面，十六開，精裝，然印製粗糙，照我藏書的標準，應在淘汰之列，而我悉心留下來，並鄭重地放在了常備書架上，是因為我在書裡找到了我們小小山村的定義：

晏理（**Yàn Lǐ**）

該村坐落於一個狀如雁窩的小山窪內，古稱雁窩裡。後以其「雁」與「晏」、「裡」與「理」音近，演變為晏理。有居民一百六十八人，耕地三百六十七畝。

這是我第一次看見用鉛字界定我出生的小山村，這些字看起來別有一種親切感和神祕感。從我們村子的定義可以看出，它是一個古老的村子。只是說它名字叫「晏理」，是因為「坐落於一個狀如雁窩的小山窪內」，由雁窩演化而來，我則表示懷疑。從村子的地理演變來看，我們祖先選址的理由，應該是當初的山腳下黃土層豐厚，可以刨土為窯，暫時有個立錐之地；而後開荒種地；而後掘土和泥脫坯，修築房子；而後掘土和泥脫磚、燒磚，修造更好的房子；而後隨著村民繁衍，村子人口增多，村盤變大，漸成形狀，成為一個自然村落。即使今天仔細勘察這個小山村，依然能看出這樣一種發展模式。這是人的本能釋放出來的能量。

當然，與我生活的時代相比，進入二十一世紀，村子還是發生了變化：電通了，自來水通了，水泥路通了；近十年來，村子周圍的山頭長出了鬱鬱蔥蔥的可喜的松樹，樹幹都有椽子那麼粗了。我問「發小」們：

「如今沒有人偷這些樹去修房子了？」

「不是沒人偷，是偷了沒有用了。」

「怎麼講？」

「如今修房都用水泥了，誰還用木頭？」

如此說來，一切變化都還是因了工業革命的成果，而我們因為要不要這些能儘快改善人民生存環境的科學技術，爭論了一百年還是沒有爭論清楚。想要是一套說法，不想要又是一套說法，結症到底在哪裡，如今再沒有像我的父輩們那樣認真的發問了。人們只是在跟，跟，跟，跟到哪裡是個頭，村民們不管那麼多了。老的在等待更老，年輕的一代都一往直前地往鎮裡、縣裡以及更遠的城市湧去，村裡的房子人去屋空，延綿祖祖輩輩的人氣怕是一去不復返了。

借寫引子之際，寫下這些文字，是為村祭。

八里莊北里二人居
二〇一一年十一月

第一部　唉，都是公家的事兒，犯不著

一、好人學不壞，壞人學不好

尿床是一種病，但是上個世紀六十年代初期的那幾年，中國尿床的小孩都沒有病，因為晚飯他們喝下的不是水煮的糧食，而是糧食煮的水。水在尿泡裡，非排掉不可。

晚間，我跟著兩個姐姐從村裡食堂打上全家的飯，端了回家，路上擱在地上喘氣，天上的星星掉進了鍋裡一般清晰可見，隨著稀湯湯水在鍋裡浮動。一九五八年把各家各戶的飯鍋砸爛了煉鋼鐵，村裡人背地裡罵那些個造孽的人不得好死，隨後的幾年村裡人餓得連罵聲都沒有了。等到上面一聲令下，各家各戶可以置辦一兩個大鍋，到食堂打上全家的飯端回家裡喝，大傢伙兒聽了歡天喜地，趕快把鍋買回來，爭先恐後地去食堂往家打飯，誰都沒有想起來當初砸鍋煉鐵的慘狀，如今又讓老百姓買鍋，是玩弄老百姓，愚弄老百姓，應該罵他娘個八輩祖宗才解恨！沒有人罵，大家只想把稀飯打到家裡喝，怎麼都比端了一碗稀湯湯水圍在食堂周圍「吸溜吸溜」地喝，更像過日子。

如同中國千千萬萬的小孩子，我晚上喝了稀湯湯，夜裡被尿憋醒了就起夜，沒有憋醒就尿床。一天夜裡，我被尿憋醒了，從炕上跳下地迷迷糊糊地找尿鍋撒尿。憋足的尿泡一點點鬆動起來，睡意隨著尿撒掉了一半。我睡眼朦朧的眼睛的餘光，發現暗淡的煤油燈下父親和母親一動不動地守著一籮頭玉茭穗，雕像一般。我揉了揉眼睛，赤裸裸地站著，打量著那一籮頭玉茭穗，籮頭的旁邊分明是父親和母親，但是他們誰都沒有說話。山村深秋的夜裡，涼嗖嗖的夜氣襲來，我不由得渾身哆嗦一下，父親和母親還是沒有吭聲。我以為是做夢，回到了炕上，躺下。然而，過了一會兒，傳來了母親的聲音：

「他看清楚了嗎？」

「不知道。」

「他看出來我們在幹什麼嗎？」

「不知道。」

「他要是問起來怎麼對答他呢？」

「不知道。」

父親和母親沙拉沙拉地把玉米穗收拾妥當，母親又問：

「這些玉米殼兒怎麼辦？」

父親作答：

「我攉到牛屋去餵牲口。」

牛屋就是村裡的飼養院。自打土地歸公，父親就一直給隊裡餵牲口。我原本跟父親一起去牛屋睡覺，只因在鬧肚子，留在家裡喝和肚水。

過了一會兒，傳來了父親開街門的動靜。然後，一切安靜下來，我聽見母親窸窸窣窣地上了炕，睡下了。等到母親發出輕微的鼾聲，我卻一點睡意也沒有了。屋子裡黑洞洞的，伸手不見五指，我把所見所聞想了又想，得出了一個可怕的結論：偷來的玉米穗，滿滿一籮頭！可是，可是，真是父親從公家的地裡偷來的？我視若天大地大的父親會偷東西嗎？那麼……我不敢再往下想，卻又忍不住往下想，很多假設一個接一個閃現，又一個接一個熄滅。我翻了一個身又翻一個身，身上這裡癢一下那裡癢一下，好像滿炕的跳蚤、臭蟲和蝨子都在咬我，一直折騰得外面滴答滴答地響起下雨的聲音，我才迷迷糊糊地又睡過去了。

村裡有兩個飯場，東頭一個，西頭一個。自打成立了人民公社，村裡辦起食堂，食堂周圍成了飯場，便只有一個了。兩個月前食堂不再對個人而對家戶開放，東西兩個飯場才又興起來了。飯場上的飯開始是一模一樣的，都是從食堂的大鍋邊打進各家的鍋裡，各家端回家中，每個人再從家中的鍋裡舀上，端到飯場來喝，吸溜吸溜，此起彼伏。不過沒過多久，變魔術似的，飯場上的飯食發生了一些變化，有的人碗裡多了野菜，有的人碗裡多了豆葉，還有人索性不怎麼上飯場了。辦食堂前，父親會端上飯碗到西頭飯場去；食堂散掉，他碗裡的稀飯不禁喝，走不到西頭就喝完了，所以多在東頭的飯場上。西頭的飯場大，人們坐在老槐樹下的石頭上，黑壓壓一片，上面有什麼精神、鄰村有什麼動靜、食堂什麼時候散夥，都是話題。如同東頭的大槐樹比較小，東頭的飯場也比較小，只有五六家人在場。話題的範圍也小一些：這樣清湯寡水肚饑腹餓的日子什麼時候是個頭；誰家的老人餓倒在床多少日子了，誰家大人的腿也腫起來了；誰家的小孩餓得在地上抓土吃……

父親是個喜歡蹲飯場的人，喝完第一碗總是懶得去盛第二碗，只要我在飯場，他就會衝我伸伸碗，叫我去給他盛。這點事兒由兒子來做，是顯耀自己的孩子長大了，能給大人盛碗飯了。有人要是趁機奉承幾句，父親聽了心下喜歡，會說：

「多會兒能給我掙碗飯吃，那才叫本事！」

我把飯碗端回來遞給父親時，卻別有用心，大聲問道：

「東傘村那個賊漢還活著嗎？」

父親接過碗，吸溜了一口，愣愣地看了我一眼，說：

「早死了！」

我回到我坐的地方，端起我的飯碗，又問：

「他真的是讓他哥哥把眼弄瞎的嗎？」

「那還有錯？我都給你講了八遍了，你還問！」母親插進話來，像是要阻止我再問這個問題。

「方圓幾十里都知道這事兒，」當中院大爺接話說。「那是個慣偷，一天不偷東西都睡不著。他家人把他捆起來打了他多少次都不改，後來商議好，把他的眼用石灰煞瞎了。他出村偷東西不行了，就夜裡摸進村子裡不論誰家的院子，偷一樣不論什麼東西，第二天再送回去。我見過他，生得跟白面書生一般，有模有樣，老遠聽見你走過來，嘿嘿衝你笑，兩隻眼睛一翻一翻的，眼珠上的灰皮一骨碌一骨碌的。」

我更小的時候一直以為當中院大爺和父親是兄弟倆，因為每年大年初一父親都要催促我去給當中院大爺大奶拜年，跪下磕頭後他們會給我壓歲錢。當中院大奶幾乎每天晚上都要來串門，家長里短的，好像在商量第二天兩家都吃什麼，能不能互補點什麼。第二天，大奶往往會端來些好吃的。他們家就一個兒子，我叫哥，對我極好；我家姊妹六七個，卻只有我一個男孩，因此大奶端來的好吃的，多少我都能吃上點兒。村裡成立了食堂，這樣的串門少了；即便來了，也只是唉長氣短的，抱怨日子沒法過，窮日子久了，什麼壞事都可能發生。兩家人都擔心兩個男孩會餓出什麼毛病，尤其當中院大爺家，因為我的哥哥比我大八九歲，快成小夥子了，餓得天天喊著要回河南去，因為那裡有吃有喝。漸漸地，我才聽明白，我的這位哥哥是要來的，背景還頗複雜；由此我也明白了，我們不是一家人，只是有些特殊的原因，兩家走得很近，非同一般。當中院大爺對我這樣一個小孩子的話當真，不厭其煩地回答了一大通話，是關心我的成長，教育我學好。

「他偷東西是天生的毛病，不是學壞的！好人學不壞，壞人學不好。」父親說話的口氣不容置疑，隨後狠狠地吸溜了一口稀飯，眉頭皺得緊緊的，找補說：「多會兒能不再喝這鳥稀溜溜，稠稠的吃上一碗飯呢？」

「聽說秋後就散夥了。」有人搭話說。

「什麼散夥？」有人問。

「食堂。」

「誰說？」

「上面傳達下精神了。」哥哥說。

「左一個精神又一個精神，沒有一個精神是為老百姓的！」又有人說。

「食堂散夥，各家各戶過日子，也得有糧食吃啊！一個人一天四兩糧食，一隻老鼠也吃不飽！」父親說。

「集體食堂不逞這個能了，就把苦日子推給老百姓了！以後是八仙過海各顯神通了。」哥哥說。

「老百姓可不是八仙，等著受苦吧！」父親說。

飯場上你一句我一句，越扯越遠，甚至當初成立食堂時人們跟著上面的精神瞎嚷嚷，說什麼以後電燈電話，樓上樓下，大家都是一家，到頭來卻是睡醒了被窩裡撿了一條被子，自己蒙自己。人們什麼都說，可就是沒有我想聽的話。我只是想發現蛛絲馬跡，說明父親夜裡是去集體地裡偷東西了；不知道是我那時還不善於觀察，還是父親母親臉色就沒有變化，我竟然什麼也沒有看出來。

二、我的褲子會漏掉的

我順著窯頭坡走到坡頭，穿過那個高高的簡約的磚砌牌樓，再不敢往前走了。轉過身來，向下坡望去，看見一些谷地的穀子已經由綠轉黃的，而玉米地的玉米從根下往上黃，有的快黃到頂纓上了。村西口是一個拆去頂部的閣，村東是垛地，垛地再往上就是山，長滿了柏樹。坡下是村子，村子再往南是一道土崖，土崖下邊順溝走半里路，是遠近聞名的三官廟。那裡正殿裡是三尊慈眉善目的泥塑像，身邊站了一些小童子，看去讓人浮想聯翩，但是兩邊的廂房裡有四尊張牙舞爪的站神像，我跟大人們去那裡燒香不敢近前，老遠等大人燒香回來。想到這裡不禁害怕起來，覺得還是回家的好。正要抬步，卻看見不遠處的一塊玉米地裡的一棵玉米沒有玉米穗了，我一陣竊喜，以為找到了蛛絲馬跡。我上了地頭，定睛看去，順著那一棵玉米四下尋找，卻見周圍的玉米上都長了玉米穗，看不見什麼連在一起的空玉米。我正沮喪，眼前一亮，又跳出一棵空玉米。我扒拉開玉米葉，趕過去尋找，還是看不見連成片的空玉米。深感掃興之時，又一棵空玉米出現了。我正要繼續尋找，卻發現地後塄有人影晃動。定睛看去，是一個人靠在塄牆上，褲腰口開著，正起勁地往褲子裡剝玉米粒。我立時感到心砰砰地跳起來，大聲喊道：

「誰？」

那個人立即把玉米穗扔進褲子裡，把褲子腰掩上，四下張望；從玉米間隙裡瞅見是我，一副如釋重負的樣子，笑嘻嘻地向我招手，讓我過去。我這時看清楚了那人是寶鳳姐，便走了過去，心卻還莫名其妙地跳，說不清害怕什麼。寶鳳姐身邊有個籃子，裡面有一些豆角。她和我一點不見外，張開褲腰，從褲子下面摸出沒有剝完的那個玉米穗，接著剝下去。從褲腰的張開空隙處望去，她白白的肚皮清晰可見。她一邊剝玉米，一邊時不時瞅我幾眼，說：

「快去撇來一個大玉米穗，也往你的褲子裡剝呀。」

「我的褲子會漏掉的。」我答道。

她瞅了一眼我的褲子，說道：

「那就沒辦法了。下次你穿兩條褲子，裡面的扎上褲腿，就能像我這樣剝玉米了。」

「我才不穿呢。」我說。

「為什麼？」她問道。

「我不做賊。」我說，聲音不由得高了一點。

寶鳳姐四下張望一下，放低聲音說：

「小聲點，你這個小甩手哥兒。全村就你一個甩手哥兒了，你看看別的孩子都幫著父母往家偷糧食呢。」

「胡說！」

「你們老師為什麼給你們放假？」

「幫助生產隊收秋啊。」

「算了吧！靠你們小孩子收秋，糧食早都爛在地理了。你們的老師都回村裡收秋，都是為了能往家弄些糧食，你信不信？去年餓了一年了，今年還是四兩口糧，日子怎麼過呀。收不收，吃一秋。有餘老爹怎麼死的？聽起來是去她閨女家吃了一頓燜飯撐死了，其實是天天挨餓，腸子餓軟了，猛地吃一頓乾飯，把腸子撐斷了才死的！不信？現成的就有王喜老爹，餓得兩條腿浮腫，不信你去看看！吃秋不吃夏，頂多他熬過年去，熬不到吃麥子他就不行了。看看吧，村裡先是老人一個個餓死，接下來村裡上年紀的人都要腫腿了——不信回家看看你爸爸的腿怎樣？然後是女人餓得不生小孩了，貓啊狗啊都餓死了，牲口紛紛倒在槽後面，羊啊豬啊——對了，想起來了，食堂餵的那些豬餓得天天叫喚，一頭豬餓得咬斷門欄跑了，聽說有人看見了，在野地裡吃莊稼，吃得肥溜溜的。這世道，豬都知道沒有野食不行，你還不幫著家趕緊偷些糧食，冬天食堂散夥，你家吃什麼？過了這個村就沒有這個店了，你撇一個玉米還能咬了你的指頭？你偷回去一個玉米穗，讓你媽給你煮了，炒了，吃了多香！看你餓得一架骨頭頂了一個大腦袋，不怕餓死呀！」

寶鳳姐說話語速一向很快，噠噠噠像機關槍，把我說得一激靈一激靈的，也說得我嘴裡的口水一汪一汪的。她是村裡的唯一軍屬，丈夫木旺叔在新疆當兵，走了三年了沒有回來過。隊裡照顧軍屬，派她到地裡幹活兒，總是輕省些的，比如摘豆角，沒有定額，摘多少是多少。我在地後塄看見過幾個男女往腰裡別玉米穗，可從來沒有想到一個女人家敢大白天在地後塄解開褲腰帶，往內褲裡剝玉米粒！這明明是偷盜活動，可她說起來一口一個「偷」字，一點不臉紅，不忌諱，自己理直氣壯不說，還振振有詞地教導我也偷竊。可是聽話聽音，鑼鼓聽聲，她是為我好，我不能不知好歹，跟她計較什麼，便囁嚅道：

「這些都是公家的呀。」

「你這個傻子，偷的就是公家的呀。私人現在誰還有地？私人要是有地，誰幹這種偷雞摸狗的事情？這是逼的！整整餓了一年多了，大家都餓怕了，誰都在明的暗的往家裡偷東西。幹部都敢去倉庫裡偷，咱老百姓在野地裡偷幾個玉米穗算什麼？你撇上一個嫩玉米穗，從這裡一塊地接一塊地跳下去，就是你家。回到家，讓你奶奶[1]給你煮上一個，看你吃得帶勁不帶勁？從小傷了身子骨，長大了沒力氣，幹不了重活兒，看你怎麼過活一輩子?!」

她說得我嘴生涎水，不由得吸溜了一口。她麻利地剝完了手裡的玉米穗，兩隻手各提著一個褲腿，顛了幾下，像是自言自語，說：

「今天早上就這吧。太多了，一旦碰上巡秋的，看出來不好。」

說罷，她提起籃子，在玉米竿上纏繞的豆角秧上找綠豆角。她好像在解釋自己的行為，說：

「這是最後一遍摘豆角，再過十天半個月就開始收大秋了。收來的糧食都交公糧了，一天只給咱四兩口糧，還不夠塞牙縫呢。我這是打兔子捎柴火，給生產隊摘豆角，給自己偷幾個玉米。在食堂是大鍋飯，要飽大家飽，要餓大家餓，全村吃一鍋飯。以後各家關起門來過日子，就看誰家會過了。」

她說著，從地裡一棵大豆秧上捋了幾個豆角，把豆角剝開，取出大豆，送進嘴裡，有滋有味地咀嚼起來，我老遠就聞見了豆腥味兒。她一邊嚼，一邊走到了我跟前，給了我幾個大豆，讓我也吃，我嚇得後退幾步，轉身跑了。玉米葉子打在我的臉上，毛刺拉得我的臉疼，可我顧不得很多，憋足氣往玉米地外面跑。昨夜下了小雨，但是地皮濕了，我的鞋底上踩了泥，沉甸甸的，跑不快。身後傳來寶鳳姐的聲音。

「這孩子，真是個甩手哥兒，以後有你好日子過！」

寶鳳姐的話千真萬確，我「以後」再沒有飽日子過了，而且隨著日子一天天熬過去，飯量越來越大，肚

---

1 老家對父母的稱呼，有點像清朝，叫母親「奶奶」或「爸爸」，叫父親「大大」或「爹」，直到上世紀八十年代才漸漸統一起來，用「媽媽、爸爸」稱呼。

子的飢餓感越來越厲害。正如我在一篇散文裡寫過的：「『食』、『我』二字組成的『餓』，像一隻餓狼一樣時時刻刻在追趕我，好像隨時會把我撲倒，把我吃掉。」寶鳳姐會過日子，勤快，像一隻螞蟻，一年四季忙著掙工分。她秋天來地裡幹活，格外享受，因為她生了個好胃口，任何莊稼長到八成熟，她在地裡邊幹活兒邊吃，能吃個八分飽呢。興許是她和別人不一樣，或者說別人和她不一樣，村裡傳言她手「不乾淨」，有機會就會從公家地裡往家「小偷小摸」。但是她私下跟人說，她是要儲備些糧食，等著當兵的丈夫回來，有吃有喝，不餓肚子。但是，生活並沒有善待她，她的不幸恰恰是她心疼丈夫，而她的丈夫卻認定她的偷竊行為給他抹了黑，帶來恥辱，以至後來連同他的父親和妹妹都或多或少連累上了。

三、你腿腫了

我十歲左右的時候，大概是我懂得生活艱難的開端，而這個開端的起點就是飢餓。此前記住的事情就是一天起來昏天黑地地瘋玩，飯時總嫌母親做的飯不好吃，總看見別人家的飯好吃，因此在飯場上誰往我碗裡撥飯我都接著，吃起來格外香，以至村裡辦食堂時我都興奮了一陣子，以為食堂的飯食一定很香。然而，沒多久，食堂的飯就吃煩了，端了大碗在飯場上晃，把碗裡不愛吃的挑給父親母親或者兩個姐姐。有一次，我從食堂的大鍋裡打上稀飯，把大碗扛在肩上，滿飯場找家裡人，不料腳下一磕絆，根下閃一分，頂上閃三寸，大碗的稀飯就蕩在了肩膀上，一分為二，後面順脊樑往下流，前面順胸膛往下流。我燙得哇哇大叫，母親衝過來照腦後啪地拍了一巴掌，喝道：

「你這個不發家的，不能安安生生地坐在哪裡好好吃飯，端上一碗稀湯四處晃蕩，看你招了報應不是？」

「我就不愛吃胡蘿蔔和豆麵條！」我爭辯道。

母親又啪一聲打了一下我的後腦勺，喝道：

「你就作孽吧，有你連胡蘿蔔和豆麵條都吃不上的時候！那時候你就知道挨餓是甚麼滋味了。」

母親料事如神，似乎話音還沒有落乾淨，食堂的飯食就變成了稀湯湯，此後最難忘的印象就是我每天都餓得團團轉，喝下肚子的稀湯湯只夠撒泡尿。別人的生活我都忽略了，尤其父親的沒夜沒日的勞作，根本不明白父親為什麼要守著村裡十幾頭牲口，累死累活地伺候它們。食堂散夥，糧食分到各家各戶，我才從大人的談論中明白，儘管每天人均四兩口糧，還必須掙夠工分才能分到家。我家八口人，只有父親一個勞動力，父親必須掙夠我們的口糧錢。如果父親隨大夥上下工，一年掙夠三百個工分就是出勤率很高的了。老天總有陰天下雨的日子。而父親餵牲口，每頭每天平均一分多工，陰晴無阻，父親一個月可以掙到四十多個工，一年掙五百多個工，幾乎比兩個壯勞力掙的工分還多。父親因此付出的勞作是超常的：白天起圈、墊土、鍘草、挑水，夜裡守夜餵牲口，尤其傍明十分，父親需要給牲口添草拌料好幾遍，盡一切手段給牲口餵足草料。為了把草料拌透拌勻，父親總是用手在牲口槽裡攪來攪去，在槽幫上把兩隻袖子磨蹭得黑亮，袖口很快磨破，讓旁人看見他總是穿了兩隻破袖口的衣服，不免覺得奇怪。父親很少生重病，頭疼腦熱時愛哼哼，但一到餵牲口的時間，他便會一骨碌爬起來，一直把牲口餵飽，等待趕牲口的來備車備套。隨著年齡長大，我在家裡沒有了睡覺的地方，便經常跟隨父親在牛屋睡覺。有時父親在家裡坐到很晚才回牛屋，而我已經睡著，往往是父親把我背到牛屋。有時被尿憋醒，我能聽見父親一邊餵牲口一邊哼哼上黨梆子。父親不識字，記不準台詞，記不住曲調，經常是把一個曲調反覆哼哼。趕上冬季，有時我會在被窩裡看見父親坐在火邊，影子高高地映在黑黢黢的屋頂。冬季是村裡拉煤囤煤的季節，各家各戶輪著來，四五個趕車的會在拂曉時分便來到牛屋，等待牲口吃飽，備車上路。他們和父親年齡相當，曾經是有形或無形的互助組，共同的話題很多，很有些老哥們兒的氣氛。這種光景很短暫，後來各家各戶的苦日子難以對付，但凡有些物質和利益的地方，都成了爭奪的目標。這群牲口也不例外，不過這是後話。

「你能餵一輩子牲口嗎？」有人問道。

「看這身子能撐多少年吧。現在還頂得住，就是家裡人都嫌棄這個活兒，說我白天黑夜地幹還不夠，害得一家人都跟上受苦。我那兩個大閨女，死怕來跟我鍘草。也是，冬天鍘乾草嗆得慌，夏天鍘圪針扎得慌，擔土擔水沒完沒了。唉，她們才十四五歲，幹這種活兒很吃力，欺得慌。」

「等你的孩子長大就好了。」又有人說。

我們那裡說「孩子」，是指家中的兒子。我父親的唯一兒子便是我，從小對我疼愛有加，和嬌寵差不多，因此父親聽了這樣的話，嘴上說些冷嘲我的話，但話裡卻是一種熱乎勁兒：

「我那孩子只知道耍，哪懂得幫大人幹活兒。」

「你家孩子孤根獨苗，嬌還嬌不過來呢，幫人幹什麼活兒？」再有人說。

「那是。咱苦為了個甚？還不是為了兒女？六七張嘴呢！」父親說著「苦」，話音裡卻沒有半點怕苦的意思。

不怕苦是一種態度，能不能一直飽嘗苦難硬撐下去，光靠態度不行，還得有吃的，有喝的。父親一輩子不怕苦，不言苦，那得有伙食撐著，可如今碰上了饑荒，頓頓稀湯湯都喝不飽，卻是黑天白天地幹活兒，他感覺腿腳漸漸支撐不住了。一天喝過稀溜溜的晚飯，坐在火邊，父親說：

「這些天有些腿沉，兩隻腳抬不俐落，不知怎麼了。」

我突然想起了寶鳳姐的話，大聲嚷道：

「你腿腫了，爸爸。」

「村裡好多人腿腫了，我還不至於。」

「肯定腫了，不信你看看。」

「聽你說的肯定，像你腫了腿似的！誰告訴你的？」

「寶鳳姐。」

「她哪知道我的腿腫了？」

「她就知道。」

母親催促父親解開了褲腿，姐姐們忙點起火棒，就近察看。父親小腿上佈滿了筋疙瘩，我更小的時候在父親身邊磨蹭時，常常捲起他的褲腿，用手指按那些筋疙瘩。一按就下去，一放便漲起來。父親說是他年輕的時候趕牲口落下的。那時候村裡人搭幫到河南做以物換物的生意，例如用大豆換鹽什麼的。有一次，他們趕著牲口過結冰的河面，牲口踩塌了冰面，陷了下去，雖說河水不深，但因為馱載重，牲口無法從冰裡拔出蹄子，一時陷在了河裡。父親在給牲口卸貨時，在冰水裡走來走去，結果把腿筋激了，隆起了筋疙瘩。我和妻子說起這件事兒，妻子說父親的腿也許是靜脈曲張。但是那天晚上，父親的腿沒有了那些筋疙瘩，光光的，看上去還有些發亮。父親用食指和中指按下去，抬起手，腿上出現兩個小坑，半天不見變化。我第一次看見這種現象，覺得好玩又很害怕，趕緊把自己的腿也伸出來，捲起褲腿矗在光亮下。母親啪一聲把我的腿打開，喝道：

「有你甚事兒？一天起來只知道玩，還知道甚？」

「還知道餓！」我大聲抗議道。

母親不理我，湊過來用自己的一根食指在父親的腿上按了按，父親按下去的那兩個坑還沒泛起，母親按下去的新坑又出現了。隨後，母親對兩個姐姐說：

「還點著棒子幹甚？去弄點吃的吧，都是因為缺嘴才成這樣的。餓著肚子伺候十幾頭牲口，沒白天沒黑夜的，就是鐵人也頂不住啊！」

按照平常，母親這話是讓姐姐們去拿幾根胡蘿蔔，燒在火邊吃。二姐拿來了胡蘿蔔，母親沒好氣地說：

「死眼鬼，不能換個樣，炒兩穗玉米吃？」

「你不發話，誰敢？」二姐嘟噥說。

大秋收過，食堂解散，村裡人開始關上門過自己的日子了。和兩年多前全村人集中起來吃食堂相比，這是一個巨大的變化，也是老百姓眼巴巴盼望的事情。然而，一天人均四兩口糧，用父親的話說還不夠「老鼠一頓吃」，又成了人們的心腹之患。因此，深秋時刨下來的紅白蘿蔔，便成了各家各戶盼望的寶貝疙瘩了。上級三令五申，不讓占耕地種菜，但是有了食堂挨餓的教訓，糧食定量超低，村裡人便以變應變，在收過麥子的地裡全部種上了紅蘿蔔，因為上面來檢查，麥地已經收過一茬糧食，不算占耕地。說來奇怪，儘管麥子剛收，沒有追肥，土地乏力，但是紅蘿蔔長得驚人的好，一畝地收兩三千斤是稀鬆平常的。於是，那幾年村裡人均百十來斤紅蘿蔔是常有的。一天三頓，村裡各家各戶的鍋裡都煮紅蘿蔔，整根的、切段的、用擦床擦成絲的……各色紅蘿蔔成了鍋裡碗裡的主角。糧食有限，小米和圪糝下在紅蘿蔔裡星星點點的，稀稀拉拉，再糊上些棒子麵和糠麵，就是飯食了。想吃乾的，就把胡蘿蔔擦成絲兒，墊鍋底，把玉米麵和糠麵用水拌了燜在上面，我們那裡叫這種飯食「圪壘」；玉米麵為主，叫作「玉茭麵圪壘」，糠麵為主叫「糠圪壘」。一天四兩糧食，自然吃不起玉米麵圪壘，只能吃糠圪壘。父親吃了糠圪壘大便出血，很厲害。奇怪的是我吃了糠圪壘也大便出血。因此，我們家如果吃圪壘，只能做兩樣，一鍋是糠圪壘，一鍋是玉米麵圪壘。母親帶著姐妹們吃糠圪壘，我和父親吃玉米麵圪壘。儘管我跟上父親享盡了好處，但是上下頓吃胡蘿蔔做的伙食，甜不索索，我很快就吃傷了，每天吃飯像過堂：不吃，餓；吃了，不僅不飽，還很反胃口，總有一種想吐的感覺。

大姐張羅炒玉米的事兒，二姐還是拿了幾根紅蘿蔔，燒在了火邊。二姐知道，炒出來的玉米是讓父親吃的，加上我這個不懂事的多吃多占，剩給母親和姐姐的，就是抓一把半把嚐嚐稀罕，還多虧了三個妹妹還小，晚間早早就睡下了，要不然大家吃到嘴裡的就更少。那是在村裡食堂吃了兩年多單調得像豬食一般的伙食而後又挨餓之後，第一次在自己家裡炒玉米吃，那個香啊，那次吃炒玉米的香味，讓我記了一輩子！我吃得正香，卻聽見母親說：

「你別吃了，讓你爸爸都吃了吧。男怕穿靴女怕戴帽，他要是倒下了，你別說吃炒玉米，連紅蘿蔔都吃不上了。」

我歷來怕母親，也就停住了。二姐及時塞到我手裡一根燒熟的紅蘿蔔，也許是吃了幾把炒玉米嘴有點幹，我一口咬下，竟覺得胡蘿蔔鮮甜鮮甜，一口氣吃了兩根，並且從此認定燒紅蘿蔔的吃法，要比別的吃法更可口。

父親牙口好，閉著眼睛，哢哧哢哧地咀嚼香噴噴的玉米。母親說的話，他自然聽得清楚，哀嘆一聲，一邊繫上褲腿，一邊對我說：

「天不早了，咱們走睡吧。一天起來肚子寡嗖嗖的，頓頓都餓得前心貼後心，多會兒是個頭呢？這社會真的又要逼著人幹壞事兒不成？」

父親說著走，卻坐在火邊沒有動。炒玉米喚醒了大家的饞蟲，誰都沒有吃夠，誰都覺得遺憾，誰知大姐先開了口：

「再炒一火吧。」

「都炒吃完了，以後怎麼過日子？」母親喝道。

「不是炒家裡的，是炒我的。」大姐囁嚅道，聽起來傻傻的，我和二姐忍不住笑了。

父親瞪了一眼大姐，母親也瞪了一眼大姐，看大姐不是在賣傻，便追問道：

「你哪來的玉米？」

我家三個大孩子中，大姐的腦子算是遲鈍的，村裡有人背後索性說她跟傻子差不多。大姐覺出了情況，在黑乎乎的屋子裡轉了一圈兒，手裡拿著兩個大玉米穗，到煤油燈下讓大家看，一邊解釋說：

「我跟人家學的，在地裡收秋那些天，趁人不注意往褲腰裡別一穗玉米，往人堆裡擠，瞞過秋人的檢查，就帶回家來了。回到家又不敢跟你們說，就悄悄藏起來了。」

「你沒有讓人逮住過？」母親問道。

「逮住就交了，又不是我一個人。我專和幹部家的人在一起，逮住我，我就咬她們，他們就都放過了。」

「你弄了多少？」母親又問。

「半缸了。不信你來看看？」

大姐說著，點起棒子，帶著母親去裡間的那口缸查看。我忍不住跟了去，果真在一口缸裡看見黃燦燦的玉米，雖然不像姐姐說的有半缸那麼多，但確實占了缸的一大截呢。母親沒有因為大姐把公家的糧食偷到家裡來暴打大姐，甚至沒有罵上幾句，大姐感覺出來家裡大人對她的行為的鼓勵，便有些得意地說：

「今年有了經驗了，過年秋天偷他一大缸。活人不能讓尿憋死，收不收吃一秋，是吧？」

大姐在饑荒中居然知道「藏糧於己」，而且深藏不露，使我感到十分愕然。更讓我不解的是，父親母親應該拿大姐做反面例子，對大姐連打帶罵，順帶把我和二姐也教育一頓。父親和母親的曖昧態度，讓我猜到那天夜裡看見的玉米穗，必定是父親剛剛從集體地裡偷來的。我正要說什麼，只聽母親說：

「那就炒吧。多炒幾個，乾脆吃個夠。」

又支起鍋開始炒玉米時，父親長嘆一聲，說：

「你大姐餓不死了！」

這次炒玉米活動，在我們家是歷史性事件，如同殺人開戒，只要有一點正當的理由，便會手起刀落。大姐帶了頭，二姐緊隨其後，妹妹相繼長大了也學了這一手。她們各自從公家地裡偷回來的糧食，總是單放在一個什麼地方，隔三差五地夜裡炒著煮著吃。我一直沒有加入這行列，是因為我很快到縣裡念書，很少趕得上在家裡收秋。我從學校回家時，姐姐妹妹甚至打了我回家的幌子，一起炒玉米吃。

「炒吃玉米很費糧食，要是碾碎了吃玉米麵，那頂兩倍呢。」這時候，母親總會念叨說。母親是一個很會過日子的主婦，但是常言道，巧婦難為無米之炊。因為那幾年，村裡家家戶戶都沒有糧食，倘然有了，那隻能是從集體的地裡偷來的，誰還敢冒險去碾子屋碾碎吃？除非夜深人靜，因為村幹部和巡秋的早放了話，說要是逮住誰在使碾子，就懷疑誰偷了公家的玉米。

四、能有肉吃就好了

儘管母親隔三差五地給父親開開小灶，把父親的飯食加工稠些，然而，父親的腿腳還是浮腫得越來越厲害，每天到了晚上腳腫得穿不上鞋，父親只好把鞋幫踩下，拖著腳走路，踢踏踢踏老遠就能聽見；走快了還有些呼哧呼哧地喘息聲，好像從父親的肚子深處往上冒。到後來，父親早上起來眼皮也腫脹起來，猛地看去很嚇人。可是，傳言說，周邊、鎮上、縣城、省城甚至更遠的地方，浮腫現象越來越普遍，都沒有什麼有效的治療手段，小村裡的浮腫病就更是見怪不怪了。

「這可怎麼辦呢？」母親發愁說。

「能有肉吃就好了？」父親苦笑說。

「糠菜都沒有吃的了，還想肉吃，做夢吧。」母親說。

「就是覺得吃肉管用。」父親說過，咂了一聲嘴。

父親愛吃肉，在村裡數得著，不管豬肉羊肉牛肉馬肉驢肉還是狗肉，整塊的還是內臟下水，他都能吃。他的「能吃」還不僅僅是粉條、豆腐、豆芽，土豆（案：土豆即馬鈴薯）一鍋燉上「能吃」，而且是一大碗肉都能吃下去，吃不壞腸胃。我們老家只會做燉豬肉，吃羊肉水餃，做肉的花樣很少，而燉肉很容易吃傷人，因此不愛吃肉的人很多。父親逮住肉就能吃，在村裡就有些名氣。

「有肉吃就好了。」父親重複道，好像畫餅充饑也能提神。

彷彿被父親的話敦促的，殺豬宰羊的日子，比以往習慣的日子提前了幾天，因為那頭拱破豬圈門逃跑的豬跑回來了。秋天遠去，天寒地凍，挨餓在時時刻刻，豬鼻子再硬也拱不出吃食，不得不找人類來。然而，它謀算錯了，命在旦夕。小小的村子裡響起了豬嚎叫，一聲緊似一聲，等我趕到現場看熱鬧時，隊長小瘦帶著三四個年輕人，正在圍剿那頭豬。他們每人拿著一根棍子，把豬圍團團起來，卻又不敢逼得太狠了，生怕豬急了，從人縫裡鑽出去，再次逃脫。

「把它趕到一個死角就好了。」隊長說。

「趕進一個院子也行啊。」，會計說。

「那哪行？它鑽進人家家裡怎麼辦？」保管說。

「趕到一個牛圈也行啊。」包隊幹部提議說。

「這是個辦法。哪個牛圈合適呢？我看豬圈旁的那個就合適，牛圈深，一旦趕進去，把緊口，它跳上來就難了。金旺你閃開個口，我們把它圍過去。」

這幾個年輕人是村裡二十來歲的那撥，是村裡的主要勞動力，在村裡大小有個頭銜，在大饑荒時期，多吃多占有限，因此每天也都餓得「眼睛發黑」。他們這下圍剿一隻豬，年輕人好鬥的火氣兒煥發出來，因此儘管那是一頭很機靈的豬，一見空隙便朝空隙跑去，但是它怎麼也敵不過四五個棍棒在手的年輕人，只好被他們一步步向豬圈逼去。快到豬圈門前時，那豬好像突然明白了人們的意圖似的，衝向豬圈，砰砰撞了幾下門，表示願意回歸豬圈。但是，它理解錯了，見人們還在驅趕，它又東躥西躥起來，卻每每被人們手持棍子嚇住，最終被人們的棍棒轟向了那個牛圈；只見它吱吱哇哇地反抗著，一邊是按照人們設計的路線，跑進了人們給它準備的陷阱。它在包圍中瞅見一個大牛圈，一下子便躥進去了。隊長小瘦把守著牛圈門，立即發佈命令：

「金旺你離家近，去找兩扇門來，把牛圈口擋住，其他人快去找石頭。」

我們老家一帶的牛圈，是挖下地面的一個大坑，用來漚肥的。每年把玉米桿鍘碎，一層土一層碎秸稈壓起來，下雨後水流進去，等碎秸稈漚爛了，冬天把它們拉到地裡，當底肥。自打走了集體，大躍進辦食堂亂搞一氣，一切都亂了套，牛圈大都閒置了，想不到這下變成了這頭豬的陷阱。這個牛圈很深卻不大，豬躲在一個角落，渾身發抖。只見它歪起頭，嘴張開一條縫，吱兒吱兒一聲低一聲高地嚎叫，黑亮的眼睛冒出敵視的怒氣。它的肚子一鼓一落地喘息，鼓起來時圓鼓鼓的，落下去時一根根肋骨清晰可見。不知什麼原因，我的心隨著它的肚子一鼓一落地跳動，好像天大的事情就要發生了。

不大會兒，金旺扛來了兩扇門，把牛圈出口牢牢堵上了。

「堵牢了嗎？」隊長問道。

「牢是牢了，不過也不敢保證它就衝不出來，這門還是沒有牛圈牆高啊。」

「你就守住那裡，用棍子不斷敲門。」隊長說。

「行。」金旺說著，在門扇上砰地敲了一下，嚇得那隻豬一激靈，吱兒高叫了一聲。

「大夥看準了，用石頭狠狠搗它。」隊長說著，自己先朝那隻豬扔下去一塊石頭，那豬一下子從角落躥出來，滿圈跑。幾個年輕人野性大發，瞄準了那隻豬，狠命地往下扔石頭。受了更大驚嚇的豬，開始往牆上衝，一次又一次一個滾兒重重地掉在地上。幾次失敗後，那隻豬稍加猶豫，一溜上坡衝向金旺把守的那兩扇木頭門，驚得金旺一陣亂揮棍子，把門打得砰砰作響。豬沒有被嚇住，衝到了門前，躍起一米多高，重重地撞在門板上，掉在了地上。說時遲那時快，一塊石頭打在了它的脊樑上，它吱兒叫了一聲，掉頭跑了回來。這下它跑得不那麼快捷了，整個後身好像不聽使喚了，雖然還在滿圈亂跑，速度卻慢下來。有了更穩定的目標，石頭落在豬周圍的成倍增長。豬不再向牆壁衝撞，卻還拼命地跑，由亂竄變成了轉圈跑，而且越跑圈子越小。如果這是個錯誤，這個錯誤是致命的。圈子小，目標小。又有一塊石頭砸在了它的身上，它一個趔趄倒在地上，又一骨碌跳起來，像半拉身子不聽使喚，搖搖晃晃地走動起來，這下，作為目標的豬，幾乎如同固定的目標了。石頭不再亂扔，一塊接一塊地開始瞄向那隻豬，只見那隻豬挨了一下又一下，尖叫聲不斷。後來，只聽一聲慘叫，那隻豬趴在了地上，兩隻前蹄艱難地向前刨著，卻是原地不動了。石頭還在向它砸去，它的尖叫聲漸漸低下來。金旺看見它不再亂跑，把兩扇門板撂在一旁，第一個衝了進去，舉起手裡的棍子就打。接著，隊長、會計和保管都先後跑進了牛圈，紛紛用棍子打起來。亂棍之下，那隻豬漸漸沒有了叫聲，每挨一下，只有母豬護小豬的那種呼嚕聲了。棍子像雨點一樣往下落，到後來只聽見了棍棒擊打肉皮的聲音了。我終於忍不住，莫名其妙地大聲嚷起來：

「你們把它打死了！你們把它打死了！你們把它打死了！」

他們一下子停下來，循聲看去，見是我在喊叫，不禁大笑起來。

「你這個書呆子，打死一隻豬你還心疼不成？」隊長笑道。

「他哪是個書呆子，就是個傻子。」保管笑道。

「真是個傻子，看了半天還不明白就是要把它打死呢。」會計說。

「你們把它趕回圈裡好了，為甚要打死它？」我責問道。

「打死它吃肉嘛。人都快餓死了，還能讓一隻跑野的豬再跑掉？」他們一起回擊我說。

「你們不是人，要吃死豬肉啊！」我又叫道。

隊長正要衝我說什麼，聽了我的喊叫，忽然明白了什麼似的，轉而對其他人說：

「看看它還有口遊氣嗎？」

「還在抽氣。」會計金旺摸摸奄奄一息的豬，說。

「死豬肉倒是不好吃，不如給它一刀放放血好吃。你們誰去平川趕緊把殺豬的找來，今天咱們乾脆把三口豬都殺了。」隊長說。「要不金旺你去找殺豬的，我們剩下的人去把食堂的大鍋燒上怎麼樣？殺豬的來了，水也熱了。」

「好啊！」幾個年輕人發出來的那種興奮勁兒，把那隻垂死的豬驚得一陣抽搐。

按村裡規矩，第一天殺豬，第二天一定會殺羊。這些殺生的活動，在臘月裡像過節，全村人都騷動起來，尤其眼下都在挨餓，而我卻躲得遠遠的。不知從多大上起，我一聽說村裡殺豬宰羊便會心跳，躲到背靜的地方待上半天，直到有人用喇叭喊各家各戶去分肉，我才敢去現場。血跡都成了黑色，沒有血紅色的刺激，我會舒服很多。那年宰殺的三隻豬都不肥，皮筋上掛著肉，一看就沒有把豬供養成膘豬。各家各戶分到手的豬肉，勤快的當天就燉了，多數人家都在三十那天才燉。隊裡養了幾十隻羊，每年鉸下的羊毛，是生產隊日常開支的重要來源。從吃喝的角度講，大饑荒時期，村裡的羊是受影響最少的，因為它們天生是吃草的命。厚厚的羊毛下，看不見它們的肋骨，也沒有看見它們患浮腫病。它們只要有草吃，就活得很滋潤，很快活。不過，人這種動物在挨餓，別的什麼動物的命運都會遭殃。那幾年村裡比常年多殺了幾隻羊，各家可以多分一半斤羊肉。也許是多了幾隻做出犧牲的羊，爸爸才有機會爭取到了一掛羊下水。我從殺剮現場回到家裡時，父親正在洗那些羊腸羊肚羊肺羊肝。儘管父親說他已經請王喜大爺清理過一遍，把羊胃裡的積食和大腸裡的羊糞都清理掉了，但是家裡還是充滿了濃烈的羊膻味兒和羊糞味兒。受外祖母的影響，母親幾乎不吃肉，只能吃幾個羊肉餃子。受母親的影響，我吃豬肉也不行，只吃羊肉餃子，但是比母親吃得多。二姐和三個妹妹都不吃腥，遠遠地躲開幹活，只有大姐在幫助父親清洗羊下水。洗涮動物下水，是很麻煩的事情。大腸小腸十幾丈長，都需要用細棍子頂住，統統翻過來洗幾遍。最好是在水裡放些鹹麵，清洗出來的羊下水更乾淨。但是，大饑荒時期，一切供應都短缺，家裡只能多燒些熱水，讓洗涮過程有點熱氣。父親愛幹粗活兒，這樣的洗洗涮涮，他不擅長。但是，生活已經把他逼到了死角，他必須改變一點自己。羊下水洗十遍不多，洗三四遍卻是絕對夠少的，但是父親只洗了兩遍，就不洗了。他把洗過的羊內臟粗粗拉拉地用刀剁了一遍，便煮在了火上。花椒、小茴香和鹽，是全部的作料。父親一輩子愛吃鹹的，這是個大缺點，但是重鹽放進羊下水裡，卻是保鮮的唯一方法。家裡最大的鐺子煮了一鍋，家裡的腥膻味兒濃得讓我直想吐，但是父親從牛屋餵好牲口回來，揭開鐺蓋便舀了一碗，有滋有味地吃起來。

「你來舀一碗吃。」父親招呼我說。

我搖了搖頭。

「你嚐嚐，很好吃。」父親勸道。

我還是直搖頭。

「吃不上就沒力氣，沒力氣你一輩子怎麼養活自己？快來吃點！」父親叫道。

我還是搖了搖頭。

「你遲早會餓死的！」父親嘆道。

姊妹中，只有大姐舀了半碗吃，而且整個正月，每天早上給父親熱一碗羊下水，大姐多少都要吃一些。

過些日子，父親覺得羊下水有了異味兒，便把鐺子坐在火上加一次熱，添一些水，加一把鹽。從臘月底開始，父親每天早上吃一碗羊下水，一直吃到了正月十九「添倉節」。過了初五，父親的腿腳便消腫了，到了初十，父親說自己走路「有勁圪嗟嗟的」。過了正月十五，父親的臉上開始掛肉，完全健壯起來。添倉節那天父親喝完了最後一碗羊雜湯，說：

「好兆頭，秋後糧食能不能添倉不知道，羊雜湯添了我的倉是真的，浮腫病挺過去了。」

父親在大饑荒中靠了一掛羊下水度過難關，再次腿腳浮腫是十年後，那次差點要了他的命。那是因為我，這是後話。

然而，王喜大爺剛剛出了正月就去世了。剛過十五，他拖著兩條浮腫的腿來我家串門，父親給他熱了一碗羊下水，他吃了回到家就躺下了，在炕上拖了半個月，進入二月不幾天，他就歸天了。據說，他死時「渾身腫得像發麵」。

五、照樣抓你個現行

兩年高小快要結束的那年，我對學習成績到底怎樣都不清楚，和我一起到五里之外的平川村念高小的四個小夥伴，早都一個接一個半途而廢了，原因就是大饑荒時期給學校交不起糧食，學校的食堂辦不下去散夥了。我們只好每天吃過早飯，用小飯桶提上午飯上學，中午到熟人家裡把飯熱了吃。沒過多久，家長們對我們這樣上學失去了信心，傳染了孩子，一個接一個就落在家裡了。就我一個人還提著小飯桶上學，莊稼長高的時候，莊稼地裡總是沙沙作響，我左顧右盼地遑遑地趕路，有幾次絆倒在地，把小飯桶的飯打翻了不少，中午本來就吃不飽，這下連肚裡的饞蟲還沒有打發了，小飯桶就像貓兒舔過一般乾淨了。一個人每天在五里之遙的上學路上擔驚受怕不說，還有幾乎沒有午飯吃的時候，我至今也不明白我為什麼一個人還堅持上完了高小。只有一次，我至今明明白白地記得，父親差一點在我即將畢業的時候中斷了我高小的學習。

一天吃早飯的時候，飯場突然騷動起來，嘁嘁喳喳的，我東聽一句，西聽一句，歸納傳言的內容，我相信是這樣的：我們村一個嫁到長山的閨女的丈夫，是個放羊的，早上去自留地幹活兒回來的路上，拐到附近橋西村的地裡撇了幾個玉米穗，揣進懷裡往家走，讓橋西村的巡秋的抓了現場，拉往橋西村認罰。被逮住的人和巡秋的都是熟人，好說歹說求情放他一馬，但是巡秋的就是不放。被逮住的人掙脫了巡秋的，拔腿就跑，而巡秋的在後面緊追不放，還高喊道：

「好啊，你往你們村跑更好，我正好去找你們村的村幹部，讓他們說說理！」

一個前面跑，一個後面追，到了一塊地頭時，被逮住的人一頭扎進了一眼旱井裡，等翻上個兒來，人已經一命嗚呼了。那正是七八月光景，正是我們那裡下雨最勤的季節，那眼旱井差不多流滿了水，等那個扎井的人翻上個兒來，那巡秋的趁勢一把抓住，費了很大勁兒把他拖了上來，喝道：

「你以為你扎進井裡我就抓不住你了？照樣抓你個現行！」

那個被撈上水的人趴在地上一動不動，那巡秋的以為他要賴，推搡了他幾下，喝道：

「起來！這裡離你們村近，我們就到你們村去說理吧！」

被撈上來的人還是一動不動。巡秋的把他翻過來一看，才看出來他已經死了。巡秋的這下有些傻眼，想都沒有多想，便趕往死者的村子去報信，但是轉念一想，人都死了，在人家地盤上，有理不一定說得清楚，就又回身往自己村裡趕去。三里五莊，說不準誰和誰家就是親戚，因此這消息是從橋西先傳到我們村子的。就在村裡人議論紛紛的時候，我們村嫁出去的那個閨女就哭著進了我們村，到他的兄弟家裡討援助，去給她的丈夫說理。我們村嫁到長山的那個閨女叫引兒，丈夫叫橛子，也叫橛胳膊，因為他的右胳膊一次事故中摔壞了，像一個彈弓叉，不能幹農活兒，就一直給隊裡放羊。他們有一個男孩，十多歲的樣子，常來我們村走親戚，我們還一塊兒玩過。

那天我提著小飯桶上學的一路上，比平時更害怕，深怕橛胳膊一下子從玉米地裡竄出來。一天的課也沒有好好聽，老走思，動不動就想到橛胳膊一頭扎進井裡憋得上不來氣的那種難受勁兒。晚上回來，從父母的言談中聽出來，橛胳膊這下算白死了，巡秋的抓了現行，他偷了三穗玉米，淹死了還別在身上，巡秋的指認了他偷玉米的現場，兩個村的幹部協商一氣，偷竊的事情就不追究了，自己家把死人打發了就算兩清了。

「橛子雖說是殘廢，可人是好人，就這樣死了，引兒帶著孩子，以後的日子可怎麼過呢？」母親說。

「這個小七怎麼——怎麼幹出這種事情？」父親像是在自言自語，不住地唉聲嘆氣。

這時，我才知道那個巡秋的是小七，和我父親來往很多，我叫他「小七叔」。小七叔身體不硬朗，不喜歡幹農活兒，遇上繁重的農活兒，他便找些藉口，賴在家裡。隊裡讓他巡秋，大概就是這個原因。他家有五口人，因為他掙不夠工分，生產隊扣著他家的糧食。他因此經常偷偷下河南販估衣，掙錢交給生產隊頂工分，把自己家的口糧款頂上。生產隊缺現錢，因此便睜一隻眼閉一隻眼，不深究他不務正業。他每次下河南回來，都要拿幾件他認為不錯的估衣來，如果父親或母親看上了，他會便宜一些賣給我們。有一次，他送給我一塊很新的手絹兒，淡灰色，橫豎幾條藍色條紋，我喜歡的不得了，有時還挽在手腕上顯擺，一直用得很爛了才讓母親拿去納了鞋底。聽明白了事情的原委，我和父親感受一樣：「這個小七怎麼——怎麼幹出這種事情？」。只是我還在「小七」的後面加了一個「叔」。轉念一想，槲胳膊儘管胳膊伸不直了，可人很結實，怎麼不敢跟小七叔索性打一架，難保不能把小七叔撂翻在地，然後跑了不就沒事兒了？

「槲胳膊幹甚不跟小七叔打一架？」我沒頭沒腦地蹦出一句，又找補說：「槲胳膊肯定打得過小七叔，然後跑掉不就好了？」

「興許是怕丟人，心裡著急，一時糊塗，就跳進井裡了。他沒想到死，可就是死了。」母親說。

「這個小七怎麼——怎麼幹出這種事情？」父親又慼嘆道。

早早吃過早飯，我正要提了小飯桶上學，父親端著碗要上飯場，卻喊住我：

「先別去學校，趁飯時你跑到橋西，到小七叔家把他該咱家的錢要回來吧。」

我愣怔了一會兒，心想：我怎麼能去跟小七叔要錢去？錢又不是我借出去的，我去逼著人家還錢，多丟人！我於是支吾道：

「我又不知道他該咱多少錢。」

「他知道。」

「我要上學去呢。」

「先去把錢要上來。」

「要遲到了，我先上學去。」

「連該咱的錢你都不敢去要，你上學有甚用？要錢去！」

父親不耐煩了，對我嚷嚷起來，我覺得我上學要緊，理在我這邊，於是還擊父親道：

「要去你去吧，你們大人的事兒，讓小孩子摻和甚？我要上學去！」

「今天要不上錢來，你再也不用去上學了，我看你上學也不會有甚用！」父親突然來了火氣，只差暴跳如雷了，把飯碗砰一下放在火邊，在屋子裡轉了一圈，然後到門後把農具翻得嘩啦嘩啦響，找出了一根棍子，噔噔地戳著地，吼道：「你今天不把錢要上來，看我不修折你一圪橕。」

父親對我一貫嬌寵有加，這是他第一次發火，而且氣勢洶洶地拿了一根棍子，把我嚇傻了。我只是呆呆地站在那裡，呆呆地看著父親。父親以為我在和他鬧對立，便兇神惡煞地向我走過來。這時，一貫打壓我的母親提醒我說：

「還傻站著幹甚？還不快去？」

我轉身離去時，父親在後面對我窮追不捨地吼道：

「今天要是要不回錢來，我水蘸麻繩抽你一頓，你信不信？我這就找繩子去，等你回來！」

水蘸麻繩的懲罰是我們老家過去懲罰孩子的最厲害的一種，就是找一截繩子，在水裡泡硬，在孩子屁股上抽打。我沒有領教過這種懲罰，但是由於經常聽見做家長的對犯錯的孩子這樣嚷嚷，所以聽見父親這樣吼叫，我恐懼到了極點。一路上小跑，總覺得身後影影綽綽，好像扎進井裡淹死的檞胳膊的鬼魂在身後追趕，心裡對父親的蠻橫厭惡至極，真想趁機跑到天邊，再也不回家了。我們村去橋西村，是一溜慢下坡，走來省勁兒，但是要拐兩個半彎，而其中兩個彎裡都是墳地，墳頭上長了幾棵曲裡拐彎的荊棘，旁邊還有兩棵鬱鬱蔥蔥的柏樹，構成了一種墳地特有氛圍，我一個人走在這樣的彎兒裡總覺得渾身麻酥酥的，恨不得腳下騰空，飛了過去。等我趕到小七叔家，他家正在吃早飯，張羅著要給我盛飯，我說我是吃了飯趕來的。

「你來有甚事嗎？」小七叔問道。

如果我趁機說我爸讓我來要錢的，就是你該我們家的那些錢；為了讓對方舒服些，會說話的孩子最多加一句「我家有急用」，就是圓滿的回答了。可是，我不敢抬頭看小七叔，好像我是來催債，逼債，破壞了他和父親的友誼，心下掙扎了半天，支吾道：

「我爸爸讓我來看看你。」

小七叔顯然很感動，嘴裡的一口飯咕咚咽了下去，說：

「呀呀呀，還是你爸爸厚道，心裡想著我，別人都在罵我，唯獨你爸爸知道我是怎樣的人。快回去告訴你爸爸，說我沒有事，讓他放心！」

聽他說了「快回去」，一直不知道如何是好的我轉身就走，小七叔在後面說了些什麼我自然沒有聽見。一種如釋重負的良好感受一直支配著我，回來的路本來是慢上坡，我反倒覺得比去時的慢下坡還省力，歡歡快快地邁著步子回到了家，直到進了院子看見父親陰沉著臉在等我，我才突然明白過來我沒有完成父親交給我的差事，連小孩直來直去打醋的水準都沒有達到。父親沒有準備麻繩，但是他那種陰沉的威嚴讓我害怕極了。

「要來了沒有？」他問道。

「沒有。」我囁嚅道。

「他不給？」

「不是。」

「他沒有？」

「不知道。」

「他想賴帳？」

「不是。」

「那你為甚沒有要來錢？」

「不知道。」

「你知道甚？」

「甚也不知道。」

「你——你——」

父親急得一時不知道說什麼，對我這些莫名其妙的回答他自己也莫名其妙，隨後接著問：

「你——是不是傻了？」

「傻了。」

「好好好，傻了，那你今天就說說你為甚傻了，是不是念書念傻了。你要是說不上個子丑寅卯，水蘸麻繩這頓你躲不過，不信你走著瞧！」

父親沒有吼叫，但是說的一板一眼，丁是丁，卯是卯，我知道水蘸麻繩是躲不過了，只好站著等待，因為我知道我還小，跑不出我父親的手心。父親見我傻愣愣地不吭聲，又追問道：

「你是不是傻了？」

「傻了。」

「為甚傻了？」

「餓的。」

父親聽了，一下子跌坐在廊階石上，半天沒有說話。母親這時提著我上高小的小飯桶走出屋門，對我說：

「還站著幹甚？快上學去吧。」

我如同得了救命稻草，接過小飯桶扭身就走。等我傍晚回來，全村人都在傳說我餓傻了。我碰上了幾個平時喜歡逗我玩的村裡長輩，笑嘻嘻地開口就問：

「你真餓傻了嗎？」

六、怎麼淨管些不該管的事情

父親餵牲口的地方，起先是老群大爺家的南屋，等於公占私房，因為集體化儘管集中起來了，但是除了一座村公所，集體卻集而無體，沒有地方可供十幾頭牲口吃喝拉撒睡。在老群大爺家南屋餵牲口的歲月，大概是父親走集體化最順心的時期。一九五八年禮義公社剛成立，舉辦一系列活動，其中有牲口評比一項，父親餵養的牲口個個膘肥體壯，油光水滑，十幾頭都評上了一等，奪了一面紅旗。那面紅旗在村公所——後來的生產隊隊部——的牆上掛到了它骯髒不堪，成為一種骯髒體制的標誌。他悉心照料的性格暴躁的老黑馬，頭胎生了一匹溫順無比的小黃馬，此後又生了四、五胎，都是在父親餵養的時候。有一年，生產隊的產值是負數，全村勞動力的工分無法兌現，不得已賣掉了一匹小馬，用買馬的錢來給社員兌現。集體道路越走越狹窄，坑坑窪窪，牲畜成了直接的犧牲品，各個生產隊的牲口紛紛臥車轅，倒犁溝，數量劇減，而父親餵養的牲口依然能頂住生產隊的農活兒，儘管它們的飼料不斷地被生產隊克扣，惡化。這樣的業績聞名遐邇，父親的這個辛苦位置似乎是鐵定的，無人能撼動。父親天生不喜歡開會，藉口餵牲口的活兒忙，牛屋離不開人，從來不去開會。有一次，幹部們你來我去的，三番五次地來催父親晚上到隊部去開會，說有重要的精神要傳達。父親實在推不過，吃過晚飯，帶著我就去開會，打算我們爺倆露個面就回牛屋睡覺。誰知會議一開始，大隊主任長生哥就點名批判父親了：

「松斗叔你不要擺老資格，這個，因為給生產隊餵牲口有功，這個，就去種非耕地，這個。你去年種了，這個，幹部提醒你不行，這個，你不聽，這個，馬馬虎虎把非耕地上的東西收了，這個，不過今年是絕對不行了，這個。我們明天就派人去找你那些非耕地，這個，把你種的東西統統刨掉，這個，一點不剩，這個。你同意不同意，這個，今天表個態，這個，這個。」

會場鴉雀無聲，一盞玻璃罩煤油燈擺在一張二屜連洞桌上，油煙把玻璃罩薰得黑黢黢的，燈光吃力地照射出來，一個個模糊的人影若隱若現。長生哥坐在桌子邊，幽暗的燈光下臉色鐵青。人影中嘁嘁喳喳的，我聽了他點名批評父親，覺得臉上火辣辣的，以為父親和我一樣羞愧得說不出話來，誰知父親一下子火了，從坐的地方跳起來，七腥八素地回擊道：

「你們這些鳥幹部是不是沒事兒幹了？公家地裡不能種自己的莊稼，不種就不種吧，反正是公家的。可那些非耕地還沒有屁股大，是我費勁扒拉地一點一點開出來的，礙著你們鳥甚事兒了？你們鳥這也管，鳥那也管，老百姓餓得浮腫了，每樣了，你們鳥怎麼不管？」

「浮腫病是個人得的，這個，該誰得誰得，這個，我們管得了嗎？」長生哥說。

「是啊，公家的地你們管得了，非讓大夥兒把地塄地邊的草木鏟掉，打起土埂子，下雨沖得豁豁牙牙，這叫種地？祖祖輩輩叫你們怎麼種地的？」

「這是『學大寨』，這個，祖祖輩輩的法子不管用了，這個。」長生哥說。

「什麼學大寨學小寨的，還不如給狗揉肚子去！」父親毫不妥協。

「你不要扯遠了，這個，今天是講你的非耕地，這個。你起了很壞的帶頭作用，這個，你必須停止下來，這個！」主任長生哥說。

「你們鳥想怎麼整人就怎麼整吧，想讓我停下土裡找食，那是鳥辦不到的！」父親理直氣壯地說。

「你愛幹甚幹甚吧，這個，反正我們今天當著全村人的面批評你了，這個，警告你了，這個。明天我們就派人去把你種的那些非耕地統統刨掉，這個。」主任也毫不含糊地說。

「鳥，自打入社起，你們這些鳥當幹部的都不幹正事，個人的地種得好好的，你們非要入社，我不入社，你還給我戴了個資本的帽子。鳥，如今入社十幾年了，走集體走得個人都沒有飯吃了，連你自己家都掙不夠吃糧錢，年年找別人撥工分，丟人不丟人？你們還好意思欺壓老百姓！我就納悶兒你們這些當幹部的還有沒有良心，有沒有臉皮！」父親說。

「這是上面的精神，這個，我也沒有辦法。」主任說。

「甚鳥上面，還不是你們當幹部的想治人！上面要是像你們一樣老治人，早把你們治死了。」父親說。

會場一下子哄堂大笑，主任扯起嗓子吆喝，要大家安靜，父親趁機拉著我走了出來。一路上罵罵咧咧，向我追問說：

「你算個念書的，書上是說不讓種非耕地嗎？收走三四年的自留地又發放了，怎麼非耕地反倒不讓種了？這個鳥社會是怎麼了，怎麼淨管些不該管的事情呢？」

我自然不知道怎麼回答。

七、趕上馬走人

村裡的牛屋佔用老群大爺家的南屋，父親有了心事，喜歡和老群大爺嘮叨。老群大爺是方圓幾十里聞名的鐵匠，手藝精湛，有時候趕集他會去擺攤出售他鍛打的钁頭、鋤頭、鐵鍁、菜刀、斧頭、剪子等等物件，而且銷路很好。手藝一旦精湛的人，對事情的看法往往高出一般人。父親每次和老群大爺嘮叨過，一件讓他耿耿於懷的事情就算過去了。不過，父親和老群大爺的交情很深，還是因為有過一次生死之交，父親的膽量讓老群大爺折服，而父親對老群大爺的鐵匠手藝一直仰望，則是因為父親沒有手藝，對手藝人從心裡尊崇。

當時，老群大爺家有三子，兩個女兒。大女兒出嫁了，二女兒還沒有長大，三個兒子一個比一個小，需要打大錘的時候，他的老伴兒還得上陣。遇上大鐵塊需要鍛打，老群大爺就會喊父親去掄大錘。一塊大疙瘩鐵，鍛打成條鐵，父親要出一身大汗。但是，父親非常樂意隨著老群大爺的小錘子叮叮噹當地掄大錘鍛，老群大爺指哪兒父親的大錘打哪兒，而且打得穩準狠，每次都會贏得老群大爺的稱讚：

「松斗你一撥千轉，早跟我一起打鐵，你的手藝比我好。」

父親一輩子隻會種地，聽了這樣的讚揚很受用，回家裡吃飯時還提及他在鐵匠鋪的成績。

「今天又跟老群打了一火鐵。鐵一樣硬的鐵，在爐火裡燒透了，火花四濺地錘它幾遍，就跟和麵差不多了。」父親會不無驕傲地說。

當然，老群大爺不會白使喚父親，有時會給父親打一張鐵鍁或者一把钁頭，作為報酬。在家裡，父親誇讚自己也不會白誇讚，因母親聽了，總會在晚飯之後，再給父親弄些東西吃，補補父親的身子。

後來，老群大爺的鐵匠手藝成了隊裡一點經濟收入，生產隊便把他的南屋騰出來，讓他開起鐵匠鋪，父親的牛屋搬到了廟上的上東屋。我家距離廟上最近，幾步路，這對父親晚飯後到牛屋餵養牲口很方便了，但是父親第一次丟掉他以為很鐵的飼養員位置，就是因了這個「幾步路」的距離。那時我在中學念書，每個月要回家索取下個月的伙食費。一個月我需要四塊錢的伙食費，儘管父親從來不說給不起我伙食費，但是我漸漸地感覺到父親每個月弄到四塊錢是很難的，每次都是等我馬上要上路了，他才不知從什麼地方倒借來錢，惶惶地送到我的手裡，催我上路。我記得只有一次，四塊錢伙食費是提前弄到的。放暑假期間，趕上村裡和鄰村各有兩家人娶媳婦，要用牲口送客。父親飼養的兩匹馬都預約好了，父親讓我和他各牽一匹馬去送客。老黑馬性子烈，父親牽了它去是名正言順的，可我一個十五六歲的孩子去牽馬送客，好像說不過去，而且我也根本不想去，覺得很沒有意思。

「老黑馬有你牽著，小黃馬溫順，跟著老黑馬，不就行了？」我支吾說。

「讓你去你就去！」父親武斷地說，根本不由我分辨，我也不敢分辯，因為我還處於害怕父親的那個階段。考中學前，高小的老師來拜訪家長，要家長支持學生安心學習，不要因為家務事兒耽誤學生的複習。父親說他打心眼兒裡支持我上學，這次要是能考上中學，一定給我買一支自來水鋼筆。我糊裡糊塗地考上了縣中學，按那年的錄取比例，算得上是百裡挑一了，但是父親卻再也沒有提給我買自來水鋼筆的事兒，我也不敢造次催問，因為每個月回家要飯錢已經很難張口了。

牽牲口送客，確實是很底層的差事，僅僅是農業社會裡「天下三百六十行，除了趕腳別放羊」的位置；就是說，只比放羊的高一點點。名譽上是「給客人牽牲口」，實際上就是「趕腳」的角色。客人都上了桌吃席去了，我們這些「趕腳」的遲遲不給飯吃，先後有人去找主家要飯吃，但是主家只是應承，沒有行動。父親本來嘴緊，到了飯時不吃飯，常常會心慌。幾個「趕腳」的人中，數父親歲數大，別人攛掇父親出面去要求主人給我們開飯。父親心裡早窩著火，對別人的攛掇不搭不理，又等了一會兒，對我大聲說：

「還等什麼？趕上馬走人！」

這是我巴不得的命令，因為一撥一撥的「趕腳」的人去討飯，我覺得把人丟盡了，已經下定決心再也不跟父親來幹這種差事了。父親牽了老黑馬，把我抱起了放在了小黃馬的背上，上了路。天黑透了，一彎月亮怯怯地掛在天上，彷彿蒼白的光隨時會暗淡下去。我騎在小黃馬身上，一下子高高在上，眼見身邊的莊稼地連接起來，把我們嚴嚴實實地包圍住了。夜風吹來，沙沙聲隱隱傳來又隱隱遠去。大黑馬在前面領路，吧嗒吧嗒的蹄聲喚起了陣陣迴響，我瞬間產生了一種乘風遠去的錯覺。

然而，我們剛剛走出村子不遠，主人家就氣喘吁吁地追來，要我們回去。父親硬是不回去，那家主人攔住了父親，父親喝一聲「嘀嘀，走！」，老黑馬得得地自己上路了。主人家的人又忙著去攔老黑馬，那老黑馬「吱兒」一聲，尥了幾個蹶子，差點把前去攔它的人踢著，嚇得他們哇哇叫。這下，他們不是攔父親，開始央求父親了。

「老哥，快喊住那匹馬，客人回去還要騎呢。」兩個來攔父親的人，其中一個說。

父親掙脫了他們的攪纏，拉上小黃馬就走，說道：

「甚鳥話！客人不騎，我們還不走呢！」

另一個趕緊迎上父親，說：

「他不會說話，我們是來叫你們回去吃飯的，是叫你們吃飯的。多怪我們疏忽大意，把你們晾在一邊了，回去好好招待，好好招待。」

父親站著不動，那兩個人又是遞煙，又是好聽話；父親拿夠了架子，才喊了一聲「馭」，老黑馬在前面老遠處站住不動了。父親蹲了下來，說：

「我不指望你們甚好招待，一個窮趕腳的，掙的就是辛苦錢。先說說送客的錢吧。一匹馬兩塊，一個人兩塊，總共八塊錢，給就回去，不給就走人。還有，回去的話，給每匹馬弄兩盆玉茭，撒夥撒夥。人餓了，牲口也餓了。」

兩個躲到一旁嘀咕了一會兒，然後走到父親跟前，說：

「大喜事兒的，大家都要高興才是。你提的條件我們都答應了，合情合理，只是你們別和那些趕牲口的人說給了你們多少錢。主家說，一個牲口一塊錢，一個人一塊錢，你們——」

「他們是毛驢，我們是馬，本來不是一個價！」

「對對對！只求你不要跟他們說就是了。」

「我不是傻子！」

父親接過錢，也接過了紙煙，喊上老黑馬，返了回來。還好，他們說話算數，給兩匹馬弄來了兩小盆玉茭，先給兩匹馬撒夥上，我和父親才開始吃飯。我是真的餓了，儘管是兩碗雜麵餄餎麵，可我吃得格外可口。父親一口氣吃了三碗，和我嘟噥說應該吃四碗五碗才解氣，他們太不把趕牲口的當人看了！

八、捆不住人嘴

暑假結束，母親給了我四塊五毛錢，說五毛錢是獎賞我的，因為我去牽牲口送客掙了一個月的伙食費。這讓我大感意外，第一次覺得母親過去對我一貫的打壓完全是假的，長了這麼大，三分五分的獎賞都是父親格外疼我才給的，母親一下子給了我五毛錢，簡直是一個天文數字，太大方了，以至那五毛錢我一直捨不得花。那年中秋節，學校食堂發兩塊月餅，我吃了一塊，把那五毛錢換成飯票，又買了兩塊月餅，帶回家裡三塊月餅。在我的記憶中，家裡中秋吃月餅，從來是把一塊月餅切成碎塊，大家嘗一點就算吃過月餅了。那年，因為我一下子帶回來三塊月餅，我給姥姥送去一塊，全家人第一次每人吃到了四分之一塊月餅。母親問我怎麼帶回家這麼多月餅，我只說是學校分的，我吃了粉條土豆燉肉大米飯，就把月餅帶回來了。我說的基本是實情，母親卻瞅著我看了半天，說：

「還行，沒有獨食！」

我記得這是母親第一次對我進行表揚，我的高興勁兒還沒有過去，父親陰沉著臉，天擦黑時夾著鋪蓋捲兒回來了。他什麼話也沒有說，只對母親說：

「今兒黑來你帶閨女們到里間睡，我和胡兒在外間睡。」

屋子裡鴉雀無聲。我們全家都感覺到了事情的嚴重，不只是我們今後的生活問題，更有父親離開牛屋後能不能適應集體生產的生活。畢竟，自打走了集體化，他雖然是給集體餵牲口，但他在單幹。集體勞動的形式完全不同於單幹的形式。過了一會兒，母親試探性地說：

「不餵了嗎？」

「嗯。」

「不餵也好，咱早就餵夠，餵傷了。老大嫁出去了，你的孩子在念書，老二一個人幫不過來，隔三差五還得我去幫。沒白天沒黑夜的，什麼好差事兒？這下好了，你每天能睡個囫圇覺了。」

父親一聲不吭地喝過晚飯，早早地躺下，真的睡囫圇覺了。他均勻的不太響的呼嚕響起來，我們還圍在火邊沒有睡意。中秋節已過，夜晚涼颼颼了，月亮已經不飽滿了，但是依然很亮，棉絮般散遊的雲塊，時不時，從月亮那潔淨的臉上掠過。時不時，貓頭鷹那吱溜溜歡叫的聲音打破夜空，回音嫋嫋地傳往很遠的地方。母親像在講述一段歷史，把父親十年給集體餵牲口利弊講了出來。為了把我們六個孩子養大，他得餵養十幾頭牲口，等於二十條生命在依靠他的付出。如果他不餵養那十幾頭牲口，我們家的生活會更苦，每年的吃糧錢根本掙不夠。如果世道太平，父親也許可以一直把牲口餵下去，但是偏偏遇上了大饑荒，把人餓得眼冒金星，紅眼病蔓延。

「自打糧食分到戶，你爸爸在碾子上使喚牲口給家裡碾糧食，人家說是假公濟私，無償使用公家的東西；有人使用黑馬和黃馬娶親迎親，你爸爸為了掙幾個零花錢，牽牲口送客的活兒一直攬著，人家說你爸爸這是用公家的牲口，給自己掙錢；更黑心的是，早有人放出風來，說你爸爸一直在盤剝牲口的飼料，偷偷地往家裡抓撈——」

「有人碰上過嗎？」我生氣地問道。

「小聲點，驚醒了你爸爸。」母親噓我說。

「碰上碰不上都能這樣說啊。捆得住驢嘴馬嘴，捆不住人嘴。好在你爸爸飼養的牲口能頂住隊裡的生活，今年老黑馬又生了一匹小馬，一匹馬值多少錢？上千塊呢。但是這次，人家說牛屋離咱家近了，克扣下牲口的糧食往家裡抓撈更方便了。這些日子不斷有人去找幹部告狀，說應該換一換飼養員，有光大家沾，有罪大家受，不能讓一個人都享受了。我聽說有人東說東有理西說西有理，一撥又一撥地找幹部告狀——」

「總有個帶頭的吧？」我壓低聲音問道。

「村裡鬧不和的攏共就那麼幾家，在甚事兒上都眼皮子薄！這次鬧得最凶的是長興，把你爸克扣牲口飼料的情形說得像真的似的，幹部就來做你爸爸的工作，希望你爸爸主動說不幹了。蓋的這次都搬回家了，肯定是你爸爸答應了。也好，你爸爸轉年就往五十去了，那種沒白天沒黑夜的生活，他也確實幹起來累了……」

我聽得有點昏昏沉沉，母親的話好像從天空傳下來，聽得到嗡嗡的回聲，突然，腦子閃過一道光，我一下子明白母親為什麼要給我們講這些話了。大姐出嫁了；二姐已經有人來提親，遲早是別人家的人；六妹睡了，四妹五妹不可能完全聽懂母親的話，實際上母親是在向我一個人傾訴。她在為父親辯護，為父親鳴屈，為父親開脫，讓我懂得做人之難，懂得人心易變，懂得辨別是非，懂得社會的險惡……我第一次意識到做人是一件很難的事情。

然而，說來令人哭笑不得，父親第一次離開牛屋並很快重返牛屋，前前後後只有一個多月。原因說來很簡單。把父親撬離並親自去牛屋餵牲口的長興哥，占了這個位置還不到一個月，一天早上起來半個臉拉長了，口水收不住，接下來一個多月裡又是放血又是拔火罐又是貼膏藥，病不見輕，一張臉折騰得像個妖怪。一天夜裡給牲口上草，老黑馬銜他的臉咬了一口，雖然沒有咬破，但是嚇破了他的膽兒，後來他放出風來，說他去看了相面的，人家說廟上那地方是敬老爺的，如今餵了牲口，對老爺們老大不敬，老爺們生氣了，先把他的臉鼓搗歪了，然後讓老黑馬當面咬他。多虧他飼養老黑馬精心，老黑馬嘴下留情，沒有讓他破相。誰想幹誰幹吧，他是死活不敢幹了；而且還放話說，最好還是松斗叔來幹，因為他自打臉腫了，天天夜裡老爺們都給他托夢，說晏理村的牲口只能松斗叔飼養，誰來飼養都會腫臉，甚至瘸胳膊瘸腿。聽母親說，父親這次耍足了面子，村上的幹部挨個兒來請父親出山，父親就是不答應，最後還把橋西村的老文書請來，才把父親說服，回了牛屋。

不過，這次折騰也沒有白折騰，牛屋從廟上上東屋搬到了村子中心新蓋起的房子裡，離我們家遠了很多。父親對這次搬動的原因心知肚明，但是幹部們對他說，過去在廟上餵牲口，是隊裡沒有房子，既然新蓋起了房子，在集體財產裡飼養集體財產，不僅名正言順，而且也風光，因新房子是村子裡的新門面。剛搬進新房子的那年夏天，我跟父親在牛屋睡覺，一天夜裡起夜，我迷迷瞪瞪站在槽口處撒尿，父親突然一個滾兒從床上翻身起來，跑到我身邊一把把我拽回到炕邊，說時遲那時快，只聽空中一陣吱吱扭扭的折裂聲，一大片東西鋪天蓋地般掉了下來，屋頂上立馬出現了一個黑窟窿，把老黑馬驚得吱兒叫了一聲。我一下子清醒過來，那個大窟窿足足兩個炕面那麼大，雨滴刷刷地漏下來。正值夏天，絲絲涼意隨著雨水從高處撲下來，牛屋裡的糞草味兒被漸漸沖淡，我第一次在牛屋享受到了清新的雨水的氣息。我仰頭看去，發現一間房子的前坡塌陷了一多半，我和父親睡覺的炕和那個窟窿近在咫尺，但是斜調角，沖進來的雨絲偶爾濺到我的臉上，有的潮潮的，有的濕濕的。槽口的那頭牛呢？莫非埋在屋土裡了？我大驚，心噗噗地跳，定睛看去，見它和別的牲口躲在裡面了，正在倒沫，一口接一口，悠然自得，彷彿什麼事情都不曾發生。

我迷迷糊糊睡了過去，再醒來時，天已大亮，趕牲口去幹活兒的幾個車把式都聚在我們的炕前議論紛紛：

「看這架勢是折了一根檁條吧？」一個說。

「三官廟拆來的木頭，都是呱呱叫的好料，怎麼會折掉呢？」次一個接著說。

「多懸！幸虧松斗叔睡覺警醒，換了我，那頭紅牛是沒有命了。」另一個說。

「換了我，沒準兒把自己都搭上了！」又一個說。

「要我看，這是三官老爺在給我們顏色看。幾百年的一座古廟，說拆就拆了，哪那麼簡單！走著看，像這樣玄乎的事情還會有，小心吧，誰的心太歪了，說不準就碰上了！」再一個說。

「我又躲過了一遭！我又躲過了一遭！」

我聽出來，最後一個說話的是長興哥。

九、看他甚熊樣

任何事情一旦開了頭，不管結果是什麼，都等於有了一個樣板。儘管長興哥撬動父親的飼養員位置的結果不怎麼得計，緊接著新牛屋塌了大天窗而人畜毫髮未損，村裡一時傳得神乎其神，最後傳成了一個神話，但是集體所有制這種方式存在到二十世紀六十年代後期，人們對如何佔有公有資料認識得越來越清楚，越來越現實，慾望便越來越急切了。我在中學待了五年，自從有了第一次，父親一共三進三出牛屋，一次比一次令他心疼，因為每次再讓他出山，都是因為牲口倒車轅、臥犁溝了，需要他精細調養它們了。父親最後徹底死心，發誓不再飼養那些伴他走過十幾年的牲口，還是我講了一些回村後所見的虐待牲口的例子，他才徹底認清了現實，踏踏實實幹起了他務農的老本行。事實證明，這個時候的務農，已經不是父親理解的「侍弄莊稼」。這時的務農摻雜了複雜的人際關係和不穩定的分配制度，父親理解不了，經常和人，尤其和年輕人發生衝突，結果往往對他打擊很大，這是後話。

當時，我知道，對父親打擊最大的是我從中學返鄉務農。儘管當時官方已在宣傳知識份子再教育，培養紅色接班人等等，但對父親來說這些都不在他的理解範圍。他認為念書考不上學校才是個理兒，莫名其妙地把學生送到鄉下來種地，都是「他奶奶的瞎胡鬧」。一九六六年我第一次回家務農，父親問道：

「就這麼不明不白地回來了？」

我那時十六歲，還處在學舌的階段，答曰：

「響應號召回家務農，廣闊天地大有作為。」

「我聽不懂，說白些。」

「就是上面要我們回家種地，有多大本事都能使出來。」

「放屁！你要是不去中學，眼下早頂得住農活兒，那才叫本事。如今念書把身子念軟了，一輩子都難以頂得住農活兒，還能使出甚本事？」

我無言。在類似交談中，父親總是能把我噎死。把我噎得最沒法上氣的一次，是我剛上中學，趕上學雷鋒的熱潮，在學校辦壁報寫標語，回到家裡難免高調，父親聽了問道：

「雷鋒是幹啥的？」

「當兵的。」

「他有家口沒有？」

「沒有，孤兒。」

「沒人調教的孩子，就是這樣子。等他像我一樣養活七、八口人，大人小孩都餓得吱哇叫，看他甚熊樣！」

令人想不到的是，我回家不到一個月，學校就下來通知，要我們回校鬧革命，等待再分配。我以為這是希望，父親則以為是我念書終於有了一個結果了，沮喪的情緒緩和了許多，逢人就說：

「孩子能念書，還是念書好。種地多會兒都沒有多大出息。」

父親永遠不會理解我們「回校鬧革命」是什麼含義，可我知道我不是去學知識，理不直氣不壯，不敢再向父親要伙食費，父親以為這是念書的好結果之一，可以不交學費了，而實際上是學校原有秩序打亂，我們去鬧革命，學校把伙食補貼都發給了我們，我們用不著向家裡要伙食費了。等我兩年後再次回鄉務農，上面的動靜大得多，父親看得見的是我上高小的平川村來了十幾個天津學生，不遠千里來我們窮鄉僻壤種地，連我們老家的飯食都吃不慣，恓恓惶惶的，我回家務農好歹是守家在地，因此再沒有直接問過我什麼話。有人明著同情暗中譏誚地說我念書白花了錢，父親聽了也只是嘆口氣，說：

「嗨，錢花了就花了吧，人回到家裡也好。像天津的大學生，到咱這窮地方來，人生地不熟，遲早還不都學壞了？」

父親聖明，天津的學生到了我們這樣窮鄉僻壤的太行山區，生活不習慣，糧食不夠吃，「偷雞摸狗」的事情時有發生，秋天結夥到地裡偷糧食，把一年的糧食儲存得足足的，已經是很規矩的作為了。本地人畢竟還有一些規矩約束，沒有見過大世面，對他們只能聽之任之，結果可想而知。

十、村裡村外有幾家地主老財也好啊

兩年之後再次回鄉務農，父親對我不得不關心的是我的婚事，因為當初和我一起上高小的村中小夥伴，都娶媳的娶媳婦，嫁人的嫁人，有的已經有了孩子了。可要命的是，當初我考上中學時來給我提婚的人成群結隊，等我從中學落拓而歸，我一下子陷入了尷尬境地：我勉強同意的，人家根本不同意；人家勉強同意的，我根本不同意。實際情況是，我勉強同意，是迫於家裡的壓力，實際上根本沒有我看中的女孩子。人家勉強同意，是因為我家沒有房子，時至二十世紀六十年代後期，我家還是三間矮小的「土埔疇」，人家的閨女眼看我一輩子就要住在三間矮小的土房子裡，提出蓋房的要求，算是勉強同意。不孝有三，無後為大。加之我是我們家的唯一男孩，我的婚事便成了頭等大事。解決我婚事的第一步是修房子，因此修房子便成了頭等大事的頭等大事。然而，好歹我是個中學生，又在學校鬧了兩年革命，年齡已過十八，念書把家裡念窮了，全家人天天在和飢餓作鬥爭，修房子無疑是雪上加霜，因此極力反對。這下，我成了全家的「公敵」，用二姐的話說：

「你怎麼和別人不一樣呢？修房子是為了你啊——」

「沒錢沒糧，怎麼修房，這不是找死嗎？」

「你幹甚把話說得這樣難聽？如今誰家不是先倒借錢糧，修起房子慢慢還？」

「不等修起房子，人就都餓死了，還怎麼還人家錢糧？」

「你的書是白念了，連說話都不會說了，張口閉口咒罵自己。不跟你理論了，反正房子非修不可！」

二姐嫁出去好幾年了，因為在本村，娘家的事情件件都參與。我的婚事是娘家的重中之重，因此參與更是積極。當然，她代表的是父親的心願，她越積極越稱父親的心願，因而就很容易把全家都帶動起來了。連一貫對我的婚事還算隨意的母親，因為修房是她嫁到蘇家的第一次，是她的夙願，也很積極起來。但是，母親畢竟是全家掌管經濟的，自打大饑荒以來，家裡存不住錢糧，她是很清楚的。因此，有時她不免發愁道：

「修房是好，可是糧食真的沒有一點積蓄呀。」

「倒借吧，如今都是這樣的。」二姐煽動說。

「我們多少幫助點。」大姐說。

「我們都省吃儉用吧。」三個妹妹說。

按理說，眾人拾柴火焰高，十幾口人修幾間房子不是什麼大事兒，更何況是在舊基地上修蓋，房前屋後的樹木可以做大樑、檁條和椽子，借了了不少力。然而房子剛剛修到一半，家裡就沒有匠工吃的細糧了，多虧兩個姐姐家全力支持，總算把房子修成了。僅此而已，因為家裡不僅沒有細糧，粗糧也沒有了。也就是說，房子修起來，全家人都沒有吃的了。父親的好人緣是出名的，借貸的信譽也極好，還經常替別人出面擔保，因此一開始對借糧食很有信心。吃過晚飯，他悄悄找到日子過得不錯的人家，向人家借糧：

「真想不到修房能塌下這樣的窟窿。」父親說。

「也就你家還有能力，換了誰都不敢這時候修房蓋屋。」鄰人說。

「我家怎樣？」

「詎，嫁出去兩個閨女，幾百塊錢幾百斤糧食的彩禮總是有的。」

「唉，都惦記這個，可你們別忘了我供一個孩子念書花了多少錢。」

「那也不至於花完吧？」

「怎麼不至於？家裡明兒就斷頓了。」

「真的嗎？」

「你以為我來幹甚了？」

「是呀，現今糧食最金貴，誰家糧食也不夠吃。像我家吧，早跟孩子他舅舅家借玉茭吃了。」

話說到這個份上，父親自然不能開口借糧了。這樣的遊戲在村裡進行了一圈兒，最慷慨的鄰人也只答應借給三升五升。

「三升五升？這社會就窮成這個樣子嗎？村裡村外有幾家地主老財也好啊，好歹有個地方去倒借，就是一時還不上人家糧食，咱用力氣還也行啊！民國三十二年上，一家死了三口，我東借西借應付過來了，如今修了一座房子，真要過不去了嗎？」

父親如是和我念叨過無數遍，但是無論村裡和村外，他到底沒有借來糧食。那時，我已經在村裡生活了一年，深知倒借糧食實屬不容易了：各家各戶能省下的糧食非常有限，但凡有結餘的，誰不看看借債人的償還能力？再說了，大饑荒的教訓還深深印在人們的記憶裡，誰家不積攢些糧食以備不測？誰家的糧食不是按斤按兩分來的？誰家能不靠公家分糧食？一旦公家一天再分給你四兩糧食，那不又是一次大饑荒來了嗎？

十一、不能病在這裡

於是，春種剛剛結束，父親和我便去八十里之遙的大舅家借糧食了。那是一次令我一輩子難忘的征程，父子倆滿懷希望，背了幾塊乾糧，一大早就上了路，本來是一程子就走到的，但是乾糧吃完了肚子還餓，我們父子歇了好幾程，等我們到了大舅家，天已經擦黑了。我不知道父親是怎樣向大舅開口借糧的，但是大妗的臉色始終不悅，對我們的到來，不像上一次那麼熱情。好在母親和我事先打過招呼，說要理直氣壯，不要覺得開不了口：

「你大妗這個人我瞭解，從小一起長大的，原本是富人家的閨女，脾氣是有的；可是，我把親生的閨女送給她一個，給她養老，還該怎麼著？再說了，咱家從來也沒有求過她甚，要她幾十斤玉茭還是合情合理的。再說了，他們那裡山高路遠，公家管不著，不徵收糧食，糧食夠吃，咱又不是去為難她。」

母親的這些交代，是讓我必要時站出來說給大舅大妗聽的，但是父親在和大舅大妗打交道，我也不敢貿然開口。更要緊的是，到了大舅家第二天，父親的身體發熱，兩腿無力，眼皮發腫。大舅說父親感冒了，將養幾天，等好了再上路。但是父親果斷而堅決地說：

「歇一天就走，借不到糧食也得走，不能病在這裡。」

第三天，我、父親和大舅一起上路了，誰都沒有挑糧食，帶去的兩個布袋空空的，如同去時一樣，緊緊地扎綁在扁擔上，連十斤二十斤糧食都沒有背。我心想，這次借糧一定失敗了，可我見父親整個盤臉都腫了，出氣都撕拉撕拉響，不敢多問，轉念一想，就是借到了糧食，照父親的身體狀況，好像也弄不回去了。

我的心第一次因為吃喝問題，壓得沉甸甸的，絕望起來；第一次認識到，吃喝比什麼都重要，過去的一切高調口號，都是蒙哄人的。沒吃沒喝，一切都扯淡。還好，我們走出二十多裡地時，來到了一個十幾戶人家的村莊，這樣的村子規模在大舅生活的「山裡頭」，就是大村子了。大舅帶父親去看了一位醫生，醫生說父親是得了感冒。我記得那是個老醫生，戴了一個白帽子，一把灰白的鬍子長及胸前，仔細地給父親把過脈，開了些土黴素，父親吃了幾片，喝了一碗水。父親的病有了結論，我們都有如釋重負的感覺。我以為大舅是領著我們來給父親看病的，但是看了父親的病，大舅沒有回，又領著我們走了幾里路，到了另一個更大一些的村子，在一戶人家把我們帶來的兩個布袋，每個裝了少半袋糧食。父親提了提布袋，說：

「他舅，你借人家一個小口袋，分出二十來斤，讓胡兒背上吧。我們爺倆在路上輪換擔擔子，擔子要是太重了，胡兒怕是擔不動。」

這樣，父親挑了擔子，我背了布袋，我們爺倆就上路了。一路兩旁都是山崖，直上直下的，人在山腳下行走，如同走在夾縫裡，喘氣都不舒暢。父親在前面領路，平時，父親挑起擔子步履輕盈，擔子的起伏和父親的步子如同舞步般合拍。但是，這次，父親挑著擔子走得步履蹣跚，呼哧帶喘，走不了很遠就要坐下來歇歇腳。我雖然背了二十多斤，但是我不擅長背東西，或者說那時我還不會背東西，彆彆扭扭的，老換膀子，也巴不得多多歇歇腳。但是，歇過幾次之後，我看見父親每次上路都很不情願的樣子，我背布袋也背得不耐煩了，就要求和父親換一換。照以往的習慣，父親心疼我，一定還會堅持一段時間，才會和我更換行裝，但是這次什麼都沒說，就和我換了。一下子從布袋的貼身負載下解放出來，我覺得挑擔子似乎很輕鬆，甩開步子走了起來。但是，父親在後面對我說：

「胡兒，一步一步踩穩走吧，長路沒輕擔，麥秸稈下也能壓死人。我這腿越來越沒有力氣了，要是換不了你，你就只好一個人把擔子擔回家了。」

我以為父親有求我放慢步子的意思，我便照父親的話把步子踩穩了走，而一經走穩步子，擔子一上一下的起伏似乎穩穩當當地把重負傳遞給了地下，肩上的負載輕了很多，我才明白這是父親的經驗之談。父親的喘息也不像挑擔子時那麼撕拉撕拉響，拉風箱似的。我們一直走出十幾裡地，父親才說：

「歇歇腳吧，再有這樣兩程路就到了曹莊了。你禮法哥在那裡教書，我們今晚就住他那裡了。他在學校做司務長，給我們做點好吃的沒問題。有了好吃的，我們休息一晚上，明兒吃早飯時就到家了。」

我們休息一歇後上路，父親非要挑擔子，讓我背布袋，我說我喜歡挑擔子，父親卻不容分說：

「替換著來吧，今天我還能挑擔子，明天怕是就挑不動了。我覺得我這次得的不單單是感冒，以往得了感冒，挑上百十來斤的擔子上路是沒有事兒的，今天挑六七十斤卻怎麼都邁不開腿，腳下像墜了了鐵塊一樣。」

「我覺得我一個人能把這副擔子挑回去。」

「別逞能，能借力就借力，人活一輩子要學會借力，逞能多會兒都會摔跟頭。」父親說著，把我手裡的擔子接過去，挑上走了。我背起布袋，覺得布袋比先頭輕了很多，好像裡面的糧食減輕了很多。就這樣，我們爺倆替換著，老爺兒還有一竿高時，我們趕到了曹莊，找到了禮法哥。父親的樣子把禮法哥嚇了一跳，他叫道：

「你病得不輕，今晚住下，明天我送你們走吧。」

「我們是要住下的，還指望吃頓好飯呢。」父親慘然地笑了笑，說。

父親和禮法哥不講客氣，還是因了交情。父親和禮法哥互相幫扶的情況，我是當了生產隊裡的會計才徹底弄清的。禮法哥應名兒是教書先生，但是工資不高，每年交上六七口人的吃糧錢，一次性拿不出那麼多錢，只能和村裡工分掙得多的人家借工分，而後慢慢還上。父親掙工分算村裡多的，剩餘的工分都撥給了禮法哥，然後禮法哥再分批還上。這樣的挪借需要信任，往往是禮法哥當年還沒有還清，下一年就又需要挪借了。多年幫扶下來，兩個人就有了情誼了。

禮法哥給我們做了掛麵湯，當時是很高的待遇了。父親一貫嘴緊，那天卻只吃了一碗，就放下了碗筷。我知道父親像以往一樣，是讓我多吃，便勸他說：

「我至多吃兩碗，你是知道的。你怎麼也得吃夠兩碗啊。你常說，人是鐵飯是鋼，一頓不吃餓得慌，明天一大早我們就上路，可沒有吃的了！鍋裡至少還有兩碗——」

正說著，禮法哥拿了兩個饅頭進來了，說：

「配上乾的，吃了長力氣。」

父親一見有了乾的，臉上有如釋重負的表情，說：

「我是真的不想吃了，不過既然有了乾的，我就再盛些麵湯，配著吃。」

「再好不過。有病，只要能吃就多吃。病也是欺軟怕硬的。」禮法哥說。

「那是。」父親應承著，開始吃第二碗掛麵湯。

禮法哥走後，父親把那個饅頭塞進了布袋裡，對我說：

「有這兩碗掛麵湯，明天利利落落就回家了。」

「也把我的饅頭放進去吧。」我說。

「不行，你必須吃下去，明兒怕是全靠你了。你能把這個饅頭吃了，我就放心了。」

我以為我吃不了那個饅頭了，但是一口咬了下去，竟然再也停不下來，一直吃完了還想吃，還把那碗掛麵湯也毫不費勁地送下了肚子。我正納悶兒肚子怎麼一下子大起來，父親在旁開口道：

「出門上路，能吃就儘管吃；吃得多才力氣多，這是老古人說過的。」

父親早早就睡下了，我可能有些累，遲遲不入睡，父親在哼哼地呻吟，聲音很大，這是他的習慣，我從來沒有覺得有什麼妨礙，但是那天夜裡，我卻長久地聽著父親呻吟，胡思亂想，越想越覺得這次修房是種下了禍根，直到很晚才入睡。到底前一天晚上吃得多，早上起來我感覺勁頭很足。禮法哥問我們能行不能行，要不要他送我們回家。父親說我們爺倆怎麼都回得了家的，讓他放心。儘管休息了一整夜，父親睡得還好，但是父親的眼皮腫得垂了下來，兩隻腳也腫了，兩隻鞋費了很大勁才穿了進去。

「怕是我的浮腫病犯了。」父親對禮法哥說。

「興許吧。」禮法哥說。

「不會的，那是慢性病，長期吃不飽才得的。這次是一下子就來了，很猛。」我說，因為在中學讀書時，我對大饑荒時期的浮腫病耿耿於懷，專門找書看過。

「病根兒是那時種下的。」父親說。「病根兒就是病根兒。」

離家還有十七八里路，都是山路，不是上坡就是下坡，父親腳都腫了，即便挑了擔子，也難在這樣的山路上安全行走。我挑擔在前，父親背著布袋跟在後面，我儘量把步子保持得慢一些，不把父親丟開。父親在路邊找了一根棍子，布袋背在右邊，左手拄著；布袋背在左邊，右手拄著。我想，父親已經不得不借助棍子的力量了，身上乏力的程度可想而知。我也不敢貿然提議把父親背著的二十來斤糧食分裝在我挑的兩個布袋裡，因為還有十七八里路呢。我身上和腿上還有勁，但是膀子疼痛難忍，每次換膀子刀割似的，戰戰兢兢。

好在開始上路是上坡路，上坡路需要慢節拍踩著擔子上下幅度的點兒走，因此一夜的休息讓我們一氣走到了這段路的最高點，而接下來就是下坡路了。我們多休息了一會兒，眼看家越來越近，父親的精神好像好了一些，感嘆說：

「快到家了，快到家了！我擔心我們爺倆回不了家了呢。」

平時也常聽到這樣的話，但是這時聽病中的父親說出來，這句話帶給我的有悲傷，更有鼓舞。下坡路走完，我們來到了東大河底，面臨的是一路上最陡峭的一道坡，但是到了坡頂上就看見我們的家了，我覺得一股勁憋足了全身。我知道父親空著身子恐怕都走不上這道坡了，便把父親安置在一塊石頭上，不讓他動，只管看住布袋就行了。父親也確實走不動這樣陡峭的坡了，卻還說：

「你先走吧，我歇一歇再看。」

我剛要挑擔上路，父親又叫住了我，說：

「忘了個乾乾淨淨，你來把布袋裡的蒸饃吃了吧。」

我在父親跟前從來不知酸甜苦辣，因為一切由父親頂著，我多會兒都是個偷空份子的。但是，聽了父親這句話，想到昨天夜裡父親就在為我第二天早上的乾糧操心，我的鼻子第一次發酸，酸得眼淚隨時會往下流。我知道我一刻都不能多待，不知哪來的一股猛勁兒，因為坡陡，我兩隻手一前一後拉住吊布袋的繩子，竟然一口氣把最難走的一段坡路走完了。轉眼來到了快到山頭的一段緩坡，周遭沒有人影，爬上山頂一竿高的太陽已經散發出熱力。遍野可見一簇簇新綠，但是蒼茫而煞白的山體和田野還是主調，給人一種渺茫的期盼。我把玉米擔子放在地上，一路小跑下山，急切見到父親，好像一路伴行的父親與我恍如隔世。老遠，我看見父親剛剛從那塊石頭上站起來，把布袋背上，二十來斤玉茭一下子把父親壓彎了腰，從上往下俯視，父親好像頭頂著地，手腳並用地往上爬。我趕到父親跟前，把布袋甩到我的肩上，攙扶著父親往上走。那段路，我和父親是一步一挪走完的，父親往高抬步實在是太困難了；抬腳時發抖，落腳時還發抖，因此我感覺父親的整個身子都在抖動。終於走到我的擔子跟前時，我把父親攙扶在一塊依坡而斜的石頭上，把肩背的布袋裡的玉茭一分為二，掛在擔子上，挑了擔子往家趕去。這下成了一個偏擔，扁擔需要一頭長一頭短才能平衡，因此更費勁，但是上到山頭，一路下坡就到家了，而且家幾乎就在山腳下，那種一往無前的勁頭，我一生只有那麼一次。

到了家，母親問了些什麼我都沒有聽清楚，便轉身去接父親。這次，父親沒有嘗試起身上路，老老實實地坐在那裡。我一身輕，我想讓父親把一條胳膊搭在我的肩上，我扶著父親回去，但是父親不同意，說：

「哪有那樣邪乎，讓人家看見了嚇一跳！」

於是，我還是扶了父親左邊的胳膊，父親右手拄著棍子，緩緩地向家走去；儘管是一路下坡，父親走得還是十分艱難，有時腿腳抖動的厲害了，隨時都有倒下去的危險。回到家中，父親連坐的力氣都沒有了，一下子軟癱在炕上，一躺就是三個月。

父親得了急性腎炎。

十二、老支書是個好人

請醫生確診、借錢以及到縣城找藥，這些看病的麻煩和困難，對父親的病來說，都是不小的問題，卻不是主要問題。父親需要將養三個月，而將養的手段是不能吃鹽，可父親一向吃鹽很重。吃糠咽菜而沒有鹽的粗飯，幾乎等於要父親的命，吃幾口就要吐。而一天三餐吃精米細麵，家裡根本沒有條件。剛剛向大舅借了八十斤玉茭，那是全家人的救命糧，總不能用玉茭換來精米細麵，讓父親養病。父親不答應，全家人也答應不起。誰能幫你？自己人幫不了自己人，那種感覺十分絕望。如果說天無絕人之路，那還是因為父親一生對人仁義，對待親戚如同親人。這自然與他早年沒有了親人，一個人扎掙出一個家庭有關係。因為父親需要醫生指導，經常診斷，而醫生是傘村人，母親的娘家就是傘村，大姨、二舅和三舅都在傘村，大姨和二舅生活得一貫如同屁股上掛了鍚鑼，只有三舅家的日子當時過得馬馬虎虎，三妗是個痛快人，便把父親接去了。看病及時，用藥正確，三舅三妗服侍父親盡心盡意，父親在三舅家住了兩個多月，就完全恢復了。父親想回家，母親說一回了家就管不住父親吃鹽，還是再住一段時間吧。然而，父親還是沒有住夠三個月就回了家，卻是因為大隊辦了學習班，有人檢舉父親參加過保安團，要父親去住學習班，「講清楚」。

父親直接從傘村到了橋西，一天由我送兩頓飯，什麼時候問題有了結論，父親什麼時候才能回家。父親見我一大早送來了飯，好像很過意不去，對我說：

「當初你的死鬼叔叔輪流當了村裡的保長，拿他的哥哥逞威風，派我去保安團當團丁，頂村裡的名額。我有地要種，有老人要照顧，去不了，看你死鬼叔叔要捆了我去，扭打中，我這個當哥哥的不客氣，一腳踢著了做弟弟的褲襠，還很重，你的死鬼叔叔倒地不起，團作一團，再不敢對我這個當哥哥的逞威風了。可他起了一個壞頭，保長輪換到別人，人家還是硬派我去了。都是你死鬼叔叔那個愣頭青，做事兒不知深淺！」

父親經常對我講這件事兒，但這次講得有些語無倫次，可我畢竟是念過書的人，知道他能應付得了做弟弟的威逼，卻躲不過別人的派遣。再說，他被派往保安團，訓練了三個月，在開往部隊的途中開了小差，跑回家中。父親前半生生在亂世，這種事情見慣了也就學會了如何應付，村裡人對這種事情本來就在應付差事，對跑回家裡的人，只要上面沒人追究，自己村裡人自然向著自己村裡人。因為這種差事是輪流性質，父親當過保安團就根本不算一回事兒。然而，二十世紀六七十年代，中國的事情是用屁股吃飯，一切都在顛倒個兒。大隊支書海富領頭辦學習班，讓誰去，誰就得去。後來很多年之後，我才知道父親住學習班與我還有些關係。當時卻什麼都不多想，我提著小鐵桶去給父親送飯的一路，基本上是在操別人的祖宗，就是一路罵人。上了十幾年學，臨了還是回家種地，遇上不順心的事情，隨鄉入俗，我學會了罵人，真正的憤青一個。因為上了學，大小算鄉下的知識份子，罵人的深度和廣度自然要大許多。在我的理解中，父親是窮苦人出身，被派去當兵，等於抓壯丁，按當時的階級鬥爭論，那是「苦大仇深」，怎麼說住學習班就住學習班呢？操他奶奶！想不明白的事情，用「操他奶奶」來結論，再自然不過。年輕氣盛，口無遮攔，不止山高皇上遠，而且是一個人提著一小鐵桶飯，給大病初愈的父親送去，闃無一人的鄉間小道上，自然是天大地大我大了。

到了父親的學習班，父親每次接過小飯桶，都先打開望望，說：

「又是甜不索索一桶，真難咽。」

文書海富在一旁笑眯眯地說：

「精米細麵，夠好的。」

我走的時候，支書海富把我送出來，跟我說：

「沒事兒，等調查的人回來，你爸爸的事兒就結論了。」

「本來就是沒事兒找事兒。」我並不領情。

「這都是上面佈置下來的，清理階級隊伍嘛。」

「狗屁！清理個他奶奶！」

「當著別人，可不能這樣說啊！」

「是人就應該這樣想這樣說，不這樣想這樣說的不是人！」

在小學沒有畢業的支書海富面前，我是知識人，說些繞口令圖一時之快馬馬虎虎，但是論鬥心計，我哪裡是支書海富的對手？但是，在給父親送飯的來回路上，我還是感到了一種僥倖。論成分，我家是下中農，我就慶幸我是「貧下中農」的後代，否則不知道多少折磨幼小心靈的事情會發生。如果我還在上學，父親這次住學習班讓學校知道了，天知道會有什麼壞結果。那絕對是法西斯橫行的年代。

不過父親好像對住學習班不太反感。照我的理解，父親雖然不能像踢他弟弟的雞巴那樣穩準狠地踢哪個讓他住學習班的人的褲襠，但是他可以照以往習慣，罵罵咧咧，發洩心中不快。但是，父親一直很平靜，隨遇而安，除了抱怨母親做的伙食沒有放鹽，一切聽之任之。第五天頭上，我去送飯，父親的問題有了結論，與我一起回家了。

「老支書是個好人啊。」父親開口說道。

「他不也是學習班的負責人？」我對坐在學習班對無知無識、無職無權的農民搞「專政」的幹部反感至極，反問道。

「人活一世，誰沒有應付差事的時候？」

「應付差事？」

不知是父親生病脾氣隨和了，還是我中學畢業後是大人了，父親對我不再威嚴，一切事情都平起平坐，甚至凡事要我拿主意。我反倒不知道如何和父親相處，附和了一句，不再多話。過了一會兒，父親說：

「老支書去給我做的調查。」

我沒有答話。

「他知道這事兒，很容易就找到了可以證明的人。我算抓壯丁，被逼的，別的大隊都不讓抓壯丁的人去住學習班，他們就放我回家了。」

我還是沒有搭話。

「老支書趁機去了一趟白土溝，給咱家高價買了二百斤穀子，配上借來的玉茭，吃得到收秋了。」

父親長舒了一口氣，自打修起房子，臉上總算有了一些喜色。我受到感染，有了說話的慾望，問道：

「高價有多高？」

「毛把錢，跟平價差不多。真正的高價要三毛多呢。老支書是好人，他問我修了房子虧空大不大，我說房子沒有修起就沒有糧食了，這次生病就是因為去借了一趟糧食落下的。他說他看看能不能幫咱倒借一點，我以為是客氣話，不想他一下弄到了二百斤穀子，幫了大忙，你可不能忘記這事兒啊！」

「比親戚還管用呢。」

「可不是，到底他當過支書，有人緣。」

「還是他願意幫助人。」

「他年輕時就這樣，我們一起打過短工。當初大家選他支書，就是因為他顧人，服眾，不像現在當幹部的，都是為了抓撈。」

「怎麼不當了呢？」

「這個社會，誰心狠誰才能當幹部。我問過支書海富，大隊能不能借給咱家一些糧食，他說要我找小隊。我說小隊要是有糧食，我還和你開口嗎？他說大隊管四個村，偏向哪個都不行，一個來百個去，一旦開了口，大家都來跟大隊借糧，那可招架不了。聽聽，嘴多巧，多會說？他批准借給別人糧食，又不是一家？聽他的口氣，好像還在說你本事大，你應該出頭去借糧食。我說，他剛從學校畢業，誰都不認識，去向誰開口？他說你文化高，辦事水準高，去找找人，能行。」

「兩年前我去他們村，往牆上寫標語，他倒是很熱情。」

「那時他想把他妹妹嫁給你，你不答應。」

「他還記仇嗎？」

「那倒不至於。咱這地方，七瘸八跛的閨女都不愁嫁出去，何況他姊妹高高大大的，早說下婆家了，臘月就嫁了。」

我一時無語。

「你念了幾年書念傻了，好好的閨女你都看不上，再耽擱下去，你就要打光棍了。」

「在你看來，是個女的就是好閨女。」

「種地的，居家過日子，能把日子過起來就行了。」

「問題是日子過不下去，人都餓死了，娶甚媳婦？」

「村裡比你小的孩子都娶媳婦了，人家沒有過日子？」

「你的話說，那是喪浪孤掙的日子，我可受不了。」

「所以說，你念書念傻了。」

我忍不住笑了。

「別笑了，今年穩住了，明年就給你說媳婦。」

「那得我看上。」

「你快去周圍的村子看，快去看，把看上的告訴家裡，我托人去說。」

我忍不住笑道：

「我看上的閨女可貴了，把你修起的房子賣掉也說不來。」

「你又沒正經了。是人都有個價碼，哪有一座房子換不來一個媳婦的？」

「你以為有了房子就能找到媳婦了？現在的閨女都找在外面幹事兒的，那是首要條件。誰看得上一個種地的？」

「所以呀，你不能要求太高。」

我沒有想到繞來繞去，還是被父親繞住了。父親大病初愈，住了一次學習班，本來是對他「實行無產階級專政」，卻借到了糧食，因禍得福，以為給我修房子的這個難關挺過去了，接下來怎麼都該給我找媳婦了。然而，天算不如人算，臘月裡母親一條腿突然疼痛難忍，一個月裡怎麼治都無效，差點要了母親的命，我說媳婦的事兒又拖了下來。

十三、糧食不禁吃，真是愁死人

母親的皮實，無論在家裡還是在村裡，都是有名的。最危險的一次是生了六妹後大出血，人昏死過去，連醫生都讓父親安排後事，但母親躺了三天，硬是緩過勁來。她很小拽著姥爺姥姥的扁擔，一路討乞要飯，饑一頓飽一頓，餐風露宿，從河南來到山西，曾被大狗咬過，都活了下來。這次修房，父親在外面張羅，她經管家裡的糧食，知道修房蓋屋是難過的關口。兩棵大榆樹伐倒時，她帶領姐妹起早貪黑，把枝枝椏椏的皮都脫下來，堆在一起。房子修起後，她又帶領姐妹們把榆樹皮的外皮脫了，把內皮曬乾，到碾子上碾碎，過蘿，篩成榆皮麵。榆皮麵有股香味，很黏，和棒子麵和在一起壓餄餎或者擀麵條，又筋道又利口。但是，在大饑荒的歲月，榆皮麵主要是和糠和起來吃糠圪壘，容易下嚥，容易排泄。家裡沒有糧食，榆皮麵也捨不得吃了，母親隔三差五地攜上一小栳圓榆皮麵，領著十幾歲的六妹，到鄰村走街串巷，換棒子麵、豆麵和雜麵或者各種糧食。娘倆一大早出門，晌午過後才回來，換回來的糧食雖然只有三五斤，但是一家人一兩天的伙食有了。我和父親反對母親的這種行動，不過父親反對是因為擔心母親太累，而我反對卻有著不健康的想法，而這種想法一開始還挺固執，幾次衝母親嚷嚷：

「你們就別出去了，跑一天也換不來甚好東西。」

「你要甚好東西？這世道，有你吃的就夠好的，別生在福中不知福。」母親毫不示弱。

「要飯的一樣，還不夠丟人！」

「有甚丟人的？辛苦掙來的東西，有甚丟人的？總比瞎抓撈東西強吧，如今抓撈都不算丟人了，辛辛苦苦去換點兒糧食，反倒丟人了？你掙來糧食，我還懶得去呢。都是為了你，真不知好歹。是人就比你懂事，今天去東傘村，碰上了你的中學同學，人家還張羅我們到他家吃飯呢。」

我怕的就是母親帶著六妹到鄰村走街串巷換榆皮麵，讓同學撞上難為情，想不到母親根本不在乎。母親換來雜麵，擀一塊切細下到鍋裡，飯有了撈頭，確實改善了伙食。吃飯是硬道理，肚子少挨餓，廢話也就少多了，由著母親自力更生。有時候，我們剛剛吃過午飯，母親帶著六妹回來，累得坐在門墩上捶腿捏腳，然後要上一碗白開水，喝下去解渴充饑，我會覺得自己很無能，很卑鄙，很自私，很無奈，除了詛咒社會，實在別無高招。這個時候，你就是他奶奶的天王老子，讓我唱社會主義好，也統統滾一邊去。現實有多麼無情，政治家和知識份子的理解，和生活在最底層的老百姓的理解相比，不如一泡屎更有價值。那時我一定是個憤青，一旦看穿什麼謊言，一怒到底。

母親那時四十多歲，按說正當年，但是她是小腳，走路不是兩隻腳一步跟一步走，而是腳尖外撇、腳跟著地，一步接一步裡外倒騰，比正常步子要花費兩三倍的力氣。更要命的是，吃喝不好，每天早上都是一碗糠圪壘配上一碗菜湯，吃了以後就上路。中午回來，不管晚回家多少，火邊留著的都是稀湯湯菜飯。當然，最最要命的是，母親作為內當家，每天的日子都得盤算，都得發愁。那時候總聽母親說：

「晌午吃甚呢？」

「晚上吃甚呢？」

「明兒吃甚呢？」

「糧食不禁吃，真是愁死人！」

終於，母親艱難度日和苦苦勞累的結果產生了質變。臘月裡，村裡的磨坊和碾子都很忙，家家戶戶都要到磨坊和碾子上加工糧食，為正月改善伙食做準備。一家差不多都要磨一天麵，使喚兩天碾子。這些都是女人家的事兒，母親勞累到了第二天，大腿下側開始疼痛。檢查一下，不紅不腫，第三天依然到碾子上忙碌。晚上回到家中再也支撐不住，躺在床上疼痛難忍。父親患感冒都哼哼，母親生病卻從來不哼哼，但是這次怎麼也忍不住了，夜裡哼呀不已。一個醫生來用些藥，開始母親說疼痛有減，過不了一天半日，又說疼痛有增無減；另一醫生來了用過藥，母親說疼痛有減，過不了一天半日，又說疼痛有增無減……這樣換了好幾個醫生，母親疼得更厲害了。醫生都是熟人，都說可能是炎症，但是患病處卻不紅不腫，像好皮膚一樣。後來，請來一位里外醫生，除了察看患處，還仔細詢問母親患病的經過。母親回憶半天，說是解了一次小溲，站立時疼痛一下，好像就開始「簌簌地疼了」。我們那裡所謂里外醫生，就是能診斷能開方子，也能畫符寫咒，貼在他認為必要的地方辟邪。他開的中藥方子，我記得缺一味杜仲，我跑了好幾個地方才配上了。他畫的符咒我卻看不懂，但母親服過中藥，晚上睡得比較安穩，很信服這位里外醫生，但是只信了兩天，疼痛加劇，又開始不信了。用西藥時，一天打兩次針，醫生不是本村的，我按醫囑給母親打針。熬過了近十天，母親的病一點不見輕，且越來越疼，我因為打針而經常察看母親的患處，病狀變化幾乎難以察覺，在我購買的《東方紅》一書「農村常見病」一欄查找，發覺與「皮下蜂窩組織炎」的病狀十分相似，便毛遂自薦，到鄰村的藥鋪照方抓藥，配成後塗抹在母親的患處。兩日之內，母親說感覺大好，看樣子這病要好在我手裡了，隨後患處出現腫脹，卻還是不那麼紅紫。母親說疼痛好像是輕了一些，但是腫脹的憋漲感更加難受。再往後，母親開始說胡話。我勸母親上縣醫院看病，母親不同意，而且越勸越不同意，以至後來誰勸她就罵誰。到了一個月頭上，她患病的右腿的整個大腿都腫脹得明晃晃的，卻還是不那麼紅紫。這時候，她一會兒清楚一會兒糊塗；明白時盡說些身後的事情，糊塗時說惡鬼附身，閻王要收她了。家裡這下亂了套，七嘴八舌，添油加醋，父親不得不讓二姐夫到山裡頭大舅家告急，要大舅幫助買一副棺材；讓我到老支書家要求貸款，準備喪事的花銷。家裡忙亂得連飯都沒有人做了，我回到家裡沒飯吃，發脾氣，被姐妹們聯合起來譴責一通，說我沒心沒肺，一家人都愁得吃不下飯了，我還有心思在家裡鬧飯吃。

連續幾天，村裡人都做點好吃的來看母親，這個來那個去，表面看是母親一生向善，別人都記住了她的好處，暗中傳遞的信息卻是母親的日子不多了。更討厭的是，院子東南角的一棵榆樹頂上，幾隻烏鴉連續幾日哇哇地叫，姐妹們私下嘁嘁喳喳，說這是一個很壞的兆頭。我說天寒地凍的，烏鴉沒有東西吃，找個地方叫幾聲不行嗎？姐妹們自然又是一通譴責，說我真是什麼都不懂。我說充其量烏鴉聞到了母親患處化膿的氣味，來這裡催促我們趕緊給母親看病，還能怎麼著？姐妹們說我越發胡說八道了。我知道這時候說什麼也無用，趕緊去貸款是正事兒。我身上分文沒有，便去一「發小」那裡借了一塊錢，按父親的吩咐到橋西老支書家要求貸款。

一路上，雖然不像四五年前父親逼我去向小七叔要賬時東張西望，總害怕身後有野魂孤鬼跟著，然而心情的壓抑使得眼前恍恍惚惚的，等我走到最背靜的一個轉彎處，惶然看見不遠處一頭大獸吊著一個赤裸裸的小人兒，我一下子就停了下來，腦袋立時膨脹起來，渾身麻酥酥的。定睛看去，果真是一隻狼叼了一個光溜溜的小孩，小孩好像還在晃動。我不知道該逃跑還是迎上去與那隻狼大戰一番，奪下它口中的孩子。狼發覺了我，扔下口中的孩子跑了，跳到幾塊梯田上，回頭看我。我慌亂的心緒稍稍穩定後，眼睛似乎清明許多，我這才看清那是一隻狗，好像就是鄰村的看羊狗，我過去見過。驚魂過去，突然想起來前日聽說過，鄰村有誰家剛剛出生的孩子死了，用草包裹起來送到了荒野。也許那家人就把夭折的嬰兒扔到這一帶的山崗，餓壞的放養狗顧不了應有的體面，聞到腥味兒就循跡找來了。這個世道，嬰孩存不住，養狗養不起，究竟是個什麼世道呢？

見了老支書，本想說說路上的奇遇，轉念一想，還是辦正事要緊，只說母親病重，花了不少錢，想貸些款。他詢問了一下母親的病情，說：

「你爸爸想貸多少錢？」

「他說二十三十都行，貸多了還起來也難。」我說。

「那就貸三十塊錢吧。生病是個無底洞，有多少錢也填不滿。」

「好吧，家裡實在借不來錢了。」

「可不！修房蓋屋本來就是大開銷，接著你爸病，這下你媽又病了，真叫禍不單行。」

「都是修房子惹的禍。我當初不讓修房，一家人都說我胡鬧，不懂事……」

「嗨，都是為你好，都是為你好。沒有賣後悔藥的，盡力應付吧。」

我接過老支書開的大隊證明，趕往禮義鎮去。有大隊擔保，貸款辦得很順利，那個信用社職員，還說橋西大隊集體和個人貸款都很少，是全公社貸款率最低的。我心想，早知道公社信用社貸款也這麼容易，我還不如貸五十塊錢呢。手中有錢了，飢餓感陡增，虧得我念中學時存下了一點糧票，趕到唯一一家小飯店五分錢二兩糧票一個，買了五個火燒，一毛五一碗氽湯，一口氣吃了三個。肚裡有糧，心裡不慌。我站在禮義鎮街頭，心想不能貸了三十塊錢就回去，一定還要為母親做點什麼。我突然想起，母親的病請來請去，都是請三裡五莊的醫生來看，怎麼沒有來鎮上的醫院打問一下？村裡的禮旺在醫院的藥房工作，我們兒時是「發小」，我說明了情況，他說我來得很巧，縣醫院的醫生正好來公社醫院巡診，一個姓王的大夫留下來，準備蹲點。他帶我找到王大夫，我覺得眼熟，突然想起她是我上中學時的語文老師的愛人。我的語文老師叫顏新，山東人，是個右派，從北京下放到我們縣中學當老師。他講課和當地老師大不一樣，不僅課文講得好，對作者瞭若指掌，講來頭頭是道，我們佩服極了。王大夫則是下放到縣醫院的右派，河北唐山人，在小小的縣醫院是一尊大佛擺在了小廟裡，誰都想去朝拜。這樣兩個落難人在我們那個閉塞而落後的縣城結婚成家，順理成章。我和兩個同學到顏新老師家幫他拉過煤，見過王大夫。王大夫高大白胖，很有風範，和本地人截然不同，我所得印象很深。那天她和她母親在包餃子，韭菜雞蛋餡兒，我見了大開眼界，因為我們那裡只會吃蘿蔔羊肉餡兒。

我把王大夫請到家，王大夫檢查了母親的病狀，說：

「老嫂子，你這下可吃苦了，把一條腿疼熟了。多虧膿是在大腿下側疼熟的，要是膿水在上，這麼長時間滲入骨頭，你這條腿真的就保不住了。」

就在王大夫四下按摩和檢查的當兒，母親的患處破了口，一下子出了膿水，母親突然就說：

「不疼了，腿好了！」

「差遠著呢，你明天上縣醫院住院吧。我給你開個診斷書，說說病情，讓他們儘快動手術。」王大夫說。

「我的腿保得住吧？」母親問，聲音微弱得很。

「本來病就不大，是耽誤成這樣了。你放心吧。要是條件好，我馬上就能給你做這個手術。」王大夫說得很輕鬆。

「那好，那好！我明天就去。」母親答應得很爽快，與此前堅決不上醫院的態度大不相同，讓我感到十分意外。

給王大夫張羅飯的時候，當中院大爺來看我母親，要請王大夫看看喉嚨。王大夫問他喉嚨有什麼症狀，他說就是吃飯不如過去那麼痛快，總有噎住的時候。王大夫讓他張大嘴，用手電筒往裡看了看，然後對他說：

「喉嚨用了幾十年了，跟人一樣老了，吃飯不順暢是常有的。不過呢，你家有好吃好喝的，就敞開好吃好喝吧。人老了，留下東西沒有用。」

「是這圪嚨眼兒有毛病了嗎？」大爺證實道。

「人老了，這病那病少不了的。」

「哦，我明白，我明白了！」當中院大爺一副明白人的樣子，連連點頭，轉而看著母親說：「大醫院的醫生就是不一樣，松斗媳婦這病早請你來就好了。她硬拖著不願意上醫院，你一說她就去了，說什麼好呢？」

第二天，我趕著毛驢車，拉了母親到縣醫院。儘管是一輛膠輪車，比鐵軲轆車平穩得多，畢竟一路顛簸了四十里，我以為母親一定顛簸壞了，到了縣城時，她卻在被子下對我說：

「我覺得我的腿好了，不疼了，不憋漲了，輕省了，去不去醫院都行了。」

住進醫院，才知道母親一路顛簸，把膿水全都顛簸出來了，患腿乍看一點病狀都沒有了，膿水把一條棉褲腿全洇濕了。醫生只是在患處拉了兩個口子，放了幾個撚子引膿引血。兩周之後，母親出院，直接被大舅接走了，因為回到家裡糧食缺乏，沒法保證母親吃到精米細麵，好好將養，儘快恢復。

兩個月後，母親健康地回到了家，當中院大爺卻已經去世快一個月了。他得的是食道癌，從王大夫確診到去世，只活了七七四十九天。

十四、奸臣無道，戲子無義

父親是老輩人，對兒時的我倍加嬌慣，這種現象古來有之，但是我成年後很快和我平等相處，卻是不多見的。最有趣的是，我從學校帶回來的一些書怕散落了，想做一隻箱子存放。我找來一截兒圓木，取線後需要用大鋸拉開。村裡人聽說我要做箱子，小村裡出了大動靜，風言風語說我能耐大，要到天上摘星星了；人家跟師傅學三年木匠都不會幹的事兒，他給一塊木頭綳了幾道黑線，就能做成箱子了。父親卻主動跟我說，要與我一起把那截兒圓木拉開。這讓我信心倍增。一根圓木用鉄繩摽在柱子上，父親一頭，我一頭，爺兒倆一左一右地拉動一根五尺長的大鋸，你送我拉，我拉你送，那種感覺很奇妙，很親切，很平等，是我終生難忘的一個場景。呼啦，呼啦，鋸末隨著鋸齒灑落下來，飛飛揚揚，木香飄溢，古老的廟院立時洋溢出別樣的生活氣息。父親一邊拉鋸，一邊說：

「鋸不走空路，不用往下使勁拉，平拉平送就行。使了笨力，鋸會走線，把木頭鋸歪，浪費木頭。」

父親像是在傳授木匠技藝，可我是第一次拉大鋸，按照父親的話，居然和父親配合得十分密切，鋸木聲抑揚頓挫，有張有弛，第一天用了一個早上，第二天一個早上沒用完，一副箱板眼看就要鋸成了。父親突然停止拉動，對我說想吸一袋煙。父親吸煙，有煙袋不過從來不隨身帶。我聽了趕緊放開鋸回家取煙，出了廟門不料正好和老鐵匠老群大爺碰上了。他問我父親在不在廟上，我說在，隨後他說你忙去，便轉身進了廟裡。等我回來，老群大爺正在端詳那截兒快要鋸成木板的木頭，父親在一旁很不滿地念叨：

「你說長生小瘦春旺他們，過去單「幹大」家都互助過，通情達理的，怎麼一當了幹部就難三誤正的，明明地薄，種一千二三百垵玉茭就夠了，他們卻非要一畝種兩千垵，結果長起來的玉茭黃巴巴的，都是空槍。明明把底土翻上來，莊稼長不好，卻說是甚學大寨，你說他們這是怎——」

「我也不懂，混世，過去他們都種過地，知道要看地的厚薄留苗，當今只聽公社的，混世，公社讓他們怎麼幹他們就怎麼幹，自己的腦子沒有了，混世，我就不懂這公社是個什麼東西，把他們調撥得溜溜轉。」

老鐵匠聽見我走近，頭也不抬，轉而問我道：

「混世，這線是你綳的？」

「是。吸根煙吧。」我回答著，給老鐵匠和父親分發煙捲兒。

「混世，這綳線就是木匠的技術，你怎麼學會的？」老鐵匠問著，還在端詳那截木頭。

「中學學的。」

「混世，中學也教木匠活兒？」

「有一門課叫幾何，裡面講到這些原理。」

「哦，是這樣，看來還是上學好。混世，看這架勢，你沒準兒真能把箱子做成呢。」

「試試吧。」

我用火柴分別給老鐵匠和父親把煙捲兒點上，三個人分頭找座位坐了下來。老鐵匠說，他是來找父親去給他打一火鐵的，那個鐵疙瘩太硬了，他老伴兒掄不開。我說那就趕緊去吧，爐火不等人。老鐵匠說他把鐵塊兒悶上了，明天早上再說吧。父親吸了兩口煙，說：

「拉了兩早上木頭，就掙了一根煙吸。」

「嘿嘿，我貼上煙我那大孩子也不跟我學打鐵。混世，按說他今年都小二十了，可是一看見火星就亂蹦，鐵錘打下去還沒有他奶奶的力量大。」老鐵匠笑道。「混世，人和人真是不一樣，他就是怕火星，對打鐵不上心。」

「我看黑蛋兒是沒有開竅，等他明白你這門手藝有多厲害，他就上心了。」父親說。

「混世，打鐵不是什麼好手藝，火星亂飛，把衣服上燒得都是窟窿。」

「聽你說的，你這門手藝早早給黑蛋兒掙下了彩禮錢，把三間樓上樓下的西屋給他娶媳婦過日子，還放話說每個孩子都有三間房子，四個孩子十二間房子呢。看看我，給一個孩子修起房子，都差點要人命，還不知道多會兒才能給他掙來彩禮錢呢？」

「混世，我看你不用著急，胡兒真能把這口箱子做成了，我敢說他自己能找媳婦，不信咱走著看。」

「走這個社會，我看只有學門手藝還是自己的，其餘什麼都能充公，操多少心、費多大勁都白搭，我是看不明白這是個甚社會，要往哪裡走了。」

「混世，閒著時我也尋思這是個甚社會，看這越來越窮的架勢，混世，除了沒有兵荒馬亂，這社會沒有甚好的。胡兒，你是有文化的人，你說這是個甚社會，有甚好的？」

「唱歌說是《社會主義好》啊。」我應付道。

「他就總這樣應付我。上了十幾年學，連個甚社會都說不清，還能指望甚？」父親抱怨說。

「指望跟你學拉大鋸呢。」我笑道。

「跟我學？跟我學餵牲口吧，比你去地裡曬毒老爺兒強！我哪像你老群大爺，有一門手藝傳給孩子，我這樣的人只會種地，能傳給孩子什麼？活了一輩子，真抓一把指甲走，有甚活頭？傷浪孤掙啊。」

「混世，要不是咱這小地方太窮了？你看鎖富回了河南，混世，那裡就有吃有喝，還能給他大大巴巴寄些糧票和錢呢。」

「興許人家種地不日哄，看看咱村地，玉茭畝產三四百進，穀子百把斤，小麥八九十斤，你說要是擱在過去，懶漢家的地也不能種成這樣子啊。你說這社會是怎麼了，大家都不想好好過活了嗎？」

「混世，弄不清，說不明，傷浪孤掙瞎活著吧。我該走了，不能一直耽誤你們爺倆幹活兒了。混世，明天我升著鐵爐，你來給我打一火鐵吧。」

「好吧。上一早上地才記一分工半工，給你打鐵我還算是全勞力呢。」父親說。

「倒也是，要是在自己地裡幹活，混世，你正經是全勞力，可在公家地裡就只能算半勞力了。混世，要說不合理，真是不合理。」老鐵匠說走就站了起來，走了幾步又回頭對我說：「混世，等你做成箱子，我一定過來看看。」

老鐵匠說話算數，我把箱子剛剛做成，油漆味兒還刺鼻呢，他就來了。如同他打量自己鍛造成的每一件鐵活兒，橫著豎著瞄來瞄去，用手拍打拍打，尤其對箱子正面的畫兒看了又看，問道：

「混世，那是老毛的頭像？」

我回答說是，他又說：

「混世，那些黃道道是閃光的意思吧？」

我又回答說是，他又說：

「混世，那些字兒我認不全，是『大海——』」

「大海航行靠舵手。是林彪寫的。」我接住他的話說。

「混世，林彪這人面相不好，像個奸臣。混世，老毛喜歡好看女人就喜歡吧，不該娶個戲子當老婆。混世，奸臣無道，戲子無義，要亂朝綱的。」

老鐵匠說過這話還不到三年時間，他的話就應驗了。

十五、我這輩子是弄不懂了

想來倍感親切，回村務農不久，只要是大圪堆幹活兒，父親總會不知不覺中來到我身邊，與我一起幹農活兒。兩年前第一次從學校回家幹農活兒，我只有十六歲，跟不上大夥兒，人家到了地頭休息，父親總會返回來接我。兩年後我能湊合頂住農活兒了，只要有機會，父親還是喜歡磨蹭到我身邊，和一起我幹農活兒。父親一邊幹活兒，一邊念叨他種地的經歷。他說十五歲上他就駕馭牲口犁地，把地犁得平展展，東家來送飯，讚不絕口；又說鋤地是先把鋤頭鍤出去，再深入土里拉回來，同時讓鋤頭東拐西拐，把草根斬斷而不能傷了苗根；還說耬地是探出鋤頭，深入土裡，用勁兒往回拉，因為苗大了傷點苗根也無妨，主要是三鋤兩鋤就耬起一個土堆兒，把苗圍著，既保墒又保苗；又說種莊稼像養孩子，不能讓它們撐著也不能讓它們餓著。他單幹時曾經給一棵瓜秧上了一擔茅糞，結果那棵瓜秧長得比胳膊還粗，從這邊地頭竄到那邊地頭，瓜葉長得像蒲扇，就是不開花不結果；又說現在的莊稼是挨餓的孩子，個個面黃肌瘦，小命都難保，怎麼開花結籽？又說土地是好東西，你好好對待它，它就能管你吃管你喝，現今的人不知道迷在哪裡了，就是日哄日哄日哄，不知日哄到多會兒是個頭……

有一次在地裡給穀子間小苗，這是我最怕幹的農活兒，最初幾天把腿蹲得又困又痛，瑟瑟發抖，發愁幾天的活兒何時是了。父親卻說，這應該是最輕鬆的農活兒，一把小鋤斤把重，不過是蹲著在地上走路而已。話說得很有道理，但是蹲功我沒有從小練出來，輕鬆活兒幹起來一點不覺輕鬆，反覺受罪。不過，最要命的是這活兒我幹不快，看見嫩黃的小苗捨不得間，留下誰鋤掉誰都難下手。父親不管我什麼心態，從旁觀察過了，說：

「挑挑揀揀不叫幹農活兒。小鋤一伸，間距有準，吃進土裡一拉，留下七八棵小苗，拔掉瘦小的，剩下五六棵一垵，就這麼一垵接一垵往下走，熟能生巧，活兒就可以幹得八九不離十了。」

父親的方法很管用，但是速度還是沒有別人快。我細看趕在前面的人的活兒，這才發覺人家就是一鋤下去，鋤掉的小苗就鋤掉了，留下的小苗就留下了，沒有什麼選優淘劣的過程。正在這時，婦女隊長荷秀趕上來了。她是快手，幹活兒俐落，我笨鳥先飛早上了隴，鋤了一段時她才開始，卻能很快趕上來，超過去，率先鋤到田頭。父親從旁看了荷秀幹活兒的樣子，叫住了荷秀，說：

「黑閨女，你這是鋤穀呢還是過地皮？間掉的小苗不分肥瘦，留下的又都亂七八糟，有些草還活著，難怪你鋤得飛快，原來是在糊弄地皮，欺負小苗呢。」

父親說得口氣平和，但是口氣中的那種威嚴誰都聽得出來。荷秀的臉紅了，轉而變青了，隨後又笑盈盈的，對父親說：

「松斗老爹，我知道你種莊稼是一把好手，你自管好好種吧，我們敬重你。」

「不用敬重我，敬重小苗就是了。春天傷害了小苗，秋天就沒了收成，這道理你該懂吧？」

「我不懂，我不懂，就你懂，全晏理村就你懂。可你懂你給不了我工分，我得把工分掙到手，秋天才能分到糧食，你說是不是？」

荷秀說著，臉上漸漸沒有了笑容，但是臉上還是一團和氣。父親好像什麼都沒有看出來，人家話中的刺兒也沒有聽出來，自管自個兒地說：

「當今的社會，誰都得掙工分，可活兒也得幹好啊。我說你是為你好，是要你不能養成胡兒馬三的做派，你看你鋤過的地多不好——」

荷秀是婦女隊長，這時全地的人都聽見了父親對她的批評，臉色漸漸難看起來，反擊道：

「松斗老爹呀，好不好不是你說了算，是隊長說了算。隊長一天給我記八分工，說明我幹活兒幹得好，你說什麼都多餘。你說我幹得好，我一天掙八分，你說我幹得不好，我一天也是掙八分！」

荷秀說過，扭頭幹活兒，只見她手中的小鋤來回舞動，不一會兒就把我和父親拉下了一截兒。父親還要說話，被我攔住，小聲對父親說：還是幹活兒要緊，要不我們到晌午幹不完了。父親好像被噎住了，嘆了口氣，搖了搖頭，開始埋頭幹活兒，只見他手中的小鋤起起落落，上下翻飛，很快把我丟下，沒多久就追上了那些鋤在前面的人堆兒。那是一塊很長的地，中間有一個大彎，每個人攬了三行小苗，鋤到地頭就是晌午天了。在荷秀和父親的爭執中，我好像也開了竅，鋤穀的速度越來越快，晌午臨近，人們先後到了地頭，我雖然拉下一截兒，卻也沒有多遠。快到地頭時，我發現我的三行都鋤過了，我知道又是父親把我的份額代做了。回家的路上，我本來想和年輕人走在一起說說笑笑，但是看見父親臉色陰沉，便主動跟到了父親身邊。我早知道，自打父親不做飼養員幹起農活兒後，他看見年輕人幹活兒不像樣子，總是數落人家；開始時，他們出於尊敬，或者默不作聲，或者一笑了之；後來，他們不耐煩了，說父親是多管閒事，不是隊長，不給工分，憑什麼數落別人？他們和我都是一輩人，要我說說父親，別管不該管的事情，弄得大家都很掃興。我知道父親的用意，是他一輩子務農的職業道德所致，父親是對的，我不能人云亦云地數落父親。自然，父親被人不當回事兒，他自己也有察覺，當面數落年輕人便越來越少了。那天當著我的面，數落荷秀這個婦女隊長，估計是父親給我演示農活兒正在興頭上，而我又對父親說教很當回事兒，父親產生了錯覺，以為可以借機數落別人了。

另一個很重要的原因，是父親救過荷秀的小命，荷秀一家不知道怎麼感謝，曾經醞釀過，是不是讓荷秀給父親做乾閨女，保她一生平安，但是因為在村子裡輩分不對，做乾孫閨女又沒有前例可援，也就不了了之了。不過，荷秀家開始還一直記著這份恩情，過年還拿點好東西來看看父親。後來，時間長了，這件事兒就淡薄了。不過，荷秀見了父親還是畢恭畢敬，叫得很親切。父親把她當成了自己人，想當面指導一番，一來當著他的兒子很有面子，二來表示自己一貫關心荷秀。他怎麼也想不到自己的熱心快腸用錯了地方，自己討了沒趣。

下工的路上，一路無語；快到家了，父親長嘆一聲：

「你是個念了書的人，這究竟是個什麼社會呢？」

「用書上的話說，是新社會。」我學舌道。

「不管新舊，這社會過了十幾年了，地種得板結了，苗種得不長了，怎麼就不能改一改呢？」

「你說怎麼改？」

「分給老百姓自己種。你看看各家的自留地種得甚樣，公家地甚樣，禿子頭上的蝨子，都是明擺著的，怎麼就不能改一改，非要一條黑道走到底呢？」

「用書上的話說，你是要走資本路。」

「長生當初就用資本壓制我，說我滿腦子資本，可我那時就能讓地裡長出糧食。他們現如今不搞資本，糧食沒了，都在挨餓，這叫什麼社會？」

「唱歌說是《社會主義好》。」

「你又來了，就只會這個？」

「差不多吧。」我看父親皺眉頭，找補說：「說一套，做一套，兩張皮，沒人信的。」

「我這輩子是弄不懂了。」父親嘆道。

我怎麼也沒有想到，這樣一般人認為平常稀鬆的事件，深深地影響了父親對集體所有制的態度，在我和幾個「發小」決意管一管那些平時在地裡幹活兒磨洋工的人時，他一句話點撥了我，我務農的態度也截然不同了。

十六、我們是跳蚤壓在了蓋的下

一個村子的人口，都是一撥人接一撥人構成的。相差兩歲三歲的一撥人中，因為經歷、為人、喜好都有相似的地方，比較容易結成一個小團體。我徹底從中學畢業回家務農的那年年底，幾個在生產隊當事兒的「發小」，非要算我一個，讓我當生產隊副隊長。這在村裡引起了不小反響，因為我喜歡熬夜，早上起不了早；起不了早，就難以一大早到各家各戶去派活兒。生產隊長好比是部隊的班長，最最基層的幹部，凡事都要求帶頭去做。我這個剛剛回家務農的學生，根本不是合適人選。但是，人家願意和你搭夥做事兒，這是抬舉，又都是「發小」，我不能不識抬舉，就只好借坡騎毛驢了。於是乎，每天早上起來，隊長站在離我家不遠的一個高處，大聲吆喝我，而後我睡眼朦朧地和他分頭去各家各戶派農活兒，成了村裡的一個笑談。不過，念過書的人，強項不在這裡，而是眼光和腦子終歸經過一定的訓練，能出些點子，做一些調和，把各種利弊衡量出來。集體機制，不管大小，做頭目的幾個人，必須團結，相互信任，彼此包容。一旦做到這點，別說一個生產隊的那點事兒完全不在話下，就是一國之事也能玩於股掌之間。

集體幹活兒，領頭的在前面奔，後面的怎麼也會跟上的，區別只是先後問題，比如說挑擔往地裡送肥，領頭的一上午往地裡送了五趟，後面的人也都會送夠五趟。這是定額。計件工作。即便這樣，也總有投機的，比如筐子裡的肥可以少裝一兩鍬。還比如給莊稼鋤草，一個人鋤三壟，一字排開往前幹，領頭的幹到什麼地方，後面的必須跟到什麼地方。即便這樣，也還是有投機的，比如莊稼和草一起在鋤下冒險，鋤頭留下誰就算誰。這些活兒都可以實行定額和計件。有了定額和計件，投機雖難絕，但是投機取巧、偷懶耍滑的幅度和深度卻都受到了限制。另一些農活兒就不好實行定額和計件，比如刨胡蘿蔔、刨土豆、刨紅薯；實行定額和計件可以，但是很難保證幹活兒的人把胡蘿蔔、土豆和紅薯刨乾淨，更別說伺機往家裡成擔成筐地抓撈了。一般情況下，幹這樣的農活兒，社員一溜站開，揮舞鐝頭往前推進，直到把一塊地幹完。這種活兒，叫「促大圪堆」，就是大家在一起往前推進。投機的人，就在這時候偷懶：鐝頭杵地裡，倚在钁把上，半天不幹活兒。隊長看見了，吆喝、催促和謾罵是常見的手段：

或者「早完早收工啊！」

或者「都別站著當望柱啊！」

或者「別拄哭棍了，鳥！」

哭棍是孝子給父母出喪才拄的，這樣的咒罵很惡毒，但是效果並不明顯。也許開始時，投機的人覺得臉上發燒，無地自容，久而久之這種惡毒的咒罵就和說話是一個意思了，不過一種表達而已。這種人往往有一粒老鼠屎壞掉一鍋湯的作用，更多的人一個接一個學會「拄哭棍」。為了解決這樣的偷懶和投機，隊裡決定打發那些喜歡偷懶的人單幹，從事計件性質的活兒，多幹多得，少幹少得，這樣也算兩全其美了。這個辦法實行後，「大圪堆」幹活兒的效果確實好多了。豈料有一天，我們在飯場上給這種人派活兒，那幾個人突然衝我來了。平時，一個村裡的，叔叔大爺哥哥地稱呼，低頭不見抬頭見，這時他們一下子圍在我跟前，一臉嚴肅地跟我說：

「你為甚讓我們去？要磨洋工大家一起磨，我們今天不想去單幹了。」

「是啊！」幾個人應聲喊道。

「這是隊裡決定。」我不知道怎麼應對，把事兒推了出去。

「誰不知道是你的主意！」他們七嘴八舌地說。

「我有主意沒有權力，要不你們找隊長解決好了。」我還想把事兒推出去。

「我們誰都不找，今天就找你說理！」他們知道我是新手，就纏磨我。

「非要找我說理，那就去單幹！」我有點惱火。

「就不單幹，就去『促大圪堆』！」他們不甘退讓。

「想去就去，不記工分！」我咬了咬牙，說。

他們沒想到我還是一塊又臭又硬的石頭，一時僵住，過了會兒打頭的說：

「胡兒，你行啊，你們幾個人捏合在一起霸道，我們是跳蚤壓在了蓋的下，怎麼都拱不翻了！」

「霸道，霸道！」他們像應聲蟲，人多勢眾，看樣子不會善罷甘休。

我生來不喜歡霸道行徑，他們攻擊我霸道，我一時不知道怎麼回擊了。

「你這是不讓我們活了，一條蓋的捂死我們啊！」打頭的緊追不捨。

「霸道，霸道！」他們紛紛跟上。

「你們別胡攪蠻纏啊！」我感到左支右絀了。

「我們幾個跳蚤壓在了一條蓋的下，這下只有悶死的份兒了。」

「霸道，霸道！」

飯場成了熱鬧去處，散在別處的人，都端著碗來看熱鬧。大家平時都不喜歡這種上地「圪影」的人，但是這時候你也別指望他們能夠站出來說句公道話。恰恰相反，他們聽見打頭的說「我們是跳蚤壓在了蓋的下，怎麼都拱不翻了！」，不僅嘻嘻哈哈地笑起來，加上那幾個人總是在附和「霸道，霸道」的，本來很嚴肅的一個場面，眼看就要演變成了一齣鬧劇了。正好這時隊長蠻狗出現了。他因為沒有上高小和初中，練出了一身好力氣，但作為隊長他捨得出力，動不動就和人家比力氣，因此沒有幾個人敢和他鬧對立。他是我兒時的「發小」，就是他非要拉我做副隊長，而且對我在幾個幹部中所起的調和與出謀劃策的角色，越來越認可，自然會站在我的一邊。

「以前我就是找不到對付你們這種人的辦法，這下可找到了。」他笑嘻嘻地說。「你們說我們是一條蓋的，把你們捂在下面，翻不了身了，那就不用翻身了，在蓋的下暖暖和和多好。你們拱翻了蓋的，就會咬大夥兒的包，吸大傢伙兒的血。我什麼都不怕，這條蓋的我還當定了！你們去單幹，有你們的工分；你們不去，沒你們的工分！你們不是想歇著嗎？那就回家蓋上蓋的，美美地歇著吧。」

隊長蠻狗生就一身好力氣，順著是順毛驢，嗆著就硬地拔蒜，他們知道硬鬥不過他，都不吭聲了。他這番話說得形象而詼諧，把大家都逗笑了，那幾個人覺得很丟人，打頭的氣不過，吃過飯就到橋西找大隊評理了。在這種事情上，大隊還會把事情推回小隊解決，因為土地在生產隊裡，大隊沒法給他安排勞動。然而，這樣鬧來鬧去，村子裡已有的和諧關係就漸漸喪失了。我們是一個「四村一隊」的大隊，村裡失和，別的村看熱鬧，甚至暗中挑三豁四，漸漸地成了一種風氣，一有機會就興風作浪。

這樣的事件發生過幾次後，社員上地幹活兒的態度好多了，至少是生產管理容易多了。我們幾個「發小」很得意，覺得天下的事情，只要你認真去做，沒有做不成的。父親平時對這種人一隻眼都看不上，我剛剛回村務農那陣，他經常向我抱怨，這時卻說：

「咳，都是公家的事兒，都在日哄，一個兩個人不日哄又怎樣？犯不著！」

我是在北京生活了很久以後，才完全理解了父親這句話的深刻含義。他的話更接近真實，一句頂一句。

十七、那還不如我來掙呢

整個七十年代，隊幹部幾次來說服父親做生產隊的飼養員，但是父親再也沒有動搖過，一直安心務農。儘管生產隊的牲口臥犁溝、倒車轅的現象越來越多；入社時的十幾頭牲口死的死，賣的賣，生產隊沒錢買進新生力量，牲口越來越少；更奇怪的是，自打父親決意不再當飼養員，老黑馬再也懷不上馬駒了……對此種種，父親都能做到視而不見，穩如泰山了。這時，他已經五十多歲，只能算隊裡的半勞力，一年所掙工分，還不如他做飼養員的三分之一。然而，妹妹們都長大了，能給家裡掙工分了。我在村裡待了不足兩年，經朋友力薦，被抽調到公社農機廠做工，一年公社給大隊轉回去三百五十個工分，大隊轉給小隊三百個工分，這樣一來，我們家不缺工分了。家裡的日子依然困難，那是因為生產隊的工分值越來越低，這種現象像瘟疫一樣蔓延，人們已經見怪不怪了。父親的態度與我的說服有關係，更與父親對集體化的認識有關係，這是我後來才徹底弄明白的。

父親以為他從此可以過上平穩的老年生活了，沒想到他年過花甲之後，還經歷了一次深度危機。我一九七五年大學畢業分配到北京工作，父親嘴上不說，心裡是很高興的。我記得，我畢業回家，父親問我分哪裡了，我說分到四川去了。父親聽了沒有表態，第二天卻臥床不起，說生病了。不過，父親不像過去，生病不論大小，都會哼哼呀呀的，這次則躺在床上一聲不吭。母親把我拉在一旁，說：

「這幾年逢年過節，你不在家，他都這樣子，真病假病沒人說得清。我看他是想你了。人家的孫子都六七歲了，你還沒有說上媳婦。現在你又分到了四川，天來遠地來遠的，他灰心了。」

母親猜對了。當我說我分配到了北京時，父親立馬翻身起床，晚飯吃了兩大碗。我笑說父親越來越不像頂天立地的大男人了，像小孩子，還在乎兒子分配在哪裡。父親說：

「北京也遠，分到縣裡還差不多。你看看元魁，在縣裡工作，顧得了家，有什麼事情指望得上。」

「你指望甚？」我問道。

「給我挑水，擔土，拉煤。」父親坦承說。

「我出錢，顧人給你挑水擔土。」

「你給人家多少錢？」

「一擔水一毛，一擔土五分，行不行？」

那時候，公有制下的工分值，一個工一毛兩毛都算不錯了。一個壯勞力上一天工，還不如給我的出價挑一擔水、一擔土，這個帳父親算得過來，所以他回答說：

「那還不如我來掙呢。」

真要給父親錢，他又會說還不缺錢花，讓我先攢著，急用時跟我要。過年過節給他寄的錢，他也不亂花。那時三個妹妹都能掙工分，妹妹們吃得不多，這是自從我家修起房子後，家裡糧食一年到頭總算夠吃了。父親以為他總算可以鬆口氣了。萬萬沒有想到，四妹的婚姻給他帶來一次巨大的打擊。父親的老夥計老群大爺的三兒子根與托人來說媒，想要四妹嫁給他。父親對這樁婚姻並不反對，一來因為他和老群大爺是很有交情的老夥計，擱親家好上加好；二來老群大爺的三兒子根與很勤快，肯吃苦，人又老實，這符合父親選擇的標準。但是，四妹死活不答應，一來對男方不夠滿意，嫌老群大爺家男孩過多，妯娌們不好處；二來對二姐嫁到本村一事引為深刻教訓，聲言道：

「一個雞蛋殼兒大的小村子，咱們家的閨女嫁不出去了，非要擠在這裡嗎？」

這話很合母親的心意，很不願意閨女都嫁在本村，因此母親站在了四妹一邊。父親對當初給二姐當家作主，嫁到本村生活一直不如意，心懷歉疚，因此沒有堅持，這樁婚事就不了了之了。誰也沒有想到，老群大爺的女婿蠻狗不幹了。他是我的「發小」，如前所說，當初非讓我當副隊長，就是他的主意。後來我走出了村子，先在公社所在地禮義鎮做了兩年工，後來到天津南開大學上學，再後來分配到了北京工作。「發小」這種關係就漸漸地淡薄了，但是「發小」的關係是一種記憶，什麼時候都抹不掉。他以為這麼多層關係牽扯在一起，這樁婚事應該成了。還有一個更大的原因，那就是蠻狗後來一直是村裡的隊長，漸漸當出了甜頭，當出了權力慾，不僅還是那副「順著是順毛驢，嗆著就硬地拔蒜」的脾氣，而且越來越霸道了。他托媒人來說了幾次，四妹不答應，父親母親也不答應，他就放風說：

「村裡人越來越不知道好歹了，看來我得給他們一點顏色看看！」

他的「顏色」可不是「一點」，一下子把父親、五妹和六妹的工都停了。父親對他的一貫作風一向看不上，嫌他蠻橫，所以沒有去向他說好話，直接到大隊告他去了。這下更激怒了他這種「順著是順毛驢，嗆著就硬地拔蒜」的脾氣，說是要沒收我家的牛圈，但是他不出頭，讓他的姐夫毛孩來說。他姐夫是大隊主任，又是包隊幹部，雖然上過中學，但是腦子有些顛三倒四，也就是老家人說的「暫暫二意」，有時候會讓他的小舅子指使得「滴溜溜轉」。父親對土地一貫保衛，幾十年前近二十畝土地被充公，他就和幹部們對抗了一年，現在僅有的一點寫在房基地上的私有地產，有人打主意，他堅決不答應。

「生產隊積肥沒有地方，別人家的牛圈都給公家使喚，你家的貢獻出來，大家才覺得一視同仁嘛。」毛孩說。

「誰愛貢獻誰貢獻，我不貢獻。」父親說。

「你貢獻了，鱉狗不給你家派工，我出面說說去，把這事了了。」

「何況拐來拐去，你們姐夫小舅子是合夥來欺負我家呀。跟你說，你爸爸活著時我們是老夥計，他知道我甚脾氣，有多大膽量，不信你去問問你奶奶。我可不是三法，因為閨女的婚事，讓你哥欺負得跑到老婆丘子旁吸悶煙。」

「松斗叔你要說這種話，你家的牛圈隊裡用定了！」

「你來用用試試。」

第二天，毛孩帶了幾個人來往牛圈填土，父親上去阻攔，別人恨不得看熱鬧，都躲到一旁去了，毛孩上來推搡父親，父親不讓步，扭打在一起，自然是父親吃了大虧。父親老了，不能像年輕時候和他弟弟打架，一腳乾脆俐落地踹到這種隊幹部的雞巴上，讓他滿地打滾兒。父親已是年過花甲的老人，不是年輕人的對手，更不是掌管一個生產隊的生產資料和生產力的幹部的對手，毛孩把父親的胳膊扭壞了，他的右胳膊從此再也沒有伸直過，成了「橛胳膊」。小隊幹部欺壓人，大隊幹部官官相護，怎麼辦？父親讓六妹給我寫信，讓我在北京告狀。通信來回需要一個月，父親等不得，跑到了公社，找到了武裝部王部長，把毛孩和鱉狗都告下了。

父親七十年代的最後一年來北京看我，這些事情都成了過去，我當作趣聞軼事問父親怎麼敢去公社找王部長，怎麼在王部長跟前把毛孩和鱉狗告下來了？父親聽了嘿嘿一笑，說：

「偷人抓贓，打人留傷，我的胳膊扭傷了，伸不直，不能上地幹活兒，當場讓王部長看的。老百姓告狀就是毛褳倒西瓜，有啥說啥，還能有瞎話？」

「王部長就相信你？」

「他問我你兒子哪裡去了，沒有給你撐腰？」

「我說我兒子在北京，指望不上。他問我你兒子就是誰誰？我說就是。他說他認識你。我說那更好，今天就指望你了，你得給我撐腰做主，他們姐夫小舅子想一手遮天，不讓我全家活下去。」

父親像在講故事，越講越輕鬆，而我聽得越來越沉重，覺得所謂的新社會其實一點沒有新意，連秩序井然的傳統社會都不如，把父親這樣只想憑力氣活人的規矩人逼到告人的地步。父親說到了興頭上，繼續對我說：

「王部長說你回去吧，代我通知包隊幹部來見我。我說我不跟那種人說話。王部長說那我就叫通信員跟你一起回去，把包隊幹部叫來。王部長人不錯，說話算數，果真讓通信員跟我回了村，通信員把那個鳥人叫走了。他回來尿了，見了我點頭哈腰，我不理，現在也不理他，一輩子也不理他！」

父親一輩子沒有幾個仇人，但是他記仇，而且記得很牢，真的是一輩子忘不了。我卻不會記仇，遇上這種事情，總希望和解，便對父親說：

「我在村裡時和他們都共過事，人家也有幫咱的時候，你就別記恨他們了。這次回了家，身上裝一盒我給你帶的北京煙，碰見他們給他們一根煙吸，你們就算和解了。」

「給煙吸行，和解不行，我就恨別人仗勢欺人！」

這件事情要多大有多大，要多小有多小，至少在我和父親談起這件事情時，它已經是村子裡的小事一樁，許多人怕是都不記得，甚至連當事人也記不大清楚來龍去脈了。我回家探親，「發小」還是「發小」，共過事的人還會提起共事的長長短短，這種小山村歷史上從來沒有發生過的性質非常惡劣的「小事一樁」，我們不會談起，論一論誰是誰非。然而，我知道這樣的「小事一樁」是什麼性質，性質有多麼惡劣，因此，父親讓六妹寫給我的那封告狀信，至今還好好保存著，而且因為那張紙很脆，破敗累累，我還用一張紙糊裱起來了。信文是這樣寫的：

是跟上昏姻事打及報復。
霸了我全家的工。
叫我家公上豬他不殺。
滅了我一戶不給肉吃。
田了我牛圈。
打破我的石頭。
他還說，殺了我家四口，有他一個人來頂。

六妹信中錯別字很多：「昏姻」應該是「婚姻」，「打及」應該是「打擊」；「霸了」應該是「罷了」，不過這個「霸」用在這裡倒是很合乎彼時彼刻的情景；「公上豬」應該是「攻上豬」，就是給條豬上料，短時間裡攻成膘豬；「田了」應該是「填了」；「有他」應該是「由他」，不過「有」字在這裡也通，因為實際上是有他這個人在，他就可以憑藉手中的權力稱王稱霸，而當王部長告誡他們，說要是不解決好這件事兒，他就到村裡把他們姐夫小舅子抓起來，送到「司法科」，他會因此而在村子裡暫時「沒有了」時，他的態度還是發生了變化。我們的小山村本來民風樸實，誰都不願意告狀，更害怕坐「司法科」，一個小小的隊長也就不敢硬逞強，說「有他一個人來頂」了，這時候，還是「沒有他」為好。

這就是狀子，一個上世紀七十年代中期來自一個小山村的狀子，一個馬馬虎虎中學畢業生寫的狀子。儘管錯別字多多，但是信中所寫內容，但凡識字的人都能看得懂。我不僅能看得懂，而且看了每每熱血撞腦門兒。不過，我知道我對此無所作為。即便我回了家，動用一些關係，把他們姐夫小舅子整治整治又如何？或者是真的能把他們送去坐「司法科」又如何？它倒更能讓我認識到我當初在村子裡理想治理那些「磨洋工」的鄉親父老的做法，與之是如出一轍。在父親心平氣靜的時候，他最認可的不也是「官打民不羞父打子不醜」嗎？

十八、一天能吃一頓小米乾飯，就是好日子了

父親來北京看我，我估摸原本是來催促我趕快找媳婦的，但是我們當時住在朝內大街二〇三號的兩棟小洋樓裡，十幾個外地人都是單身，父親對我處對象的事兒壓根兒沒有提起，只是剛來北京時，抱怨我不給他燉肉吃，我趕緊給他燉了一鐵鐺肉，吩咐他看著鍋，我到外面的街上買幾個饅頭。等我回來，父親正在撈肉吃，香嘴甜舌的，對我說：

「北京的肉真香。」

「沒準兒這肉就是咱老家的呢。」

「瞎說，咱們那裡的肉能來到這裡？天來遠地來遠的。」

「我聽我的老同事說，咱們晉東南地區專供北京的一個城區。」

「真的嗎？」

「可能。」

「這麼說，咱們那窮地方，也有北京相中的好東西？」

「是啊，好東西都讓城裡人得了，咱們卻得不到城裡人甚好東西。」

「不能這樣說，咱得到錢了。錢也是好東西。」

「錢是好東西嗎？」

「好東西。當初咱家要是有錢修房，就不會遭那麼大的罪了。」

「那得看有多少錢。我現在算有錢嗎？」

「你是掙錢的。」

「一個月三十九塊，月月光，能修得起房子嗎？」

「城裡開支大，甚東西都要用錢買，費錢。」

「所以，這就是個窮社會，就是不讓老百姓過好日子。」

我們爺倆這麼說著，我把肉盛在一個大瓷缸裡，用剩在鍋裡的做了湯麵，就了饅頭吃。隨後，我讓父親每天從瓷缸裡挖幾調羹吃，結果一瓷缸肉還沒有吃完父親就吃膩了，而且在北京期間再也不想吃太油膩的東西了。

「我以為我能天天吃肉呢，沒想到一瓷缸肉就把我吃頂了。值了，我這輩子還有不想吃肉的時候，村裡我們這茬人誰有這個口福？」

「等我在北京成了家，我把你請來，天天讓你吃肉，變著花樣讓你吃。」

「不想吃肉了，還是燒餅蒸饃油糕那些東西更饞人。這院子門口有一家飯館，裡面淨是這些東西，你的工資夠我換著花樣吃一個月嗎？」

「這樣的飯館，我的工資保證夠你下一個月的館子，你回去就更有說的了。」

我只給父親改善了一個星期伙食，父親就說他每頓吃兩個火燒或者兩個饅頭就行了，而且真的連我從單位食堂打來的飯菜，他都只能吃一半。那年，他虛歲七十，算是古稀老人了，但他依然活力十足，在當時的北京城裡轉，從來都是步行。每次帶父親去逛，父親都會問問有幾里路，只要在十里八里的距離，他都會要求走路，並且很有說服力地說：

「別坐車，北京這地兒好看的東西多，坐在車上一晃就過去了，看不清楚，還是走路好。」

去逛故宮的那天，我和父親說：

「今天坐車去吧，故宮很大，逛完了很累，咱坐車蓄點力氣吧。」

「有多大？」父親問道。

「逛下來有十來里路吧？」

「你誆我。一個皇上能住那樣大的地方？」

「去看了你就知道我誆你了沒有。」

我們從朝內南小街站坐上九路無軌電車，從故宮的北門進去，一路走，一路給父親解說。這種地方是父親在戲臺上的戲裡才看得見的。我記得父親說他看過上黨梆子拍成的電影《三關排宴》，說皇上住的地方真叫排場。然而，他實地眼見的皇宮浩大和氣勢則是一個大字不識一斗的老農民，無論如何都想像不到的。我們逛到「保和殿」時，父親指著上面的匾問我那個「保」字是不是我母親名字的那個，我驚訝萬分地說是的是的，父親說你無論如何要把你母親請來北京住住啊，讓她來看看人家皇上住什麼地方。我答應說，是的是的。到了「太和殿」的後面，我說那塊巨石是一整塊，是多少農民工把水潑在地上，結成冰，用圓木一步步把它從老遠的山區滾過來的。我的本意是告訴父親，小小老百姓一旦凝結在一起，那種力量是一塊巨石無論如何也阻攔不了的。但是，父親還是讓那塊大石頭鎮住了，圍著那塊巨石轉了幾圈，對我說：

「還是當皇上好啊。咱家房子的根基石二尺見方就是大石頭了，這裡的根基石比咱的房子都大，真是讓人開眼！」

到了午門的門洞，父親看見被人撈摸得亮晶晶的銅門釘，問我道：

「咱們全村都不值這扇門吧？」

我聽了忍不住笑起來，說：

「咱小村怕是連你手中的那個門釘都不值。」

「瞎話，一個門釘錢還是值的。」

「去年一個工分了多少紅？」

「還行，兩毛五吧。」

「咱家一共掙了多少工分？」

「六百來個吧。」

「就是一共掙了不到一百五十塊錢，減去吃糧款，能剩二十塊錢？一家剩二十，三十戶剩六百塊錢，你看六百塊錢能買走這個門釘嗎？」

一貫種地信心滿滿的父親在皇家聚斂的巨大財富面前，一時迷失，搖了搖頭，嘟囔說皇上就是皇上，就是闊氣。不過，我也不甘心讓歷來崇尚皇上的農民思想把父親震懾得太小看自己了。我問父親累不累，父親說沒走多少路，不累，我說不累咱往回走，再看一遍，五毛錢的門票錢就更值了。父親說好，多看看好，串細路嘛。這次我帶父親在皇妃住過的庭院多走了走，本意是想讓父親多看看那裡擺放的珍寶，但是父親的注意力在那些院落裡，出了一座院子又進一座院子，終於忍不住問道：

「你說這些院子都住過皇上的媳婦？」

「是呀，書上說『三宮六院』就說這個。」

「這世道真是撐的撐死，餓的餓死。一個皇上要這麼多媳婦，咱村的錢壘轉眼就要四十了，就是說不上媳婦，我還去給他問過幾個呢。人比人比死人呀。」

沒想到父親在北京威嚴浩大的皇宮，會想起遙遠荒僻的小村裡一個最落魄的年輕人。錢壘從小沒有爹娘，他父親死後，他母親再醮，他從小跟著他奶奶生活。他奶奶老眼昏花，一次沒有看住他，他自己從火邊的茶壺往碗裡倒開水，開水沖出碗邊，潑在他臉上，燙了一層皮，又沒有好好治療，嘴巴一帶落下一層皺皺巴巴的皮，幾近破相。加上奶奶慣出他的毛病，他性早熟讓他弄出一些「丟人敗興」的事兒，名聲不好，家庭背景又差，找媳婦自然難上加難。父親去給他說媳婦的事兒，成了村裡的笑話，說父親怎麼聽上錢壘的話亂跑，那不是瞎子點燈白費蠟嗎？言外之意是我父親腦子進了水，去幹一些不冒煙兒的事兒，因此我回家探親總會有人和我說起父親去給錢壘說媳婦的笑話，說人家對方要不是礙於父親的臉面，會當面罵父親的。

「你給錢壘說媳婦的事兒，都成了村裡的笑話了。」我說。

「那孩子是有毛病，可是幹活兒不惜力，有個媳婦領著，日子過得不會差。」父親說。

「活人不是光過日子就行的。」

「到底還是過日子的。」

我看著父親認真的樣子，知道三句兩句說不清這事兒，而且想到父親當初勸我說媳婦也這樣講的，便笑道：

「你是對的，回去勸說錢壘招出去，當上門女婿，日子也許就過起來了。」

父親看了看我，像是有所領悟。後來錢壘果然招了出去，不知道是不是父親勸說過他。不過父親為別人著想的心胸，我理解是與生俱來的，不是寫文章寫標語造出聲勢來，對被愚化的芸芸眾生再實施愚化的。

到了皇家後花園，父親說方才進門來怎麼沒有看見？我說當時看花了眼，要不怎麼好多人要來看好幾次呢？說著，我們出了皇宮的北門，我沒有再問父親累不累，便帶父親進了景山公園，早有目的地溜達到崇禎皇吊死的那棵樹前，對父親說：

「皇帝也有熊的時候，一個皇上就是在這裡自己上吊死的！」

父親用不相信的目光看著我，我儘量淺顯地把崇禎皇上上吊的來龍去脈說了說，而凡事都能評說幾句的父親，在這件事情上沒有吭聲。我想也沒有幾個農民能把這樣的事情評說個子丑寅卯。就是曾經風光無限的陳永貴能把他的農民兄弟折騰得人仰馬翻，七死八活，在這件事情上恐怕也無話可說。能在這事情上說實話的，還是當皇上的人。

「水能載舟，水能覆舟。」李世民如是說。

我帶父親去逛頤和園時，一路兩旁都是莊稼地。快近中秋時節，路邊的莊稼綠中泛黃，目力所及一馬平川，偶有風起，萬頃蕩漾，好像蕩滌著父親的心，不像在城裡逛街問這問那，大多情況下都不大說話。

「我看了半天，怎麼認不得地裡的莊稼呢？」父親終於問道。

「是稻子，水稻。」我答道。

「水稻？」

「大米就是從水稻脫出來的，像小米是從穀子脫出來一樣。」

「哦，這就是大米啊。我說怎麼認了半天，認不出來呢。有點像咱們那裡的黍子，不過要高很多，壯很多。這東西一畝地能產多少？」

「六七百斤吧。」

「這麼多？玉米穗那麼大個兒，好地才產五六百斤，大米粒跟小麥粒差不多，能產七八百斤？咱們的小麥畝產八九十斤就不錯了。」

「這不是北京郊區嗎？」

「那是，還是人家北京人，幹活兒肯下力氣。不像咱們那裡，人們的思想都走滾了，上地都是去日哄工分呢。」

「這裡也有日哄工分的，集體都一樣的，連我們出版社的人都日哄呢。」

「你就愛瞎說。」

「不是瞎說，這裡是講究科學種田的。一個叫袁隆平的人，培育的水稻能產一千多斤呢。」

「哦，是這樣。要是有人能讓穀子出產一千來斤，咱們那裡的地就值錢了，人也少挨餓了。咱們的穀子一畝地才出產一百多斤，上好的地也只有二百斤的產量。」

「小米沒有大米受歡迎，所以沒有能人肯下功夫研究。」

「小米還是養人的。一天能吃一頓小米乾飯，就是好日子了。」

「那倒是。」

在頤和園裡，從正門一路上行，向佛香閣走去，年近古稀的父親走得比我還輕鬆，還數清楚他一共走了多少臺階。站在佛香閣的平臺遠眺，湖水波光粼粼，一眼望不到頭。我告訴父親這麼大的一個園子都是為了一個蠻橫不講理的老壞女人六十大壽修建的，父親聽了，說：

「誰讓人家是皇上的娘呢，能不住大地方？心沒足，水沒紋嘛。」

父親看著一眼看不到頭的頤和園，說他這次來北京算是串了「細路」，該回去了；秋收要開始了，他要回去收秋了。我說集體的地，你又不是壯勞力，人家不指望你回去。再說，我要等到合適的人，和你一起回去才放心。父親說他一個人回得去，好歹是見過世面的人了。父親對土地的眷戀被那些平展展的莊稼地喚醒了。能喚起父親的自信的，還是土地。

父親回去時已近中秋節，我給他買了一些月餅和兩條煙，他一路坐火車到新鄉，倒火車到高平，坐汽車到禮義，從禮儀鎮下車，七八里路沒有讓人接也沒有讓人送，獨自背了行裝往家走，遇見熟人就發煙，說是北京煙，吸上提神。回到家中，他讓六妹寫信告訴我，他這輩子能進北京城，看看皇上住在什麼地方，很知足了，要我趕快成個家，把母親接到北京開開眼。

十九、脫了褲子放屁

我以為這是父親一輩子最後的風光時刻，沒想到他在六十八歲時趕上了土地下戶，迎來了他作為一個莊稼人的真正風光時刻，甚至可以說無限風光的時刻。父親上地幹活兒的勁頭近於瘋狂，說他「起早搭黑披星戴月」一點也不過分。家裡分了七畝多地，除了擔糞下種那些重體力活兒，鋤地耨地之類的手把活兒，他全包了。集體生產時畝均不到二百五十斤的土地，到了他手下，第一年就翻了一番，平均高達五百多斤。當年我帶妻子兒子回家，父親已經可以白麵精米地供我們吃喝了。父親一點不見老相，往家裡收秋，八九十斤的擔子他都能挑回家。六妹說，父親嫌七畝來地不夠耕耘，經常跑到姐姐們的地裡去幹活兒，一開始把姐姐們弄得好生奇怪，以為真的出了「為人民服務」的神仙了。姐姐們抱怨父親幹完活兒不去家吃飯，顯見做女兒的管不起做父親的一頓飯。父親卻說如今不缺吃喝，到哪兒不是精米細麵地吃？父親耕耘的土地，不管誰家的，都算得上精耕細作，姐夫妹夫們讚不絕口。那幾年因為母親眼睛患了白內障，我一年至少要回兩次家，因此我專門找了一個秋天探親回家，和父親一起收秋，父親捆的穀子捆比鄰居家地裡的小，畢竟他是年近七十多歲的老人了，自然他得量力而為，而我以為我可以輕鬆地挑上兩捆穀子回家，卻不料走了一半路就直不起腰來了。父親接過擔子，穩穩地放在肩膀上，無論上坡還是下坡，都走得十分自如。

「你都有孔聖人的壽數了，還能挑七八十斤，身子骨夠硬朗的。我到了你的歲數，一定不如你。」我在父親的身邊說。

「你肯定不如，長了這麼大就沒有長夠力氣，不過你只要有拿住筆的力氣就行了。有人天生是出巧力的，有人天生是出笨力的。」

這是父親第一次間接地承認我是出巧力的，我聽了深感慚愧，找話說：

「今年一畝穀子能打多少斤？」

「四百來斤不成問題。」

「那是集體地的兩三倍呢？」

「那也叫種地？那叫上日哄下，下日哄上，日哄來日哄去，糟蹋壞了土地。還是老三法說得好：人哄地皮，地哄肚皮，哄來哄去，哄住自己。」

「多虧鄧小平的改革開放政策，土地下了戶，你終於有地種了。」

「本來就是脫了褲子放屁！早知今天，當初為甚非要把個人的土地收走？轉了一個圈兒，餓死了多少人，毀了多少好牲口！」

二十、差不多是餓死的

父親被土地激發出來的勁頭，沒有延續到九十年代。八十年代的最後一年，父親得了腦中風，儘管治療及時，父親的左邊身子還是再也不能自如如常了。我接到電報趕回家中，父親還在床上治療。父親見了我不停地流淚，口詞不清地反覆問我，他還能不能上地動彈了。我反覆保證他能行，可是父親還是反覆地問：

「我不會就這樣躺在床上等死吧？像來旺一樣躺在床上等死，還不如得病就死好呢。你知道來旺受了多少罪嗎？」

來旺叔和父親是一輩人，小父親四五歲，但是兩個人處得不錯，互相幫扶過。來旺叔第一次得了腦中風，仗著年輕，很快就好了。但是，因為不懂珍惜身體，還像好人一樣賣力幹活兒，結果第二次中風後癱倒在了床上，吃喝拉撒睡都需要人照顧，偏偏他老婆是個急性子，硬心腸，有一頓沒一頓地不讓他多吃，嫌他吃多了屎尿多，難伺候。他有時餓得受不了，從炕上滾下來，爬到門口向院裡的鄰居要吃的。鄰居們見他實在可憐，送他些吃的，可一旦讓他老婆知道了，便會嘮嘮叨叨地數落別人。父親不管他老婆怎麼罵，只要去看他，就會帶些吃的。他老婆不敢當面罵父親，但是父親一走，她會把父親給來旺的食物奪走，讓來旺繼續挨餓。有人說來旺落得這樣的結果，是他遭了報應，因為他曾經把當中院大爺打得死去活來。父親聽了則說：

「人都有三惑三迷的時候，那不是因為他大爺瘋了，動不動就跑到來旺家念經嗎？」

不管怎樣，連親人都不愛管的人，終究活不長久，來旺不久就死了，差不多是餓死的。這件事兒對父親的打擊很大，平常就總和人說：

「得病千萬別得來旺那種癱病，誰都不待見，連一個被窩睡覺的老婆都不待見，活蹦亂跳的一個人，轉眼能吃能喝不能幹了，多窩心！」

偏偏父親得了同樣的病，他的心理負擔有多重，是不難想像的。好在照顧父親的六妹和妹夫對父親盡心盡責，母親的白內障越來越厲害，與父親同病相憐，互相說些安慰的話，父親的心情漸漸平和起來，經過兩個星期的治療，他竟然下了床。父親一直努力恢復，但是在他患病的第二年，母親突然中風昏迷，在床上躺了十二天就去世了。這對父親的打擊是致命的，心裡的希望漸漸熄滅，兩眼再沒有了我熟悉的光亮，見了我只有止不住的哭泣。這種該死的病一直折磨了父親三年，進入九十年代第二個年頭，父親撒手西去了。享年七十八歲。

第二部　記住，千萬別帶孩子去幹活兒

一、別到外面瞎說啊

很小的時候就跟著父親去牛屋睡覺，有時候父親坐在家裡遲遲不走，我熬不住，就在炕上和衣睡著了。被叫醒的時候，大部分原因是要走了，有時是為了吃。父親侍弄十幾頭牲口，夜裡上草餵料，勞作大半夜，吃點夜宵成了他的一個習慣。他吃，總會給我留一點，只是被叫醒後迷迷糊糊，味覺不佳，吃著不香，而吃著不香是因為父親的夜宵不過是些家常便飯，刺激不了味覺。屬於改善伙食的夜宵很少，比如麵條，令人垂涎，食慾旺盛，因此多費糧食，而那時的糧食就是命根，節省糧食就是延續生命。

一天夜裡我被叫醒的時候，三舅在場，我一下子醒過神來。夜宵也不同尋常：面和得多，鐺子坐得大，火燒得旺，看樣子和全家改善一次伙食差不多。一見麵條我就來精神，話也多，母親便會不失時機地敲打我：

「看你沒出息的樣子，見了好吃的就鬼得屁股也喜歡。一天起來饞懶相連不想動彈，看你要活個什麼人！」

從小，這是母親彈壓我的口頭禪，聽得多了跟表揚我差不多，多少收斂一會兒，還是會原形畢露。土豆丁粉條臊子，很合我的胃口，不想原形畢露也難。母親塞給我一碗上尖兒的麵條時，我忍不住多話道：

「深更半夜的，一大碗吃不著嗎？」

「嫌多撥出半碗才算出息，說好聽的有甚用？」母親繼續彈壓我道。

那是萬萬不可能的，我心裡說，香嘴咂舌地吃將起來。父親和三舅身邊各擺著一空碗，顯然已經吃過一碗了。三舅目不轉睛地看著我，好像要說什麼又不便開口的樣子。

「給三舅撈上——」

我剛開口，母親就把我噎了回來：

「用你說？白麵都是三舅的，你做什麼好人！」

我直愣愣地看著三舅，心下倍感納悶兒：三舅家一年到頭鬧糧荒，怎麼有白麵送我家？三妗為人爽直，心地善良，只是成人家有點大手大腳，不夠精細。孩子和丈夫吃不飽吃不好她都心疼，不會勒緊褲帶過日子的結果就是一年到頭鬧糧荒。再說了，三年困難時期，人均四兩糧食，不夠填牙縫的，就算你會勒緊褲帶過日子，成人家，能讓口糧一年吃到頭的，全村上下也沒有幾家。一鍋能撈三碗麵，父親、三舅和我同時噗嚕噗嚕吃麵條的聲音，在萬籟俱寂的冬夜，格外生動，活潑。再好吃的麵條，半夜裡我也只能吃一碗。吃了麵條照例喝半碗麵湯，吃飽喝足，我還忍不住多話：

「還是麵條好吃啊！」

「會吃算甚本事，像三舅一樣掙來，才是本事。」母親繼續彈壓我。

三舅又目不轉睛地看著我，終於開口說：

「可別到外面瞎說啊！」

三舅跟我說話的口氣如此嚴肅，如此重大，好像我一旦說出去就會招來不測之禍，這是從來沒有過的。他的話彷彿大山壓過來，甚至比母親的彈壓還讓我不堪承受，我再沒有敢多說廢話。夜很靜，深秋的樣子，改善伙食的場面熱騰騰的，純純的麥香味兒和土豆臊子味兒飄溢在屋子裡。三舅的嚴肅態度和美食帶來的喜悅很不協調。

平常改善伙食，母親能用剩菜和剩麵條泄成半碗湯水麵吃，就很豐盛了。那天夜裡因為和的麵多，母親很例外地吃了半碗麵條。麵條剛剛落肚，母親就打了一個嗝兒，不由得嘆道：

「天生一個窮命，吃半碗幹的，就露出了幌子。」

「以後多和一把麵，跟上姐夫多吃一口吧。身體要緊。」三舅對母親說。

「我火大，吃了麵條總嘴苦，受罪的命。」母親說，一邊拾掇碗筷。我和父親、三舅吃飽喝足，三舅說該走了，我們仨便一起走出了街門。三舅要往東去，我們爺倆要往西去，要分開時三舅摸住了我的頭，再次叮囑說：

「可別到外面瞎說啊！」

我不知道有什麼可瞎說的，但又不敢多問，可事情有時候偏往一起趕，逼人說話，而且實話實說。且說我肚飽心喜歡地回到牛屋，聽見老黑馬吱兒地歡叫著迎接我們，好像它也聞見了我打出來的美味可口的麵條的飽嗝兒。父親半夜要起來幹活兒，躺下便睡著了，但是我躺下好一會兒都睡不著，身子翻過來翻過去，只覺得一個圓溜溜的肚子礙事，怎麼擺都擺不舒服。最後，總算迷迷糊糊地睡著了，卻覺得一隻手伸進了被窩，一把抓住了我的肚子，要開腸破肚，把我肚裡的麵條抓出來。我驚恐地反抗，那隻手用力地攻擊，我敗下陣來，聽憑它在我的肚子裡亂抓。開始覺得整個肚子抓得慌，胃和腸子都短了半截似的；隨後開始隱隱作痛，覺得腸子在一截一截地斷開；再往後，整個肚子開始翻江倒海，疼痛不已，滿炕打滾……父親一巴掌拍醒了我，問道：

「哼哼什麼？亂滾什麼？」

「肚疼。」我立刻清醒過來，答道。

一說出肚疼，肚子便疼痛難忍，我開始喊叫：

「疼，疼啊！肚疼，肚疼啊！」

越喊叫越疼，越疼越喊叫，驚得槽後的牲口都不安起來。

「啊呀，疼啊，疼死了，活不成了我——」

父親摸了摸我的頭，滿頭大汗，說：

「是疼得不輕。」

「疼——疼——爸爸快救救我，我要死了！」

父親莫名其妙地笑了一聲，說：

「吐出來就不疼了。」

「我不想吐啊。」

「有辦法讓你吐。」

「甚辦法？」

「鞋殼簍裡的土，喝上就吐。」

「你快弄啊！」

「你喝嗎？」

「喝，毒藥都喝！啊呀，疼啊，疼死我了——」

父親立馬在火眼兒上坐了馬勺，放了水，把鞋裡的腳汗泥摳出來，倒了進去。一會兒，馬勺煮開了，一股臭味兒在牛屋裡散開。父親端了馬勺，在水缸的冷水裡冷卻了一會兒，用手指在馬勺裡試了試，拿到我跟前，要我起來，一股惡臭味兒薰得我發暈，但是我肚子疼得要命，如同一把刀子在裡面攪動，我一點沒有猶豫，一口氣就把馬勺的泥湯喝下去了。我還沒有來得及再躺下，一股按耐不住的作嘔勁兒直衝腦門兒，我哇一聲把一碗麵條吐進了馬勺裡，一股臭酸味兒令人不堪忍受，趕緊推開了馬勺。父親把馬勺裡的臭酸爛麵倒進了料桶裡，涮了涮馬勺，舀了清水，坐在火眼上燒開，又在水缸裡冷卻了，端在我跟前，問道：

「涮一涮嘴？」

「不了。」

「涮涮吧，嘴裡有味兒。」

我翻身起來，就住馬勺喝了一口水，覺得甜絲絲的，忍不住就多喝了幾口，隨後忘了漱口，躺下，不一會兒就睡著了。

第二天醒來，嘴裡一股酸臭味兒，肚子裡悶悶的，揉了揉還覺得疼。想起昨天夜裡喝父親鞋殼簍土，胃裡不由得攪了幾下。太陽爬上來老高，黃燦燦的光灑在乾燥的黃土上和光禿禿的樹枝上，外面的世界顯得很亮堂。牛屋裡暖暖的，我一件接一件穿上了衣服，下了炕，走出了牛屋回家去。我像做了什麼錯事，埋頭走路，偏偏能碰上人，而碰見了誰，誰就問我：

「喝鞋殼簍土了？」

另有人問：

「夜裡吃甚吃著了？」

再有人問：

「吃炒料豆了吧？料豆才難消化呢。」

我立即警覺起來，一路上任誰問話也不再停留，最後幾乎是小跑著回了家中。父親不在家，妹妹們上學去了，只有母親在忙早飯。我進了家門，便迫不及待地把路上別人問的話一五一十地講給母親聽。母親聽了，皺起眉頭，說：

「都怨你爸爸嘴快！甚好事，一大早就說給旁人，讓人家當笑話看。」

「他們可不完全像是當笑話看，他們的眼神和口氣好像說咱吃了牲口的料。」

「可不是！早有人在懷疑你爸偷牲口的料豆吃呢！」

「我覺得他們就是那意思。」

「有的人就是爛心爛肺的種，不懷好意。你怎麼回答的？」

「吃鐵了！」我答道。

母親笑了。母親很少在我面前笑，她管我嚴厲，在村子裡是出名的。母親的笑鼓勵了我，我趁機問道：

「夜來黑來的麵，真是三舅拿來的？」

母親警覺地看了我幾眼，說：

「麵是咱家的，不過三舅背來了二鬥小麥，換咱家的麵。」

「從哪？」

「二仙廟。」

「二仙廟有麥子？」

「那是傘村的倉庫。」

我嚇得不敢再問，母親又叮囑說：

「可別出去瞎說啊。」

二、我爸爸是大隊保管

那時候，我在平川上高小，飢餓演繹出了許多關於糧食的故事，我也從這些故事中漸漸明白了大人的世界，知道那個世界是五花八門的，有些東西小孩子家只能接受，無法理解。我在高小交下的第一個朋友，叫龍鎖，是個瘸子，而且瘸得很厲害，那條殘疾腿像一個直角尺一樣懸垂著，他走路用殘疾腿就力時，身子需要探下去很深，因此他幾乎是用一條好腿行走，只是用殘疾腿點一下地，嗖地竄上來，整個身子像在一個接一個俯衝中飛翔。因為這點殘疾，孩子的殘忍性表現得很露骨，他本村的孩子們都經常欺負他，推搡他，開口就叫他「監守自盜」。我們那裡沒有人的名字叫四個字，而且他姓趙，「監守自盜」和他的名字怎麼都不搭界。我們成為很好的朋友時，他經常給我帶一些乾糧吃，比如一塊鍋盔啦、半個玉米餅啦，更多的時候是半個糠圪壘，但是他帶來的糠圪壘基本上沒有糠，黃殼殼的，差不多都是玉米麵。還有幾次，他竟然帶來生雞蛋，用別針把蛋殼兒扎開眼兒，吱吱吱地吸喝。我是從他那裡知道雞蛋可以生喝，而且可以用別針扎個大眼兒吸著喝。一次，他帶雞蛋來，急慌慌地往教室趕，因為俯衝飛翔得過猛，雞蛋從他的口袋裡甩出來，啪一聲掉在了地上。這時，他正好趕到了教室門口，兩顆雞蛋摔在地上有黃有清的，隨時會被同學看見，只見他一個深度俯衝，抓起地上的破雞蛋朝一座碑後扔去。我正好坐在教室門口的座位上，看得清清楚楚。課間，他掏出來半個糠圪壘，掰給我一些，指著那塊碑後，說：

「他奶奶，真可惜！」

「什麼？」我只顧享用那些糠圪壘，問道。

「雞蛋。」

「喔，沒有什麼，還是糠圪壘好吃，生雞蛋並不好吃。」

「養人啊。」

「能吃飽就了不得了，還說甚養人不養人。」

「我和你不一樣，蹦躂一天可累了。」

「嗯，那是的，可是——」

「可是甚？」

「別人家別說沒有雞蛋，就是有一個半個，也是往供銷社賣的，還指望賣雞蛋點燈吃鹽，哪捨得吃？」

「我家有雞蛋就吃，雞多。」

「哪有糧食餵雞呢？」

「我家——」

他環視一下，壓低聲音說：

「我爸爸是大隊保管。」

「保管怎麼了？」

「平川是大村，五百多戶，七八個生產小隊。」

「那又怎樣？」

「我還以為你很精呢，比我還傻。大隊大，東西多啊。」

「東西多都是大隊的，又不是你家的。」

他盯住我看了好一會兒，說：

「你知道他們為什麼叫我『監守自盜』嗎？」

「不知道。」

「我也不知道，不過我問過老師，老師說就是看東西的人把自己看的東西往家裡偷。」

「你是說，你爸爸往家裡偷公家的東西？」

「小聲點。」他環視四周，隨後說：「跟你說吧，那不叫偷，叫拿，一麻袋一麻袋地拿！」

「胡吹！你自己家吃得了嗎？」

「嗨，我爸爸再分給別的幹部嘛，支書啦、主任啦、大隊會計啦、民兵連長啦——凡是村裡的頭面人物，都能分到。」

「不怕人逮住？」

「所以說『監守自盜』呢。」

這是我長到十多歲時，與兒時朋友進行的既陌生又新鮮的一次悄悄話，讓我開了不少竅，對村幹部有了全新的認識。此後我們來往得更親近了。因為我是外村來的，住校，龍鎖還帶著我去他家玩。他家跟農村平常人家一樣，一個四合院，他家住西屋，三間，樓上樓下，沒有什麼像樣的家具，東西擺放得亂七八糟，倒是龍鎖的母親看起來乾淨俐落，很難想像她怎麼生養了一個七瘸八跛的孩子。可能很少有孩子和龍鎖來往，他母親待我很熱情，家長里短地問了許多話，還說龍鎖命不好，小時候一場大病，把一條腿毀了，以後也不知道能不能給龍鎖說上一個媳婦。他父親一直沒有說話，矮矮的個子，瘦瘦的臉上佈滿了蠅子屎雀斑，兩隻明亮的眼睛不時地瞅我一眼，不過目光慈善，一點看不出來他有「監守自盜」的本領。

兩年高小一晃就過去了，我考上了縣裡的中學，龍鎖見人就說他的好好朋友考上了縣中學。後來，他說上了媳婦還特地讓人給我捎話，說等娶媳婦時讓我去參加。我為他找上媳婦由衷高興，因為他媽這下可以放心了。後來，我從別的同學口中，瞭解到他父親到底是個能人，在大饑荒時期，硬是用糧食給龍鎖說下了一個全活兒媳婦，相貌還挺俊俏。遺憾的是，龍鎖結婚不久就死了，具體死因我沒有打聽清楚。

三、我一個都沒有打死過

也許是我多少沾了「監守自盜」的光，我對龍鎖的「監守自盜」綽號並不反感。但是，當我把「監守自盜」和三舅聯繫起來時，卻怎麼都難以接受。擔心三舅隨時被人抓住是一方面，根本原因是「監守自盜」這四個字，把三舅在我心目中的形象一下子貶低了，看著三舅總會想起龍鎖的父親。很小的時候，也許就是剛剛記事吧，就聽母親說起三舅，知道他在朝鮮當兵，並教我唱歌：

雄赳赳氣昂昂跨過鴨綠江，／保和平衛祖國就是保家鄉，／中國好兒女，／齊心團結緊，／打敗美國野心狼……

這是我兒時聽得最多的歌，最響亮的歌，也是我記得最清楚、還會唱的歌，而主要原因就是這支歌總讓我把它和三舅聯繫起來，油然產生一種驕傲。在我們那一帶，甚至整個禮義鄉，能和這支歌聯繫起來的，恐怕也沒有幾個像三舅這樣的人。三舅什麼長相？三舅多大個子？三舅手榴彈能扔多遠？三舅能夠彈無虛發嗎？……每逢聽到有人議論三舅，我腦海就會產生這樣一系列問題。有時候盼望三舅回家探親，領上我風風光光到處走親戚，有時候又希望三舅別回來，讓我可以在外人面前吹牛，說我的三舅在朝鮮和美國人打仗……就在小孩子家這種矛盾又幼稚的心態中，有一天三舅真的就站在我面前了。

「這就是胡兒嗎？」三舅問母親。

「就是那個瞎霸鬼！」母親答道。

「四五個閨女一個男孩兒，滿天星星一顆月亮，怎麼就成了瞎霸鬼呢？」

三舅一邊誇我，一邊把我攬進了懷裡，讓我站好了，端詳了半天。

「人家說他和你長得最像。」母親從旁說。

「真是，真是。」三舅喜滋滋地應道。

三舅說著，從他給母親帶來的東西裡拿出一雙水鞋，黑亮黑亮的，給我穿到了腳上，說：

「大小正合適！」

我踮著腳，捨不得往地上踩那雙又黑又亮的水鞋。

「踩實了我看看。」三舅說。

我很不情願地把兩隻腳踩實了，感覺腳在裡面很舒服，哪裡都和腳緊貼著，不像母親給我做的鞋，硬邦邦的，總是把腳磨破。

「再買大一點就好了。」三舅說。「小孩子家長得快，鞋穿不破腳就長大了。」

「沒事兒，」母親在一旁說，一邊張羅飯。「他不能穿了，給他的妹妹們穿。咱家孩子多，生得又密，不怕沒有人穿。」

「我誰都不給她們穿！」我扯尖嗓子霸道地嚷道。

「你看看他那副瞎霸鬼樣，讓他爸爸慣成甚了？咱娘慣他更厲害，娘在跟前我就根本沒法兒管他。只要我管他，咱娘就護著他。他和咱娘親著呢。」母親說著，狠狠地瞪了我一眼。「別以為舅舅在你就可以霸道，再沒樣子我照樣打你！」

「我家胡兒有樣子，樣子好著呢。」三舅說。

那次三舅探親，在周圍一帶很轟動，他戴的軍帽、穿的軍衣、甚至使用的瓷缸，都是人們爭相目睹的好東西。三舅好像很闊氣，親戚上凡是他知道的，每人都得到了禮物，毛巾、襪子、手套、手絹兒，大小不一，多少不論，都是三舅的心意。三舅走到誰家，都是雞蛋臊子離刀面，最好的招待。三舅一開口，大家都會直耳靜聽，嘖嘖稱道。有人問美國人是不是都像野心狼，見人就咬？三舅說美國人也是人，就是鼻子高、眼睛黃、皮膚白。有人問朝鮮是不是很冷，嘴唇都能凍在一起？三舅說那裡是比咱們這裡冷，不過嘴唇是凍不上的。有人問三舅打死了多少美國兵，三舅笑了笑，說：

「我一個都沒有打死過。我是號兵。」

「那就差了點。當兵不殺人，等於沒當兵——」有人表示遺憾說，但我沒有等他說完，就尖著嗓子反擊道：

「不對，當號兵才最神氣，嘀滴答嘀滴答一吹，衝鋒就開始了。」

三舅大笑，誇我說得對，吹號就是給士兵下命令。我聽三舅誇我，心裡美滋滋的。不過三舅最讓我仰慕的，是探親期間，正好有電影來傘村播放。傘村是母親的娘家村，離晏理村二里路，全村人都去看了。那是周圍一帶第一次放映電影，頭等大事，人們爭先恐後地追著電影看。三舅用板凳占了好位置，三舅坐在板凳上，我坐在三舅腿上，當我看見一個古裝兵從幕布上一直向我走來時，我驚訝得不知道說什麼好。可是他一直走，卻怎麼也走不下幕布，不管往哪個方向走，都走不到頭。我越看越理解不了，覺得那塊幕布後面一定有什麼蹊蹺。問了三舅無數個為什麼後，我死活要求三舅領我去幕布後面看看。

「這是電影，用電影在幕布上的，不在幕布後面。」三舅解釋了一遍又一遍。

「不是的，是從後面往前走的，和戲臺上演戲一樣。」我爭辯說。

「這是電影，那是唱戲，不一樣的。」三舅耐心而小聲地說。

「你看，你看，他就要走下來了——嗨，怎麼又返回去了。」我著急得快要哭了，聲音也大，影響了別人看電影，三舅只好帶著我走出人群，向幕布走去。但是，等我們甥舅倆走到了幕布前，我才發現幕布掛在一座房子的後牆上，和戲臺根本不一樣，越發感到不解了。往回走時，三舅指著射向幕布的光柱，說：

「看見了嗎？電就是從那裡射出來，把人影兒射到幕布上的。」

我還是不懂，因為我沒看見有人影從光柱裡往幕布上跑，但是也想不出來反駁的理由，好在幕布上的故事，在三舅的小聲講解下，我看了進去，而且深為三舅無所不知的講述著迷，便不再胡鬧了。

我有生以來看的第一部電影是豫劇《花木蘭》，因為與三舅當兵探親摻和在一起，在很長一段時間裡，我一直把三舅和電影裡那個英雄混淆了，覺得電影裡的那個兵就是三舅，而三舅回家探親，就是從那個幕布上走下來的兵。及至長大了，才知道花木蘭是個女子，替父親去充軍整整十二年，竟然沒有人發現她是個女人。中國的傳奇，傳的是真奇。

四、都是因為當兵

也許這次衣錦回鄉是個致命的誤導，三舅探親本來是看情況，卻看見農村世道太平，有吃有喝，處處生機，因而探親後沒過多久就退伍回家了。剛回到村裡時，他頭上的光環還閃閃的，黨員，功臣，在村裡很吃香，出頭露面，縣裡鄉里的，大隊會開完了小隊會接著開，儼然是村裡的頭面人物，儘管我始終不知道他當過什麼村幹部。粗略估算，三舅退伍回家時還沒有走集體生產的道路，但是很快就實行農業合作社，繼而搞人民公社了，想必三舅都是走在前頭的人。這種中國歷史上前所未有的農業運動，一個緊接一個，那種新鮮勁兒就夠維持一段時間的。只是老天有眼，看出來人間在玩花樣，不惜蒙受不白之冤，讓欺世盜名的大人物把人禍篡改成天災，猝不及防地來了一個三年大饑荒，如此猛烈，如此凶煞，人人自身難保。一頓不吃餓得慌，三頓不吃叫爹娘。三年大饑荒，個個心頭慌。三舅只是一個退伍的普通大兵，頭上的光環本來就很虛，大饑荒如風暴襲擊全國，人們遭受了驚魂攝魄的恐嚇和實實在在的飢餓的折磨，不得不從雲笘霧罩的「新社會」回到了饑寒交迫的現實中。然而，三舅一下子回到了「監守自盜」的現實程度，還是超出了我的接受程度。我因此小心翼翼地試著和母親探討這個問題。

「三舅只是為了半夜吃頓麵，就從公家倉庫給咱家背來二斗小麥嗎？」我問道。

「你這孩子有時候怎麼這樣傻呢？」母親眼睛瞪著我，說。「他不是給咱家背的，哪天他要來取走的。你三妗剛剛坐了月子，幾個孩子又都很小，家裡吃了上頓沒下頓，怎麼辦？」

「他家也缺糧食嗎？」

「怎麼越說你傻你越傻呢？如今誰家不缺吃的？饑荒，大饑荒！」

「我還以為就咱家糧食不夠吃呢！」

「你是真傻了，像你爸爸說的，餓傻了。」

「我只是想，三舅當過兵——」

「還說當兵呢！都是因為當兵，你三舅才耽誤了說媳婦，耽誤了成人家。傘村和他年齡相仿的人，都早結婚成人家，孩子都很大了！可他回到家東托媒人西托媒婆的，好幾年過去了都說不上媳婦。後來儘管你三妗願意嫁給三舅，可她過去是人家紅馬的媳婦，你三舅這樣娶來三妗，到底名聲不好。」

「現今不是自主婚姻嗎？」

「什麼話都是說起來好聽，做起來就難了。在傘村做閨女時，我和紅馬都很熟的，論輩分你該叫他紅馬舅呢。那也是個老實人，要不怎麼當了下煤窯的？他親娘還來找過我，要我勸說三舅，別把他的媳婦撬走了，一個煤黑子，他娶來個媳婦不容易；還有人說撬人家的媳婦是要遭報應的，婚姻都是前世定下的，今世攪亂了就會現世報的。」

母親的話把我說得一激靈一激靈的，因為姥姥信佛，「報應」二字常掛在嘴邊，平時都是說別人，如今聽母親說到我心目中形象高大的三舅，不知怎的，就是心驚肉跳的感覺。

「姥姥一直不贊成這事兒，可又能怎樣？姥爹去世早，趕上兵荒馬亂，兒子長大了都是抓壯丁的命，這成了姥姥的心病了。當了兵能活著回來就不容易了，三舅還能不能成個家，姥姥老了，管不了了，只好聽天由命。」

姥姥生養了五個孩子，三男二女，只數母親和三舅走得近，因此說起三舅家的難處，母親像絮叨自家的事情，一五一十的，樣樣不落。在母親的絮叨中，我的片斷記憶漸漸地連接起來了。推算起來，三舅退伍回家時，大約快三十歲了。在農村，對一個未婚男子，這是一個要命的年齡，比起十五六歲就張羅媳婦的年齡段，整整大出去一半。三舅要是一直在家種地，趕在婚姻法頒佈之前，如果能正常地找到媳婦，可能在十五六歲至多十七八歲就結婚成家了。而現今事情明擺著：哪家農人會把自己的女兒嫁給一個年近三十歲的男人？在給三舅張羅媳婦的幾年中，這些話是父親母親經常嘮叨的，尤其為三舅的婚事四處跑腿的父親。後來聽說三舅和紅馬的媳婦好上了，而紅馬是在高平煤窯上當煤礦工人的，這等於三舅在人家後院點起了熊熊大火。紅馬為保住媳婦，到處托人說情，讓三舅放他一馬。可是，三舅走到這一步哪是說停就停得下來的？遲到的婚姻，絕望的現實，烈火乾柴，傳宗接代，一天挨一天難挨的日子……諸多因素合力把他向前推進，就是刀山火海也得試一試運氣啊。更何況三妗是一個有情義的女人，不管誰來恐嚇或者勸說或者調停，她都從不改口，說自己吃了鐵了，這輩子就吊在三舅這棵樹上了。

五、博克塞[2]

就這樣，三舅總算娶了媳婦，成起了人家，日子過起來了；然而，居家過日子也是有節奏的，三舅在結婚成家這個節奏上起步晚了，他難以引領日子，卻是日子在一步接一步地踩著步點子追趕三舅了，而這個步點兒，是三舅在逃荒的筐子裡就定下了的。

三舅是姥爹從河南一步接一步挑上來的。一根扁擔兩隻筐，一頭是咿呀哭鬧的三舅，一頭是逃荒人僅有的家當。一家人背鄉離井，一路行乞，逃往山西，大姨、大舅、母親、二舅，都能腳踏實地跟上姥爹在逃荒路上挑擔的步點兒，只有三舅還得坐在姥爹擔子的筐裡，聽任懸浮與搖擺。姥爹姥姥一路行乞，一路尋找

2 博克塞是英國作家喬治•奧威爾《動物農莊》裡的一匹馬，他任勞任怨，幹活兒總是一馬當先，蹄子踩裂縫了都不休息，為的是儘快把風車修建起來。他只知道幹活，幹活；皮毛發鏽了，臀部塌下去了，眼看到了退休的年齡，他還是不顧一切地幹活兒，終於在拉石頭的途中累倒了：「博克塞臥在那裡，夾在馬車兩轅之間，脖子直撅撅伸著，連頭都抬不起來了。他的兩眼呆呆的，兩肋浸滿了汗水。一道窄窄的血流從他嘴裡淌下來。」動物農場的組織對博克塞作了安排，決定送到威林登醫院去療養。博克塞走上了去療養院的馬車，聰明的驢子本傑明忽然發現，那輛馬車不是療養院的，而是屠宰場的！動物們憤怒了，沸騰了，但為時已晚，沒有攔住那輛馬車。然而，官方壟斷新聞，宣佈說這是一場誤會，那輛馬車是療養院臨時借了屠宰場的使用，博克塞確實去了療養院，遺憾的是博克塞積勞成疾，無可救藥，只能用微弱的聲音告別這個世界：「前進，同志們！以起義的名義前進。動物農場萬歲！拿破崙萬歲！拿破崙是一貫正確的。」

《動物農莊》是奧威爾的一部著名政治寓言小說，自出版以來，在全世界已經暢銷幾千萬冊。

安家之地，終在傘村的土地廟滯留下來。戰亂時期，饑荒之年，姥爹在人生地不熟的村子安身立命，只能靠力氣，扛長工，打短工，糊口養家。而靠力氣生存，孩子長大成為新生力量，是做父母的最大指望。但是，戰亂時期，炮灰是緊缺物質，作為外來戶，大舅剛剛長到能給家裡勞動的年紀，就被村裡強行抽去做壯丁了。姥爹姥姥一看在村子裡沒有根基，兒子們一旦長大都難免抓去當壯丁，早早就把二舅送給人家當放羊孩去了。後來，大舅從軍隊開了小差，不敢回家，跑到人跡稀少的東山裡面躲了起來。且說姥爹的弟弟以為兄長在山西站住了腳，隨後來投奔姥爹，發現姥爹已經得病去世，一家人雖然在傘村定居下來，卻是村子裡最底層的人家，頭上無片瓦，腳下無壟地，村裡有什麼破爛差事，都會首先派到他們的戶頭上。叔姥爹決心往上混，輪到做閭長時，就當仁不讓地當上了村裡的閭長。誰知當了閭長，主要差事就是收繳糧食和派壯丁。他派到誰家，誰家就咬他的侄兒，也就是我的大舅，說大舅從軍隊開小差躲起來，不去當兵，他們也不去。叔姥爹為這事兒和姥姥吵架，姥姥罵他是個吃裡扒外的東西，一來二去，結下了怨氣，叔姥爹依仗年輕氣盛和芝麻大的權利，硬把姥姥打了一頓，把姥姥的腰脊椎打壞了，姥姥連病帶氣，高高大大的一個女人，從此再也沒有站直，脊樑變成了窩鍋，連累了姥姥一輩子。姥姥從此再也沒有和叔姥爹說過話，開口就是「那個畜生」、「那個早死」、「那個黑心鬼」……以至今天我都認定這些詞兒是世間最解氣的詛咒。

或許是因了家族的傾軋的創痛，又有軍隊在村裡駐扎時，姥姥毅然決然地把三舅送到了軍隊，讓三舅聽天由命去了，免得她的小叔子節外生枝，仗勢欺人。這次姥姥押對了賭注，不滿十六歲的三舅參加了八路軍，十多年的戎馬生涯一直當號兵，雖然沒有衝鋒陷陣的顯赫軍功，但是跟在首長們的身邊，避免了炮灰的命運，全須全尾地走進了和平年代。志願軍從朝鮮歸國時理所當然地成為保衛國家的第一批有功之臣，三舅搭上了這趟滿載榮譽的列車。可惜三舅下錯了站，千不該萬不該，不該在窮鄉僻壤的月臺上貿然跳下車來，距離這個國家利益分配的核心圈子十萬八千里了。

三舅除了會吹軍號，別無技能，這又大大限制了他在農村的發展。作為退伍軍人的光輝漸漸地褪盡後，三舅發現在村裡掙工分吃飯，只有他的一身力氣還靠得住，是隨行跟影的本錢。於是，他把在軍隊吹號的力氣，毫無保留地用在了務農上，很快贏得了「實受」的好名聲。「實受」是方言，形容一個農人吃得苦受得罪，不論幹什麼事情都是「實實在在地忍受」，從不偷懶，從不耍奸。很多年後，我在翻譯英國著名作家喬治・奧威爾的《動物農莊》時，找到了「實受」這個詞兒的具體形象，就是那匹吃苦耐勞的馬——博克塞。

六、讀書多了更不懂事兒

三舅「實受」的勁頭，在幫助我家修房時，我親自見識過。我家修房，我始終認為是我家在力不能及的條件下，進行的一次冒險。那時我已經從中學徹底地被打發回了家，十幾年的書白念了，家裡的錢白花了，從內心到外表的是怨氣，地地道道的「憤青」。然而，畢竟識得幾個字，懂了幾分理，我明白我找不到媳婦的原因是多方面的，不單單是因為家裡沒有房子，因此，從一開始，家裡打著為我找媳婦而修房，我便牢騷滿腹，怨言不斷，實在是不知好歹。三舅恰恰相反，始終熱情高漲，哪裡忙不過來他就出現在哪裡。三舅對我的修房態度，看在眼裡記在心裡，但是一直不忍心說我。從他的眼光裡我看得出，他同情我上學十幾年毫無結果、不明不白地回家務農的境況。畢竟，他當了十幾年兵，也落得回家務農的結局，而且越過越難過的鄉下人的日子，讓他感受很深。但是，我的表現在他看來太反常，不懂事，家裡開工十多天，我始終在發牢騷，在說風涼話。一天剛剛吃過早飯，我因為家裡糧食已經難以維持開工，父親開始去向人家倒借糧食，便不知輕重地嚷道：

「人都要餓死了，修起房子又能怎樣？」

三舅碰巧就在我身邊不遠處幹活兒，多少天來他對我的風涼話已經忍無可忍，終於用勸道的口氣說：

「胡兒，咱不能盡說這些戧茬的話嗎？『甚個人都餓死了修房幹甚』、『甚個一家人都在找死』、『甚個有哭都哭不出來的那天……』旁人聽來這叫什麼話？」

「實話。大實話！」我毫不退讓地說。

「甚大實話，根本就是洩氣話。用部隊的話說，這是滅自己的威風，長敵人的氣焰。」

怎麼也想不到，三舅在給我家修房子時會說出這樣很有戰鬥力的話，換了場合十之有九我會笑出來的。但是，我的怨氣憋了十多天了，哪管得了那麼多，隨著性子發狠說：

「真能洩掉大家的氣就好了，省得修起房子來大家都餓死！」

「你看看，這話是你應該說的嗎？你真的是不知好歹，這修房可都是為了你啊。你知道，你家修不起房子，你找不到媳婦，這是明擺著的事情，怎麼偏偏你就不明白呢？人家是讀書多了懂事多，你可好，讀書多了更不懂事兒。這要是給公家修房，你說說風涼話還行，可這是給自己修房——」

我正想找一些更不中聽的話反駁三舅，這時三舅的那兩隻手讓我不經意間看見了。他正在從大鍋裡往外撈磚，兩隻手紅腫發紫的，有些泡白的裂皮。那是一口直徑五尺的鑄鐵鍋，底深敞口，磚從這邊一撥接一撥地放進去，又從那邊一撥接一撥地撈出去，因為淹過的磚可以和石灰泥粘得更牢。正月剛剛過去，早上的寒氣依然襲人，大鍋裡的水結了一層浮冰，大鍋下點燃起柴禾，把冰化開時給水加了溫，但是隨著一撥又一撥的冷磚放進鍋裡，水溫一直很冷。別人是先用耙子把磚扒到鍋沿，然後用手撈出；有人，比如我，還會戴一隻破手套撈磚，但是三舅一直是赤手幹活兒。我的指頭肚曾經磨得很薄，大拇指和食指還滲出針尖大的血跡。所以，這活兒是輪著幹的，而三舅是什麼活兒苦他幹什麼多，好比打仗堵槍眼兒的角色。所以，我知道，三舅要是擦乾兩隻手，他的所有指頭肚一準都在往外滲血。我很想大喊大叫大罵一通，發些無名之火，但是我不能表現得屁事不懂，便躲開三舅去幹別的活兒了。中午吃飯的時候，我注意了一下三舅的手，果然看見三舅的手上佈滿裂口，拿筷子的手指頭都不怎麼聽使喚了。我家的房子修了半個月，三舅一直在幫工，每天從傘村趕來上工最早，而晚上下工最晚，都是披星戴月地回去。很可惜，三舅為我家修房而「實受」的形象，被我家修起房子後接二連三的苦難消磨掉，模糊起來，我們全家都在全力以赴解決挨餓的問題，三舅的衷心幫忙和吃苦耐勞，我們很少提起。更要命的是，一切都和我的牢騷話相吻合，因為修房子虧空了糧食，花掉錢財，先是父親病倒，然後是母親病危，修房子證明是一場不折不扣的災難。

七、三舅挑了九根

但是，這只是我的看法，三舅卻不這樣看。恰恰相反，三舅從我家修房子的事件中得出的結論是：農村人永遠不會攢夠錢糧再修房，只能先挪借著修起房子，以後慢慢再還。因此，我家修起房子的第二年春天，也就是年對年整一年頭上，三舅也開始準備修房了。他讓大舅在山裡頭給他備下一掛椽子，而大舅那個只有三戶人家的村子，交通極其不便，連牛車都走不了，讓騾子驢子去馱，又找不到牲口，只好人去扛。於是，正月剛過，三舅帶著我進山，到了大舅家，我才知道椽子還在溝下，需要從溝下扛上往有交通的村子搬運，再由那裡雇車拉出山外。看著眼前一大堆椽子，再看看頭上的山崖和羊腸小徑，我的頭都大了。但是三舅見了椽子如同見了寶貝，興奮得不停地念叨：「好東西，好東西！」

「一堆爛木頭！」我嘟囔道。

「你能扛幾根？」三舅並不在意我說什麼，問我道。

「走多遠的路？」

「十幾里吧。」

「來回？」

「一趟。」

「那就是說來回三十里？」

「差不多吧。」

「一根。」

三舅不管我那副狗熊樣，忍不住笑了一聲。大舅的兒子安發在一旁也忍不住笑了。三舅轉身問他道：

「你能扛幾根？」

「五根。」他回答道。

我沒有搭理他。安發比我小三歲，從小長在山裡，練就了一副結實的身板，爬坡下溝，健步如飛。我哪能和他比？我拿起一根椽子放在肩膀上，體驗一下，說：

「吹吧。五根椽子怎麼扛？長了三頭六臂還差不多。」

安發也不搭理我，在周圍折了幾根樹枝，四根椽子交叉摞起來，把一根椽子橫插進去，麻利地捆綁在一起，捆成了一個人字形。那根橫插的椽子當扁擔使用，把其餘四根挑起來。真是一方水土養一方人，安發一個不滿十六歲的少年，這樣三下五除二地把椽子扎幫在一起，讓我看得發呆。他頗有幾分得意地指了指他的傑作，對我說：

「試試。」

我鑽到這副擔子下試了試，死沉死沉的一副擔子，儘管能挑起來上路，但是挑上走十幾里山路，那是頂不下來的。我充不了英雄，只好當狗熊，說：

「我挑三根吧。」

三舅挑了九根，是我的三倍！

我們甥舅仨一趟搬運十七根椽子，三百多根椽子，需要搬運二十多天。吃過早飯，我們三個下溝捆好椽子，挑起上路，先是爬上那段羊腸小路，坡度都在四五十度，七拐八拐的，需要把椽子牢牢把住，稍不留神都會磕碰在小道旁邊的石頭或灌木上，磕碰狠了就會打趔趄，趔趄狠了便有滾下陡坡的危險。好在是剛剛起步，腳下有力，身上也靈活，我總算沒有出醜，鬧出什麼事故來。

上得羊腸小徑，走在繞山坳的小路上，儘管精神不那麼緊張了，但是畢竟還是山路，在路上換兩肩便需要放下椽子休息一下，到達目的地時都小晌午了。儘管返回時一身輕，但是無奈腹中空空，雖然不用半道歇腳，但是步子快不起來，回到大舅家時往往太陽西斜，掛在高聳的山頭的樹梢上顫顫悠悠，彷彿山風吹來就會滾下去似的。這裡山勢險峻，坡度陡直，山腰和直上直下的懸崖相接，懸崖下面是一眼望不到底的深溝，我總難免想到大舅一家在這樣的險惡的自然環境中生存，儘管有糧食吃，卻也著實不容易。一下子多了三舅和我兩張填不滿的嘴，飯時又沒有準確鐘點，在灶台前忙碌的大妗臉色一直不好看。然而，我管不了那麼多，因為確實很餓，頓頓飯都狼吞虎嚥，生怕吃不飽頂不住活兒，半道病倒，帶來更多的麻煩。這是父親傳達給我的生活秘訣之一：出門幹活兒，好歹要把肚子填飽。人人都有生活秘訣，而三舅的秘訣就是「實受」，實實在在地承受，能動彈就不歇著。山裡的陽光早早就沒了，尤其短暫的冬季剛過，初春依然夜長日短。然而，吃過下午那頓飯，三舅一個人還會到溝下去，捆綁上一馱椽子，挑上溝來，一路送去，走到哪裡算哪裡，看他的體力而定。我們甥舅仨每天一趟的馱椽活動結束後，他還會把前一天放在半道上的椽子，挑上送一程，接力賽似的，送至他確定的地方，然後才回來吃飯，因此有時候他的午飯就當作晚飯吃了。大約每隔兩天或者三天，他就會多送一趟。這樣，三個人二十多天的重體力活兒，我們十多天就幹完了。儘管我不贊成三舅的「實受」，但是他那種吃苦耐勞的韌勁兒，還是讓我暗自稱道，自愧不如。

儘管大妗對我們的叨擾感到不悅，但是我們畢竟是無事不登三寶殿的客人，我們要走了，大妗還是盡了地主之誼，把山裡的山貨，例如核桃啦、海棠乾啦、杏乾啦，給我們裝了一些。當然還有路上吃的乾糧，因為我們需要從早上走到太陽西斜才能到家。

冬日天短，寒氣凜凜，太陽瑟瑟地斜掛在西山塪上，如同一個打進碗裡的蛋黃，已經沒有了光芒了。幾隻餓急的母雞在院子裡呱呱叫食，來回走動，有時會互相啄幾下，發洩不滿。母親在捅火做飯，見我甩了兩隻空手進了家門，愣怔地看了看我，問道：

「來來回回這麼遠，你就沒有背個包？」

「我夾了一個墊肩走的，擔椽子磨爛了，扔了。」

母親半響沒有說話，過一會兒還是忍不住又問道：

「你大妗沒有給你帶些山貨？連乾糧都沒有帶嗎？」

我正在從水壺往碗裡倒熱水，一時有些沒有反應過來，因為我壓根兒就沒有想到這些。母親於是嘮叨起來：

「我就知道你大妗是個摳門兒，修房子幫了咱家二百根椽子，就讓她心疼了，可她不想想，我把親生閨女送給她一個養老送終，那是我身上掉下來的肉，一把屎一把尿養到四歲送給她的！放到今天，我把閨女嫁給誰家，誰家不給我幾百塊錢花？別說二百根椽子，就是兩千根椽子，也換得來的——」

「大妗給了，三舅帶走了。」我明白過來母親在抱怨什麼時，趕緊解釋說。

這下母親愣住了，半響才問道：

「這麼說，你去背了十幾天椽子，你三舅連山貨和乾糧都不分給你一點嗎？」

「本來也沒多少。」我實話實說道。

「就是仨核桃倆棗，他也應該分的。」

「他心疼貴龍不是？」

「他疼孩子就該不疼外甥嗎？」

「貴龍不是還小嗎？」

「還小甚？十幾歲的男孩，屁事不懂，都讓你三舅慣的，一點樣子都沒有。饞懶相連，不想動彈，看他已經把孩子慣到甚個地步？他自己不吸煙，偏偏慣著孩子吸煙；家裡的錢就不能讓他看見，只要看見了他就偷工摸法兒地拿上去買煙吸。念書也由著他，想去學校就去，不想去就不去。家裡有好吃的，連姥姥都還沒有吃，就先給一個小孩子家吃。不行，我改天一定要去說說你三舅，不能讓他這樣慣自己的孩子，把給他幹了半個月苦活兒的親外甥不當人看——」

「你這是怎麼了？」我終於忍不住，反擊母親道。「你一向向著三舅的，怎麼會因為仨核桃倆棗生起氣來呢？你過去不是一直說，三舅要孩子晚了，生了第一個女兒是兔唇，生貴龍時膽戰心驚的，好在貴龍生得整齊，三舅慣他是情理之中的嗎？」

母親安靜下來，再沒有抱怨，豈知還不如母親真的跑到三舅家，當面把三舅教導一番，別讓他太慣他的獨苗苗了，因為幾個月後，三舅便因為過分嬌慣貴龍，惹出了讓他一輩子後悔萬分的禍患。

八、疼死我了

三舅把三妗娶來時，三妗帶來一個小女兒。三舅沒有把繼女當繼女，比待親生女兒還用心。畢竟，十幾歲就去當兵，南征北戰，遠離故土，告別親人，生死也許在眨眼之間；這下，他眨眼之間享受到了老婆孩子熱炕頭的幸福，三舅的滿足感是不言而喻的。三舅別無專長，只能靠力氣多掙工分，把家境搞得更好。三舅很少生病，除了冬天引發的咳嗽，那是在天寒地凍的朝鮮戰場落下的病根兒。仗著年紀尚輕，三舅從來不把咳嗽當病，從來不耽誤他上地幹活兒。按老家的傳統，姥姥跟著三舅過，不過大姨和二舅都在一個村，有時姥姥耽擱誰家就在誰家吃飯；很多時候，姥姥會在我家久住，因為父親喜歡家裡有老人。可以說，三舅開始過日子，是個三口之家的日子，過得比上不足比下有餘。後來，三舅有了第二個女兒，美中不足的是，二女兒生來就有輕微的兔唇。儘管這點缺陷無礙大雅，但是給三舅的壓力很大。當初他和三妗好上，三妗的前夫紅馬就放風說，三舅要是真把他的媳婦撬走了，三舅會得報應的，而且是現世報。母親就曾因為這事兒私下和我們嘀咕過：

「你三舅真是個命苦人？好不容易找了一個媳婦，也要為這事兒遭報應嗎？那閨女的兔唇雖然算不上重，可是再生孩子怎麼辦呢？」

農村人一向迷信，母親有這樣的想法，諒必三舅就沒有這樣的想法，只是他表面上總和人說，他是當兵打仗的出身，不懂迷信；然而，正因如此，三舅的精神包袱就更大，壓力就更大。等到三妗再懷上孩子時，姥姥吃齋念佛多了一份虔誠，母親每逢初一都上一炷香，好像在進行一場神祕的戰爭。就是一向咋咋呼呼的大姨、大舅和二舅，只要說到三妗的身孕，就會把嗓門兒壓低幾分，又好像在進行一場啞語的戰爭。這些，三舅都看在眼裡，怎麼都不能不受到影響。謝天謝地，三妗年近三十歲的高齡生下了貴龍，白白胖胖的一個男小子，不僅一點缺陷都沒有，還比一般男孩漂亮許多，全家上下都長舒一口氣，三舅簡直有些得意忘形了；儘管三舅一向沉穩，不事張揚，實打實，但是他給小兒子的滿月和百天張羅得異常熱鬧。更要命的是，三妗從此再不生養，唯一的男孩不僅成了雄性獨苗，還成了三舅最後的指望。

在這樣一種情況下，三舅對兒子的嬌寵就在情理之中了。三舅不識字，但在給兒子取名字的事情上，卻一點也不馬虎，請教了一個老師又一個老師；從不講迷信的三舅，還托一貫神神道道、跳神弄鬼的二舅，向陰陽先生問了名字。最後，他把兒子的名字確定為「貴龍」；龍本來就夠高貴的，還在前面加了一個「貴」字。這個名字一經確立，三舅就一直叫這個名字，自己不給兒子取小名，也不許別人給兒子取什麼外號。

不管什麼場合，只要三舅出席，一定會帶上貴龍。在很長一段時間裡，三舅出門就把貴龍舉過頭頂，架在肩膀上，讓人家老遠就看見是他們爺倆來了。貴龍機靈，膽小，隨和，卻在三舅的過分嬌慣下，變得鬼頭、任性、霸道。只要三舅和貴龍在一起，貴龍就表現得蠻橫霸道，說一不二；只要貴龍單獨活動，他就變得乖乖巧巧，人家讓他幹什麼他就幹什麼。三舅的嬌慣助長了貴龍的雙重性格，人性的劣根性則利用這樣的雙重性格娛樂自己，一來二去，貴龍成長之路越來越扭曲，有時候三舅的話都成了耳旁風，三舅還渾然不覺。他們父子的一幕悲劇就是在這樣的情勢下發生的。

我家修房是因為我到了談婚論嫁的年齡，住房逼仄成了人家婉拒與搪塞的藉口。我是家裡唯一的男孩，貴龍也是家裡的唯一男孩，三舅以此推論，認定他必須早早給唯一的兒子修下房子，未雨綢繆，免得他的孤根獨苗到了談婚論嫁的年齡，媳婦卻遲遲說不上。我和三舅進山搬運椽子之後，三舅又往山裡頭跑了幾次，搬運檁條。因為出遠門，隔三五天才回來，每次回到家中，三舅總會給貴龍三核桃倆棗，貴龍因此就比平常更粘三舅，亦步亦趨的，充當三舅的小尾巴。最後一次從山裡頭回來，第二天一大早三舅去飼養室給牲口起圈，走前千叮嚀萬囑咐，告訴三妗別讓貴龍去找他，但是貴龍醒來第一件事情就是打問他大大哪裡去了，穿上衣服第一件事情就要去找他大大。三妗不說，他就在炕上打滾兒，又踢騰又喊叫。三妗說他大大去飼養室起圈去了。貴龍說哪個飼養室？三妗又不說，他就從炕上下到地上跳腳，竄到大立櫃前撞腦袋。三妗說，村裡有幾個飼養室，你有本事你去找。話音未落，貴龍早三蹦兩跳，竄出家門，逃出街門，直奔小隊的飼養室。他一路小跑，跑進飼養室的門，還沒有來得及喊叫大大，只見一把鐵鍬朝他的臉上揮來，他來不及躲避，劈頭蓋臉地挨了一鐵鍬肥土，眼睛頓時疼得他大叫起來：

「疼死我了，疼死我了！」

九、出大事兒了

我們一家正在吃早飯，飯場上七嘴八舌地說得熱烈，有人高聲喊母親：

「東頭大奶，快端上碗出來看看我家小兒子的眼睛怎麼了？」喊叫的是愛英，住在西頭，平常很少到東頭飯場來。今天早上端了飯碗、引了兒子來東頭飯場，不是來上飯場，而是來讓母親看她小兒子的眼睛。母親在家應了喊聲，不一會兒端了飯碗上了飯場。愛英把小兒子引到母親跟前，母親湊上去，把那孩子的眼皮翻起仔細端詳一會兒，問道：

「夜來哪裡耍去了？」

「河底。」

「幹甚去了？」

「掏鳥窩去了。」

「這就是了。」

「是甚了？」愛英在一旁問道。

「他把鳥窩招到眼裡了。你看看，這個紅點兒不就是一個鳥窩？眼裡像進了塵子，割拉得厲害，是不是？」

「是。」那孩子回答道。

「那怎麼辦呢？」愛英擔心地問道。

「沒事兒了，我說破了就沒事兒了。一會兒跟我回家，我給你一小包黑白醜[3]，吃上明兒就好了。」

母親吃完碗裡的飯，起身搖搖擺擺回家，愛英後面跟了去。母親和愛英還沒有返回飯場，三舅就上氣不接下氣地從傘村趕上來了。飯場上的人和他打招呼，他心不在焉地回答著，徑直進了我家院子，老遠就喊道：

「二姐，出大事兒了！」

我在飯場吃飯，見三舅神色異常，在院子裡就對母親說「出大事兒了」，趕忙端了碗，趕回家中，正好趕上三舅向母親敘說：

「我從槽後地鏟了一鐵鍁糞土，轉身向槽外扔去，一鍁糞土剛剛扔出去，就聽見有孩子喊叫，聽著像貴龍的聲音，可我以為耳朵根出叉了，聽錯了，因為我早晨出門上工時，貴龍還在睡覺。接下來，『疼死我了！疼死我了！』喊個不停，確真是貴龍的聲音，我趕緊扔下鐵鍁，從槽後地跳出來，這才看清楚貴龍站在那裡，兩隻手捂著圪腦，滿頭滿臉滿身都是肥土，扯尖嗓子喊『疼死我了』。我趕緊把他拉出飼養室，拍掉他頭上臉上身上的肥土，問他哪裡疼，他說眼睛疼。我讓他把手取開，仔細看去，一隻眼在流淚，但是哪裡都沒有血，我以為是眯進去碎土了。可他一個勁兒喊『疼死我了』，哭得讓人心亂。我把他背回家，一路上還他是喊『疼死我了』。到家裡給他把臉洗淨，還是只能看見一隻眼睛在流淚，不像受了甚大傷，可他一直扯尖嗓子喊『疼死我了』。我們問他哪裡疼，他說眼疼，臉疼，圪腦疼，全身疼，弄得全家人心慌意亂的，他媽叫我來叫你下去看看，是不是中甚邪了。」

「你沒有領他去看看忠孝？忠孝的醫道很好的。」母親問道。

---

[3] 牽牛花的籽兒，分黑白顏色，本地叫「法」。

「去看過了。」三舅答道。

「忠孝怎麼說？」

「他說怕是眼球破了。」

「那就是眼球破了，還不趕緊上縣醫院看去？」

「我們想眼球怎麼會破呢？誰弄破的？他自己用手指頭捅破的不成？我們都覺得是中甚邪了——」

「你從來不迷信，今天怎麼——你弄破的。你用鐵鍬捅破的。」母親肯定地說。

「那怎麼會呢？一張大鐵鍬——」

「別瞎爭了，你快回去帶上貴龍上縣醫院，快去！」

三舅還想爭辯什麼，早被母親推著趕出了家門，衝著三舅喊道：

「快去，快去，一刻也耽誤不得！」

母親反身回到家，給愛英找到一包黑白醜，說道：

「分三次喝，每天早上喝一次，連喝三天。我已經焙好了，你在鹽罐研細了，讓他在嘴裡嚼一嚼，然後用水沖下肚裡。」

十、怎麼會呢

那天夜裡晚些時候，三舅上來了。他一副少精無神的樣子，頭總想往兩肩間鑽，人一下子矮了許多，彎了許多，他的眼睛溜來溜去，眼光落在任何物體上便稍縱即逝，彷彿害怕什麼東西窺探見他眼裡的祕密。父親知道三舅從縣醫院回來，多晚都會上家來，便沒有早早到牛屋去。三舅半響不說話，只是唉聲嘆氣，時不時用手撓撓頭，一臉陰沉。母親知道貴龍眼睛的情況一定不會好，便小聲問道：

「還有救吧？」

「沒救，我們趕到縣醫院，那隻眼球就癟了，晶體水都流光了。」三舅說得有氣無力，好像每說一句話，他的氣力就瀉出去一些，讓他感到越發虛弱。

「不是去晚了吧？」母親還是小心翼翼地問道。

「當時去了也沒有用，醫院沒有縫合眼球的手段。醫生說，到哪裡都一樣，全國哪裡都沒有縫合眼球的手段。」三舅聲音提高了一些，彷彿用了很大的勁兒。

母親嘆了一聲，一時無語。

「不幸中萬幸呢。」父親說。「要是一鐵鍁鏟到眼睛上，把眼眶骨鏟破了，大半個臉都毀了，那就更要命了。眼球破了，眼睛保住了，真是運氣。」

三舅沉默不語，頭低得很低，像在低頭認罪。母親依然小心地問道：

「那隻眼什麼都看不見嗎？」

三舅搖了搖頭，算是作答。母親看見三舅難受，趕緊換了話題：

「一天跑來跑去，沒有吃好飯，我給你滾一碗湯麵吧。」

三舅搖了搖頭，趕緊攔住，說：

「不用了，二姐，我不餓，一點也不餓，就是心裡憋得慌。貴龍好不容易睡下了，我憋得難受，就溜達著上來了。」

屋子裡一片安靜。我和姐姐妹妹都在場，因為知道三舅要來，都想聽聽貴龍眼睛的結果，而貴龍眼睛的結果把我們都嚇住了，都無法想像那個白白淨淨、整整齊齊的貴龍，一隻眼睛突然看不見了，會是什麼樣子。二姐對這樣的事情最敏感，坐在那裡一會兒揉眼睛，一會兒眨眼睛，這裡那裡地打量，彷彿懷疑自己的眼睛也被扎了一下。煤油燈如同一粒燃燒的玉米粒，嘶嘶地響，火焰上方一層藍幽幽的浮焰，隨著屋子裡暗中流動的幽風不易察覺地閃動。我們每個人都暴露在那小小的燈焰下，每個人都拉出了一個長長的黑影。突然，門邊吹進來一股很猛的風，煤油燈焰向一邊歪去，拉得長長的，掙扎了一陣，燈焰終於脫離了燈撚，滅了。屋子裡一片漆黑。二姐站起來去找火柴，打算把燈點上，被三舅攔住了：

「先不用點它了，反正沒人幹活兒，點上也是費油。」

過了一會兒，我們的眼睛習慣了黑暗，屋子裡的東西都影影綽綽地顯露出來。外面顯得更亮堂，一彎新月斜斜地掛在院外那棵杏樹梢上，暗淡而蒼白，彷彿樹梢一抖動，它就會跌落下來。我看見三舅坐直了身子，抬起頭，眼睛看著那盞熄滅的煤油燈，緩緩地說道：

「和平常一樣，我先從槽口往外攉糞，一鍬接一鍬，每鍬都攉出了槽口；沒有過分用力，也沒有故意甩長鍬把，和平常一樣的。恍惚覺得鐵鍬前面有個影子，可兩手已經用力把鐵鍬攉出去了，也許本能地縮了一下？不知道，反正我手裡的鐵鍬還沒有收回來，就聽見有人喊『疼死我了』，尖聲尖氣，扯足了嗓子，像貴龍的聲音，又難以相信。我扔下鐵鍬跑出來，一把抓住貴龍，問他怎麼了，他說疼死他了；我說哪裡疼，他說眼睛疼；我端詳他的眼睛，眼淚很多，可是沒有血。我又問他哪裡疼，他說臉也疼，頭也疼，渾身疼。我想到過是不是鐵鍬戳了他的眼睛，可是那把鐵鍬是舊的，一個角早折了，磨成圓的了。要是鐵鍬戳了他的眼睛，照我向外攫肥的樣子，應該是鐵鍬的那個禿角戳的。你們想想，一把鐵鍬的禿角把孩子的一隻眼睛戳破了，一點皮肉都沒有傷著，怎麼會呢？我越琢磨越害怕，貴龍越哭越厲害，嚇得我抱上他就往家跑；可到了家裡，他媽、咱娘、他姥姥、他小姨，都趕來了，都湊上去看，誰都不相信他的眼睛是那把鐵鍬的禿角戳破的。趕緊給他拾掇乾淨，我抱上他去看醫生，忠孝看了看，說是眼球破了，眼睛流的有晶體水也有淚水，可他也很難相信是我用鐵鍬的禿角戳破的，說眼球只破了一個小口子，很深，晶體水正好往外流。我說那可怎麼辦呢？他說也許流一會兒就不流了。他用手晃了晃，試了試貴龍的眼睛，貴龍說他看得見。太蹊蹺，太古怪，我們沒別的辦法，他媽才讓我跑上來叫二姐你去看看——」

三舅突然停住了，不說了，像是把心中的實情和疑問全說出來了，讓我們在場的人對他做出公道的評判，看看是不是他犯下了這樁滔天大罪。可我們全家人都聽得入魔一般，屋子裡靜得掉根針都會玎玲作響。

大人們誰都沒有說話，打破寂靜的是一個妹妹：

「貴龍還小，隨著他長大，眼睛裡的水會長出來的。」

這是小孩子家天真的想法，想不到贏得了父親和母親的一致附和：

「就是的，就是的。貴龍還小，眼睛會長好的。」

我在中學上過生理衛生課，講過保護眼睛的問題，還特別講到了眼睛的構造。我知道貴龍的眼睛是永遠不會長好了，但是我沒有勇氣說出這種殘酷的結果。我也知道，父親母親附和一個小孩子的話，是為了讓三舅感到輕鬆，懷有希望。大家都知道，只有時間能夠治癒這種殘酷的事實。

三舅是一個不善於表達的人，但是在很長一段時間裡，每逢有人問起貴龍眼睛受傷的事兒，他都會把這些話敘說一遍，有時說得長，有時說得短：

「可是，一把鐵鍬的禿角把孩子的一隻眼睛戳破了，一點皮肉都沒有傷著，怎麼會呢？」

這句話總會在結束他的敘說時反覆問幾遍，好像要人家評判一下，判斷一下，幫他分擔一些負擔。他說得多了，聽的人多了，這個父子之間發生的殘酷事故，口口相傳，不管出自誰口，都會用「可是，一把鐵鍬的禿角把孩子的一隻眼睛戳破了，一點皮肉都沒有傷著，怎麼會呢？」作為事故的總結。在遠離家鄉去天津讀書之前，我少說親自聽三舅敘說過三次，一次比一次敘說得虔誠，彷彿三舅在為自己開脫什麼。有一次，我把我的疑惑說給母親聽：

「三舅是不是覺得他遭了報應？」

母親聽了卻毫不猶豫地說：

「他說他是當過兵的人，不迷信，怎麼能夠呢？人活在世，誰都迷信。紅馬家那時放風說，他趁紅馬在煤窯上工撬了紅馬的媳婦，遲早會有報應的。這樣的淡話遲早會傳進他的耳朵。鐵鍬的禿角怎麼就不能戳住孩子的眼睛？事情要是不蹊蹺還能叫報應？——」

「這麼說，奶，你相信那是報應嗎？」

母親一下子愣住了。她一定不願意承認自己的親兄弟因為正當而自由地給自己找媳婦，會遭到報應。但是這件事情又太怪道，太蹊蹺，一般的解釋說不清楚。最後，母親說：

「這種事情，不可不信不可全信，反正人做事踏實活得就踏實。」

「我不相信這事兒是報應。我的同學說他家鄰居，養了一個男孩兒就喜歡粘在媽媽身邊，當媽的覺得孩子很乖巧，幹甚活兒都讓他在身邊待著。可是有一次她納鞋底，繩子打了結，她用針錐挑，挑得豁了，針錐一下子扎進了兒子的眼睛裡，兒子的眼睛流了半天淚，瞎了。」

「真有這事兒嗎？」

「同學親口講的，說那個男孩兒還在，活得好好的。」

「夠蹊蹺的，不過還不能跟你三舅父子出事兒比。她用的針錐，你三舅用的禿角鐵鍬，兩種傢伙兒大小差別太大了。」

「可大小都是鐵器，都不應該讓孩子呆在身邊，這都是慣孩子的結果。」

「所以我從小就不慣你，誰都慣你就我不慣你，該打打，該罵罵。」

十一、姥姥成了老小孩了

三舅沒有因此倒下，但是卻再也沒有振作起來，只是悶頭在給貴龍創造更好的條件。三舅憑著自己的「實受」，房子終於修起來了，但是修房塌下的饑荒無力償還，他的良好的聲譽在暗中一步步消失。三舅用的木石都是大舅家的，大妗因此難免抱怨，因為在農家人來說，四間房子的木石的價錢不是小數。磚瓦是從我們村磚窯上拉走的，結帳時算在了我家賬上，三舅也始終還不上，儘管只有幾十塊錢，可在當時也是不小的一筆錢呢。搗坯、燒石灰、工匠錢，能用力氣償還的，三舅都由自己的「實受」還上，但是有些錢一直拖著，遲遲還不上。這些都是看得見的交往，還有看不見的交往。比如，大舅家該下誰的錢了，大妗便仗著住在山裡頭來往不便，會讓那家人去問三舅有沒有錢，能不能替大舅還上一些。又比如，有親戚或者村裡人來我家借錢，趕上姐妹在家，便會嚷嚷說：

「去跟我三舅要去吧，他該我們家的錢，你能都要上，都歸你啦。」

這些話遲早都會傳到三舅的耳朵裡，再難聽的話也得聽著，但是精神上的折磨只有三舅知道。隨著貴龍長大，他眼睛的缺陷也越來越大；不僅臉面上，還有精神上。他更為任性，更為乖張，更不合群，中學沒有念完就不上學了。在家裡，上不上地、幹不幹活兒，他要怎樣就怎樣，三舅再沒有勇氣管束他，三妗氣頭上說說他，終了也是一把鼻涕一把淚。三舅和三妗一直在給他張羅對象，以為從小張羅希望長遠一些，可是實際情況比登天還難。有點樣子的閨女，沒有人願意嫁給他；樣子有些缺陷的，還處在心高氣傲階段的貴龍，又根本看不上。表面上是貴龍的眼睛成了障礙，實質上三舅家越來越窮，連正常的應酬都捉襟見肘，哪裡談得什麼門當戶對的優勢？如果三舅在外面吃皇糧或者貴龍哪怕去當煤窯工或者哪怕三舅家錢糧不缺日子殷實，有多少閨女會托媒找上門來？

姥姥知道三舅家日子難過，基本上是這裡住住，那裡住住，成了子女們家中的流浪漢。當時數大舅家不缺糧食，姥姥就到大舅家長住。我們家但凡過得下去，姥姥就來我們家長住。大姨家和二舅家指望不上，自打走了集體化，一直窮得叮噹作響，屁股上掛了鍚鑼似的。但是，三舅但凡能靠「實受」做到的，從來不推卸責任。姥姥生命的最後半年，老得只能躺在炕上；炕上吃炕上拉，三舅和三妗伺候得好好的。我最後一次去看望姥姥，是大學畢業那年春節。姥姥看上去心滿意足，拉著我的手說：

「要不是你三妗伺候的好，我怕是早看不見你了。我躺在床上四五個月，你三妗餵飯餵菜，端屎端尿，一點不嫌棄我。她平常嘴上叨叨的，我想我要是到了要人伺候的那天，她是指望不上了。誰知道她刀子嘴豆腐心，知道我老沒用了，嘴上也不叨叨了。我很知足，她比另外兩個兒媳婦強。」

「我帶來蛋糕了，你還能吃嗎？」我問道。

「能吃，能吃。北京的蛋糕好吃，我吃過。」姥姥說。

姥姥果真吃了一個，又要第二個，我說：

「你慢慢吃吧，吃多了不好。」

「沒事的。大不過吃多了屙多，你三妗不在乎的。」

「你不留給貴龍吃嗎？」

「過去留的，如今不用了。我吃不了多久了，他還小，以後有的吃，是吧，貴龍？」

貴龍就在旁邊，連連隨著說：

「是的，是的。」

三妗也在旁邊，也隨著說：

「姥姥成了老小孩兒了，讓她吃吧，真也吃不了多久了。如今她不愛吃的，一天都能不吃不喝呢。」

在集體化走到人人自危的時期，在姥姥的彌留之際能享受到這樣的快樂倫理，這是我預想不到的，因此是永生難忘的。我回到北京不久，姥姥就漸漸地處於不吃不喝的狀態了。但是在姥姥的葬禮上，二舅這個姥姥一生的累贅，連攤派的份子錢都出不起，卻處處想擺樣子、圖排場，頤指氣使，吆五喝六。大舅在充老大，和稀泥，越和越爛；大姨是牆頭的狗尾巴草，哪向風大哪向倒；最該說話的是三舅，因為姥姥畢竟一直住在三舅家，是三舅一家把姥姥伺候終了的。但是，三舅因為貧窮，一切開支都要靠大家攤派，多一分錢都拿不起，只敢表現得唯唯諾諾，委曲求全。母親生性耿直，仗著一輩子伺候二舅一家，終於和二舅爭吵起來。在我印象中，二妗一輩子就沒有下過炕，病懨懨的，用母親的話說：「多會兒都是一副懶癱樣兒」。母親以為自己一輩子的辛苦能把二舅鎮住，不讓他在姥姥的喪事上瞎攪和，讓村裡人看笑話。但是，二舅是個累贅，如同所有的累贅性質一樣，只能把別人拖進痛苦的泥沼。姐弟倆吵得翻了臉，記了很長時間的仇，連我帶著北京媳婦去看他，他都一副愛答不理的樣子。母親因為我和妻子去低聲下氣地認娘家舅，還生了一段時間我們的氣。可見姥姥喪事上的那場爭吵是很有傷害力的。然而，三舅始終保持了沉默，始終委曲求全，而這中間完全因了一個「窮」字。這點在我的婚禮上，畢露無遺。

十二、人窮志短

不知什麼原因，我從小對很多儀式都很懼怕。比如披麻戴孝、手拄哭棍、鼻涕眼淚地跟在棺材後面送葬；比如披紅戴綠、鼓樂齊鳴地娶媳婦鬧洞房……在我看來都很醜陋，一點美感都沒有，完全違背了事情本身應有的體統。因此，我能在外混事兒，請親朋好友、親戚同事吃喜糖就算婚禮的儀式，我只能說是上帝格外垂青我，體恤我，呵護我。回到老家，儘管禮儀須得隨鄉入俗，但是父親母親又格外垂青我，體恤我，呵護我，只是支起大灶，請鄉親和親戚來熱鬧一場。然而，畢竟父親母親只生養了我一個男孩子，而父親一輩子最熱心幫助別人家的紅白喜事，所以，前來參加我們的簡單婚禮的鄉親和親戚，還是帶了自己的一份禮錢。

然而，錢這種東西就是有魔力，儘管是禮錢，還是要以數字計算多少，從而分出身分。在老家，在外甥的婚禮上，當老舅的理當上最高的禮錢，帶動別人把禮錢拔高，給婚事增光添彩。大舅上了二十塊禮錢，二舅和母親記仇沒有來，而三舅則遲遲不出手。姐妹們眼看老舅們指望不上，私下裡嘁嘁喳喳，嘀嘀咕咕，一起到管帳的先生那裡，每人上了五十塊禮錢。這是錢的另一種魔力，誰出錢多誰粗氣，在人堆兒裡穿梭揚眉吐氣，在暗中對人對事指指戳戳，製造輿論。因為這些行為都違犯我們的初衷，我和媳婦在姐妹中努力說服，要她們別把喜事弄成俗事，高興事兒弄成掃興事兒：

「你們行行好，別嘀嘀咕咕，別讓人下不了臺好不好？」我們央求道。

「就是要讓他們下不了臺！」她們回答說，顯得理直氣壯。

「下不了臺又能怎麼樣呢？人家都是高高興興來的，你們為什麼非要讓人灰頭耷臉呢？」

「這是有來有去的事兒，不能肉包子打狗有去無回。」

「你們要是覺得虧得慌，事後你們可以把錢拿回去的。」

「你淨說傻話。爸爸奶奶一輩子就給你辦這樣一次婚事，管帳先生那裡收不來禮錢，那說明是爸爸奶奶的名譽不好。」

我們說服不了姐妹們，只好去找母親，要母親說說她們，別太過分了。誰知母親嘆口氣，說道：

「隨她們去吧，誰讓她們出禮錢多呢？我娘家是窮親戚，有甚難聽話，只當耳旁風吧。老輩人說，人窮志短呀。」

到了中午開飯時，三舅還是沒有上禮錢，人們議論紛紛，我們又找到母親，商議說：

「要不給三舅報個虛賬吧。」

我們的話音還沒有落下，早有姐妹們衝到了我們跟前，嚷嚷說：

「不准你們管這事兒！你們說你們什麼都不管的，還去當你們的公家人吧！」

「好吧，好吧。」我們說。「不過，三舅不能吃豬肉大米飯，求你們誰去做兩碗離刀麵，好吧？」

「隨大流吧，誰有工夫給他搞特殊。再說了，豬肉粉條大米飯，這是待客最好的飯了。」她們七嘴八舌地說。

「奶，你看怎麼辦？你說三舅吃了大米飯就咳嗽的。」我們轉而求助母親。

「都在忙大灶，也騰不出人手來吧？」一貫果斷的母親，這時不知在問誰。

我和媳婦去灶上和掌勺的商議，他們說他們眼下也沒有辦法，除非忙完這一陣子。我們進屋找到三舅，問三舅吃豬肉大米飯還是等會兒單做麵條？三舅毫不猶豫地說：

「很久沒有吃過豬肉了，很想吃碗豬肉臊子大米飯呢。」

三舅一臉和善，說話間還露出淡淡的笑意。我和媳婦一時拿不準三舅是真的嘴饞，想吃點豬肉，還是怕添麻煩。因為禮錢引發的嘁嘁喳喳的議論，想必早傳到了三舅的耳朵裡，不過看三舅的樣子，很坦然，很淡定，那樣子好像在說：我是來參加外甥的婚禮，湊個熱鬧，圖個樂趣，是我的一份心意。看見三舅這樣的態度，我們總算鬆了口氣。

三舅只吃了一碗豬肉大米飯，外面的鍋灶還沒有收拾俐落，他的咳嗽就來了。起初是一聲接一聲，咳嗽聲在喉嚨眼兒，是乾咳，沒什麼痰。可是沒過多會兒，他的咳嗽就往深層去了，吭吭地從胸部往上咳，痰也多起來。三舅從炕上下來，坐在炕邊，守住火爐下的爐坑，咳上來的痰，就便吐進爐坑裡。再往後，三舅的咳嗽變成了陣發性的，一陣咳嗽上來，幾乎不讓他喘氣，一直咳嗽過去，才能停一會兒。

我一直注意著三舅的咳嗽，這時走到他跟前，問他說：

「三舅，沒有什麼藥能管用嗎？」

「沒事兒，沒事兒，咳過去這一陣就好了。」

三舅話音未落，另一陣咳嗽就又來了。只見他兩眼淚水，鼻尖上絲絲拉拉的，很是狼狽。我給他找來一個矮一點的凳子，讓三舅坐在凳子上，守得爐坑更近一些，隨時隨地往爐坑裡吐痰。咳嗽一次次襲來，三舅一次比一次不堪承受，以至他的頭頂在爐坑牆上，腦袋壓下去很多，兩手托在膝蓋上，後背拱起來很高，從背後看去，他的整個身子像是在蜷縮了又蜷縮，團緊了又團緊，彷彿動用了他全身所有的力量來應對這場咳嗽。每一陣咳嗽來了，他的整個身子都搖動起來，好像他的咳嗽很快就要把他整個人咳到什麼地方。這樣的咳嗽持續了半個小時，到了最後，三舅的咳嗽變成了一連串的嘶嘶聲，卻是從腹腔深處往外發聲，聽起來有一種讓人五臟六腑抽搐的感覺。

我從來沒有見人這樣咳嗽，問三舅是不是找一個醫生看看。三舅已經顧不上說話，一個勁兒搖頭，搖身子。謝天謝地，就在我在一旁看得快承受不住時，三舅的咳嗽漸漸緩和，陣發的時間相隔越來越長，咳嗽聲由腹中向嗓子發展，最終總算安靜下來。三舅像大病一場，爬上炕，躺在那裡一動不動，一米七五的個子，因為咳嗽抽得團在一起，和一個傳統的長枕頭差不多了。

「三舅經常這樣咳嗽嗎？」事後我問母親道。

「經常。一到冬天就咳嗽。」母親說。

「每次都咳成這個樣子嗎？」

「那倒不至於吧，就是平常那種咳嗽，至多喘不上氣來。」

「他是上不起禮錢，裝樣子給人看的！」快嘴的四妹插話說。

照平時，母親準會扇她一巴掌，教訓她的嘴快，刻薄，但是這次母親保持了沉默。也許，母親真的認為娘家人太不給力，太丟面子；也許，母親一輩子維護娘家人，到頭來什麼報答都沒有，有點寒心；也許，母親是個很講禮數的人，一輩子應酬到位，娘家的禮數卻讓她說不起嘴……總之，母親的態度，讓我看見了世俗的強大，親情的薄弱。

我們是臘月回老家的，正值天寒地凍。

十三、千萬別帶孩子去幹活兒

三舅先後嫁走了大女兒和二女兒，身邊只有貴龍了，三口之家，按當時農村的家庭標準，日子對付著過，是可以把日子過得說得過去的。實際情況是，每過一年，貴龍就大一歲，三舅的思想負擔就增重一碼。貴龍找媳婦的最好時機漸漸遠去，結婚成家的希望越來越渺茫。隨著貴龍的歲數增長，儼然一個壯勞力了，可三舅的日子卻越過越逼仄，原因就是貴龍從穿戴到吃喝到吸煙，都不能太寒磣，因為他一直處在找媳婦的階段，而且這個階段變得遙遙無期了。三舅不再是那個筆挺的退伍軍人，成了一個彎腰屈背的老農人了，如果塞到他手裡一把號，他恐怕連聲音都吹不出來了。

每次從北京回家探親，我都要去看看三舅，三舅照例要來看看我。我帶給他一包餅乾，他帶給我二斤白麵。但是，我們的談話卻只停留在「來了」、「坐」、「走呀」之類最簡單的客套話上。貴龍的婚事最應該談論，我們卻偏偏不得不避而不談。我面對三舅，只能胡思亂想：要是戰亂時期，貴龍的眼睛不會成為問題，也許三舅會像姥姥一樣，把獨生子送到軍隊裡去混，總比在和平日子裡受無望的煎熬好吧；要是上過朝鮮戰場就是特權，也許三舅會利用他僅有的特權，讓貴龍去接他曾經的班；要是三舅當初不退伍復員，在軍隊熬個一官半職，那麼貴龍就是軍人的後代，因為這樣那樣的殘疾，萬不得已到老家找媳婦，那還不是從成排成連的姑娘裡挑選？要是三舅轉業到城市，成為城市居民，吃供應糧掙工資，貴龍就是個瘸子跛子，也不用為媳婦發愁，農村想往城裡走的姑娘成千上萬……

我知道，三舅從來不會有這樣的想法，因為生活已經教會了他「實受」，他「實受」的結果不好，只能怨自己的命不好。三舅在咳嗽最不堪承受的時候才去看醫生，醫生說他患了支氣管炎，越來越嚴重了，需要自己注意，將養，愛惜身體，而對一貫「實受」的三舅來說，這些都是奢侈的享受。三舅只能買一些麻黃素，萬不得已時吃幾片。每年一進入十月，三舅的支氣管炎就犯了，整個冬季都是三舅的鬼門關，不到第二年五月，三舅不敢說還能不能再活一年。然而，一九八九年的初秋，三舅的支氣管炎就氣勢洶洶地來了，整夜整夜地咳嗽，吃麻黃素毫無效果，三舅索性什麼都不吃了。三舅咳嗽的力氣漸漸喪失時，他知道自己在世的日子不多了，便把貴龍叫到病炕前，虛弱卻清晰地說：

「貴龍，以後要是能找個媳婦，生個孩子，記住，千萬別帶孩子去幹活兒！」

第三部　我裁到堺底死了吧

一、你就狠心走了？

三法大爺不到四十歲，三法大娘就死了。三法大娘得的是大肚子病，在床上躺了半年，肚子越憋越大，肚皮最後明晃晃的，像一個沒完沒了往裡面打氣的氣球，隨時都會爆破。三法大娘為了保全身子，不吃不喝。

「你吃點吧！」三法大爺勸道。

「不；我死也死個囫圇人吧，不能讓人家笑咱，罵咱。」三法大娘說得上氣不接下氣，但是一字一頓很清晰。

「你吃點吧！」三法大爺繼續苦勸道。「你不能就這樣走了，看看這一大家子人，小孩子還不到四歲，你就狠心走了？」

「娘，你吃點吧，你走了這個家就散了啊。」寶鳳姐哀求道，在母親的床邊跪下來，弟弟存寶、存鳳和寶富學著姐姐的樣子，都跪在了炕邊，連三歲多的寶興也都跟著哥哥姐姐跪了下來，嚇得哇一聲哭了。

三法大爺看到眼前的情景，終於沒有忍住，躲到一邊嗚咽起來。

二、怎麼也比沒娘的孩子強吧

每說到三法大爺，母親就會說起這幕，而這幕以後經常提起，是因為我二姐嫁給了三法大爺的二孩子寶富，我們兩家成了親家關係，我後來改口叫三法大爺「大爺」，這是我們那裡的規矩。不過，我對親家大爺的早期瞭解，還是在他是我的「三法大爺」的時候。在村裡入社的名單裡，戶下有牲口的，三法大爺算一家，而且是響噹噹的．頭大黃犍牛，油光水滑，高大健壯，好吃喝，幹活兒從來不惜力。剛剛入社時，牲口主人因為對自己的牲口習性瞭若指掌，都有使喚它們給生產隊幹活兒的優先權。因此，在相當長的時間裡，三法大爺是父親的牛屋裡的常客，而且大多數情況下，他都是第一個到達牛屋的。他進了牛屋，會到牲口的槽邊轉轉，看看，自言自語幾句。他飼養過牛，知道伺候一個啞音（我們當地對牲口的一種叫法）需要像撫養一個要吃要喝的小孩那樣操心，對父親餵牲口的能力和辛苦很理解。有時候，他來得早，父親躺還在被窩裡暖身子，他會說：

「你躺躺，我來替你拌拌槽，撒撒料。」

父親哼一聲，果真躺在被窩裡不動，三法大爺則很內行地在槽頭前忙一陣子，十幾頭牲口便哧嚓哧嚓大嚼起來。如果我趕巧醒來，我會暗暗地埋怨三法大爺這時候對父親的援助，因為父親這時候是和衣躺在被窩裡，他那粗糙的衣服硌在我的嫩皮上支支楞楞，很不舒服。兒女對父母的辛苦總是知之甚少，體會甚少，心疼甚少。不過，他能替父親勞作，不計報酬，我對他的好感是不言而喻的。我在村裡不算一個早懂事的孩子，一些喜歡乖孩子的大人，都另眼看我。三法大爺家的孩子都很乖，他應該不大待見我，可是他偏偏很喜歡跟我打招呼，而且始終如一。比如，我上樹掏鳥窩、到小泊池學狗刨、用彈弓打鳥、滾鐵環……別的大人見了都用白眼瞅我，回到家拿我當反面教材：

「可別學東頭那個小大王！一天起來就知道玩，從不知道給家裡幹點有用的事兒。」

而三法大爺看見我幹這些勾當，總是說：

「嘀——嘀——嘀，小心啊，嘀——嘀——嘀，別玩過頭啊。」

他說話有點結舌。為了把話說得清楚流利，他把他的結舌凝聚成「嘀——嘀——嘀」，後面接上的話就流暢起來了。他個子不高，走路內八字，永遠把兩隻手背在背後；圓團臉，濃眉，絡腮胡但不濃密，我記得他的樣子時他就有些禿頂。他的孩子都有絡腮鬍，頭髮和眉毛都很黑。他的長女寶鳳姐沒有把他的這些特色長出來，看起來相貌比較一般，但是他的小女兒濃眉大眼，個頭超過了他，算農村長得好看的女孩。因為沒有了老婆，大女兒寶鳳早早當了家，十幾歲上便能替她娘抱著一個大鍋在灶邊忙活，煙薰火燎地把一大家人的飯做熟。寶鳳姐是個有孝心的女子，願意嫁在本村，多多少少照顧父親和弟弟，順便把妹妹調教出來。她如願嫁到了本村，也如願把妹妹的家務調教出來了。恰恰是這樣兩個懂事並撐起整個家庭的女兒的婚事，給三法大爺帶來了莫大的恥辱、冤屈和苦難，讓他的心靈備受折磨。

這是後話。

三法大爺教育男孩的方法是讓他們吃苦，受罪，而且也下得狠心。他老婆早早地走了，他們生養的孩子密度大，一狠心便把二兒子送給了河南的小舅子。別人問他：

「你把骨肉送人，就不心疼嗎？」

「嘀——嘀——嘀，心疼甚？嘀——嘀——嘀，到他舅舅家去了，不是旁人，享福去了。嘀——嘀，就是旁人家，活得也比咱家好，嘀——嘀——嘀，怎麼也比沒娘的孩子強吧？」

不知道是他家的孩子早早地沒有了娘，鍛鍊出來了，還是生來胃口就好，糠、菜、生、冷的吃食都不在話下，就是在餓死人的那幾年，他們都不像大多數人那樣面黃肌瘦，皮子貼在了骨頭上，木乃伊一般。他們有飢餓之色，但是好像只是挨了幾頓餓，隨時都能緩過勁來。他的孩子們好吃喝，吃得苦耐得勞，長得粗壯，可村裡一些人卻暗中流言：都是因為他們一家人手腳不乾淨，動不動就到地裡抓撈，才沒有像旁人一樣餓成那樣子。

後來，我有了一些社會經歷，才知道這種傳言是一種欺負人的行為，柿子專揀軟的捏。他家是外來戶，日子過得嚴謹，凡事儘量躲開別人，村裡的老住戶就認為他家不合群。沒有事兒還好說，一旦有事兒，他家就難脫干係。比如，大饑荒時期人人自危，大家都偷偷到地裡去偷竊，有的甚至成群結夥，他家不過是在公家地裡小偷小摸，一點沒有超出公有制繁衍出來的罪孽之列。但是，遭到的指責卻截然不同，細想令人匪夷所思。

人總得活下去，他雖然成了鰥夫，卻因了兩個懂事的女兒，一個家庭沒有散夥，孩子們都健健康康地長大了，而且都有一身好力氣。但是，正當他以為兒女們會一個接一個把人家成起來的時候，他嫁出去的大女兒的婚姻首先給了他一悶棍。

三、你娶她是你的福氣

莊稼長在集體地裡，春種秋收，卻不能往家裡收，要集體收了再分配，這個彎兒拐得令農人轉向；轉來轉去，轉得肚子餓得前心貼後心，好歹先抓在手裡充饑，這好像是農人的特權。然而，這就算偷竊，名聲不好卻能阻擋飢餓，你偷我偷他也偷，偷竊現象越來越嚴重，上級號召打擊小偷小摸，村裡邊開始派人巡秋。但是，因為村子小，大家低頭不見抬頭見，開口閉口叔叔大爺的，認真把誰揪出來示眾，是絕不會有的。除非彼此有什麼過節，彼此正好又撞了個正著，兩家難免鬧到生產隊長那裡。生產隊長至多把東西沒收了，或者扣點公分，了事。不過，這種事情在我們這個小村子只發生了一次，還輪到了三法大爺的頭上。這又是後話了。

秋收季節，巡秋的除了平時四處遊蕩，到了下工的時候，就在各個路口檢查下工的人，有時候就是專門衝寶鳳來的，因此，在村裡下工的路口上，寶鳳被攔住並搜身的事情時有發生。大家正在挨餓，趕上收不收吃一秋的季節，偷竊之風已然形成，誰不往家偷些糧食，反倒不正常了。寶鳳姐被「抓現行」，在於別人偷一穗兩穗玉米，或者三把兩把豆子，她敢三穗四穗玉米、大兜大兜的豆子往家偷。別人被查出來，都不好意思地乖乖地交出來，而她總是磨磨蹭蹭，想方設法留下一些。往內褲裡剝玉米粒、豆粒、穀子等等，即便不是她發明的也是她發揚光大的，因為巡秋的都是男人，男人總不敢往女人褲襠裡亂摸吧？何況寶鳳姐是軍屬，軍屬是受保護的，生產隊因此一開始對她有些照顧，儘量派些輕鬆的個體的活兒，誰知她很會利用這樣的機會，卻不知適可而止，往往過頭，成為樹大招風般的目標，讓別的女人咬她，漸漸地她的優勢變成了劣勢，讓人利用：

「要檢查，先檢查軍屬，軍屬優先呀。」

寶鳳姐好胃口，秋天在地裡幹活兒，真正做到了「收不收吃一秋」，逮住什麼東西都能吃個半飽。這對她個人來說是好事兒，但在眾人堆兒裡，這樣的行為不招人喜歡。更要命的是，她能吃個半飽，同樣是女人，別的人卻只能看不能吃，因此心裡難免存有複雜的感情。以往人們只說她人好養活，漸漸地就說她是豬轉世的，逮住什麼生東西都能哢嚓哢嚓地吃，真是不像話。但是，寶鳳姐把這些議論當成了耳旁風，該怎麼做，還怎麼做。能吃就吃，能撈就撈；你們看得慣就看，看不慣就閉上眼睛；你們逮住了，我把東西掏出來，你們逮不住，東西就歸我自己了。反正日子是各家各戶自己過，肚子餓不餓自己知道。更何況，她有一個不便明說的目的：一定要節省下足夠的糧食，讓當兵的丈夫回家探親時有吃有喝，首先不能餓肚子，其次還要吃好一點。在大饑荒的歲月，這是不小的心願。

寶鳳姐說到做到，她的丈夫小三叔第一次從部隊回家探親，儘管正是鬧饑荒的歲月，她給丈夫做飯，一天三餐有乾有稀，從來不往鍋裡下糠下菜。她一天三頓都做兩鍋飯，一鍋是精米細麵，給丈夫吃；一鍋是糠菜為主糧食為輔，她自己吃。在一個小山村裡，小三叔回家探親是村裡的大事，父親帶著我去看望，小三叔還送給父親一個手電筒，用趙本山的話說，是一件電器了。對我來說，它比如今的任何大件電器都寶貝一千倍。大黑天走路，一按開關，一條白花花的路就展現在眼前了。更讓我著迷的是，黑夜裡把手電筒照向天空，一根光柱，光柱盡頭不知去向，讓我那個年紀的少年幻想無限。趕上陰天下雨，用手電筒向天空照去，卻是另一種景象，因為光柱可以照到盡頭了，讓我覺得老天一下子來到老百姓中間，給老百姓送水來了，因為我們那裡十年九旱，水很寶貴。由此，我對小三叔產生了非同一般的好感。按照村裡的習慣，父親請小三叔到我們家裡吃飯，我聽了非常高興。

小三叔來我家做客的那天晚上，我就更高興了，因為請小三叔吃「離刀麵」，多少總有我半碗吃的。我記得那是正月天，天寒地凍，屋子裡卻少見的熱鬧。兩年多的集體食堂解散了，日子在家裡過是人類千百萬年來形成的習慣，窮富都要過個年，正月的日子怎麼也有些油水。母親在做老蔥雞蛋臊子離刀麵，算我們那一帶招待客人最高級的待遇，在饑荒之年，尤為特殊。小三叔是個喜歡熱鬧的人，當兵前就和我家走得近，如今從幾千里之外的新疆回家探親，講述他在外面的經歷和生活，別是一種傳奇，令我們全家人都聽得入迷。尤其他多次說起新疆的女子喜歡跳舞，脖子能左右移動，還邊說邊用自己的脖子表演。在大饑荒的年代，小三叔的講述讓我想到別的地方都比我們小山村好，別的地方都不會讓人挨餓，都不會讓人受苦，只有我們小山村，窮山惡水，是一個讓人離去再也不會留戀的地方。

小三叔只吃了一碗麵條就不吃了，母親做成了第二碗麵條，他說：

「快給我哥撈上吃，我這一碗都吃不下了。」

「那怎麼成？」母親說。「年輕人，哪個端起碗來不吃三碗？是嫌我做的不好吃嗎？」

「老嫂子，怎麼會呢？老蔥雞蛋臊子離刀麵，這是最好的飯了。不瞞你說，請我吃飯的十幾家了，只有你家是老蔥雞蛋臊子麵，別家都是土豆粉條臊子麵。再說，你看這碗，一個頂倆，一碗麵就要六七兩麵才能做出來。我早說過，論人厚道，就數你們一家人了。」

「那也得再吃一碗，怎麼也得吃夠兩碗呀？」父親一旁勸道。

「老嫂子，你快給我哥撈上吃吧，我是真吃夠了。自從回了家，天天都在改善伙食。」小三叔發自肺腑地說。

「也好，我先給他爸撈上吃，你等第三鍋再吃。」母親說。

「那就讓你家胡兒也吃點吧，他可是你們家的孤根獨苗，不能餓壞了。困難時期，一年四季都吃不上一頓麵條。」小三叔衝我眨了眨眼，脖子自如地左右移動幾下，引起了大夥兒一陣笑聲。

「還能沒有這個瞎霸鬼的？」母親瞅了我一眼，說道。「天天回到家就喊餓，鬧氣，越沒功勞越想吃香喝辣的。」

「胡兒念書好，以後會有功勞的。」小三叔說。「念書好啊，胡兒，好好念吧，不要像我一樣，沒有文化，怎麼苦幹都提不了幹。我要是有你現在的文化，我都早提排長，連長都要當上了。我要是不上部隊當兵，掃了盲，總算識了幾個字，那就像我家祖上，是個徹底的文盲了。」

「小學老師三天兩頭往家裡跑，學生跟放羊差不多，我看他們難念成甚麼書。趕的時候不好，鬧饑荒，學到肚裡的那幾個字，都讓餓跑了。」父親接住母親遞過的碗，一邊攪動，一邊說。

母親給我撈了多半碗麵，給我時，說：「我看也是，認得的那些字，恐怕是早忘到爪哇國了。」

我顧不上說什麼，碗裡的香氣早把我征服了。可是，我覺得悶頭吃有點下作，就沒話找話地說：

「小三叔，聽說寶鳳姐天天都給你做精米細麵的飯，她吃糠咽菜，真的嗎？」

「當然是真的。開始我以為是我才回到了家，她做好的給我吃。後來天天做好吃的，我跟她說哪來的糧食，能天天精米細麵地吃？別硬撐面子了，做成一鍋飯，一起吃吧。可她不聽，也不多辯解。所以，我回來這些日子，都吃胖了。」小三叔說著，有些難為情地笑了笑。

「好女人啊。」父親嚮嘴乍舌地吃著碗裡的麵條，讚嘆道。「我跟三法是一撥人，他家很會過日子，兒女都管教得好，能吃苦，肯勞動，不奸不滑，不壞別人的事。他老婆早早死了，起先寶鳳守家過日子，她出嫁了，他的小女存鳳接手管家，真了不起。我正在給他大兒子存寶說媳婦呢，就是橋西小全家的大閨女。彩禮都交了，說好今年收過秋就把媳婦娶過來。」

「村裡人都知道你是個熱心人，能說成一門親事可算積了大德。」小三叔說，停頓了一會兒才接著說：「跟你們一家我也不客氣了，有一件心事兒我今天就說了吧。我聽說，我媳婦手不乾淨，總是從生產隊裡的地裡往家裡偷糧食，村裡人說法很多，也很難聽。」

「快別聽那些閒言碎語，如今能把日子過下去比甚麼都要緊。寶鳳的日子怎麼過的，我比別人都清楚。你家離我家近，她總是端了一碗糠圪磊來我這念叨過日子難。還說再難，也要給你積攢些糧食，讓你回家探親餓不著。寶鳳像她媽，過日子的好手，你娶她是你的福氣。小三兒，快把碗給我，我再給你撈上些。」母親一邊張羅一邊說。

小三叔把碗藏到了身後，說真的是吃飽了，要父親撈上吃。父親說好飯吃一碗就夠了，比喝三碗稀湯湯強百倍。小三叔於是建議母親把臊子瀉進鍋裡，弄成一鍋湯麵，讓一家人都改善改善胃口。

「就算沾我的光了。」他笑道。「我在部隊做過司務長，知道人多了都改善伙食不容易。」

那天晚上，小三叔待到很晚才離去。他問起村裡很多事情，對幾位去世的老人也很懷念。他和我的堂哥歲數接近，還說起了我的哥哥，說我哥哥不安心待在這個小村子了，因他家裡是富農，成分高，什麼好事也攤不上他，如今又餓肚子，想回河南認親爹親娘去，那邊是貧農，如今日子也好過得多，等他過上好日子，這邊的父母也能孝順了。我父親說，他長大了就一直有這個想法，他親爹來過，根本不答應他。還好，他的媳婦有準兒了，是東傘村的，彩禮交了一半了，興許明年臘月就能娶過來。

「一娶了媳婦就成了。過日子是兩個人的事兒，男人有了女人就安心了。」父親最後感嘆說。

小三叔臨走還沒有忘了鞭策我幾句，要我一定好好學習，儘快學會寫信，第一封信就寫給他，省得他媳婦還得上學校求老師給他寫信。我不知道說什麼好，只記得那個夜晚很美妙，沾了一個在幾千里之外當兵的村裡人的大光，在大饑荒的歲月，吃了一碗雞蛋臊子離刀麵，那種香味兒深深地進入腦海，至今記憶猶新。父親送小三叔出門，我也跟了出來，順便上茅房大便。從小養成了夜裡上茅廁解大手的習慣，天天晚上都得有人陪我出來。乍地從煤油燈下出來，外面顯得黑黢黢，我得意地打開小三叔送的手電筒，眼前一片雪亮，而且一直把小三叔送到了看不見的地方，我才進了茅廁。

四、你個沒良心的呀

小三叔回家探親回部隊後大約半年多的一天上午，我一出街門，便聽見東山豁兒的地塄後傳來了哭聲，一聲高一聲低，念念叨叨的，和出喪的女人哭法一個樣。那種哭聲在溝溝壑壑引起陣陣回聲，在小山村裡營造出一種悲情的氛圍，我從小一聽見哭聲就渾身不自在。我站在街門口聽了一會兒，聽不出來是村裡誰的聲音，心裡惶惶的，便轉身回了家，隔著家門就對母親嚷嚷說：

「奶，有人在東山豁兒的地裡哭呢！」

母親看著我，沒有像往常那樣瞪我幾眼，挖苦我是村裡的大閒人，淨操心些沒用的事兒，卻哀嘆一聲，遲疑了一會兒，對我說：

「要不咱娘倆去看看，把她拽回來？」

「她是誰？」

「你寶鳳姐，還有誰！」

「她為甚哭？」

「為甚！為離婚！」

「和誰離婚？」

「你這個傻子！能和誰？你小三叔！」

「為甚？」

「為甚！還不是因為寶鳳為了過日子，往家裡抓撈，別人說閒話了。」

「就是她偷糧食的事兒？」

「別說這麼難聽！現在從公家地裡偷東西，不叫偷，叫抓撈。如今誰都在抓撈，不抓撈行嗎？一天幾兩糧食，你這個閒人都餓得不行，那些幹活兒的該餓成什麼樣子？吃糠能摻和上榆皮麵，下嚥時不卡喉嚨、上茅廁能順順利利屙出來就算阿彌陀佛了。活人總不能讓尿憋死吧？種地的眼看著糧食都收走了，小的溜的到地裡抓撈些小糧還不行？你小三叔在外面當兵，一個女人家頂門過日子，哪那麼容易？她肚裡的孩子都六七個月了，不，都快八個月了，等她坐了月子，在家裡窩著，想抓撈也出不了門了啊！」

「正月小三叔在咱家吃飯，沒有聽說他對寶鳳姐怎麼不滿意，怎麼說離婚就要離婚呢？」

「都是那些村幹部挑的，給你小三叔寫信告寶鳳的狀，說他媳婦從公家地裡往家偷糧食偷瘋了，過去只偷秋，如今又偷夏，影響很壞，給小三叔這個當兵的在村裡造成了很壞的影響，勸他離婚。壞良心壞到這步還不夠，後來有人給小三叔的部隊領導寫了信，小三叔挨了批評，他就非要離婚不可，左一封信又一封信地寫，要跟寶鳳離婚。一開始給寶鳳寫信，勸她同意；後來給學校老師寫信，給村幹部寫信，讓他們去給寶鳳念信，勸她離婚。為了這個，你小三叔今天都不回來探親了。」

我那時已去平川高小念書，這些家長里短的事情，不像過去聽說那麼多，這下聽母親念叨，覺得自己好像小三叔，遠在幾千里之外，村裡什麼事情都不知道。母親見我站著不說話，便把手頭的活兒放下，跟我說：

「走吧，還愣著幹甚？」

往村子的東山豁兒走，只有一條人行小路，有一段土坡，直陡直上的，母親的兩隻小腳走起來不止費勁，還有隨時會摔倒滾到一邊塄下的危險，因此我在前面走，母親一隻手搭在我的肩上，慢慢地往坡上走去；我們娘倆越往上走，哭聲越清晰，哭聲越清晰，哭聲裡的悲憤便越讓人揪心。我和母親快走到東山豁兒時，一塊麥收後回茬的胡蘿蔔已經生長得綠瑩瑩的，一眼望去平展展的，讓人舒坦。但是，寶鳳的哭聲卻讓人揪心，像是在這平展展的胡蘿蔔地裡挖坑，深一下淺一下，讓人心裡或深或淺地動盪。寶鳳姐坐在地後塄，遠遠看去像一個黑點兒。我和母親向寶鳳姐走去，她的哭聲中那種歇斯底里的無奈，像要把喉嚨眼兒喊破才能解憤，以至我的喉嚨眼兒都感覺刺癢起來。走得近了，我看見寶鳳姐垂了頭，頭上搭了一條白毛巾，上面印了軍隊的一些字跡。她坐在地後塄稍稍突出的土包上，叉開腿，肚子像是抵住了地皮。她的身邊散落著一些紅蘿蔔纓，綠色的纓子上還有新土。我暗自吃驚：寶鳳姐一邊哭，一邊還在吃紅蘿蔔不成？我在寶鳳姐幾尺遠的地方，見她身子一抽一抽地抖動，不由自主地停下了。母親則走到她身邊，拽了拽她的膀子，開始勸道：

「別哭了，你都哭了一下午了，嗓子啞了，眼淚乾了，身子受不了啊。」

寶鳳姐哭得更狠了，嗓子粗得吭吭的，像是一台鏟車在刮一塊凸凹不平的石頭，讓人聽得心裡咯噔咯噔的。我聽她念念叨叨的哭訴，她那次在地後塄往內褲裡剝玉米的情景漸漸地清晰起來。那時候，她的一舉一動都充滿了活力，言談話語間都是對生活的希望。看她傷心欲絕的樣子，我簡直不敢相信那次是她有勁三道地對我進行一種現身說法的生活教育！母親在一旁勸說，我看她那種失魂落魄的樣子很不舒服，便漫無目的地向四周望去。又一個秋天即將到來，四野的青色泛起了淡淡黃色，穀子地已經是綠黃一片，玉米地的乾草色漂浮在深綠色的上面，隨風舞動。村子裡很安靜，沒有雞犬之聲，彷彿萬物都被一個即將被遺棄的女人的哭聲鎮住了。寶鳳哭訴的樣子是我們那裡女人哭喪常見的法子，但是她訴說的那些詞兒卻是她特有的：

「哦——呀呀呀，你個沒良心的呀，自打我嫁給你，捨不得讓你作一點難，你皺皺眉頭我心都顫呀；哦——呀呀呀，你個沒良心的呀，為了不虧著你的嘴，我從來都做兩鍋飯呀——」

我母親又搖了搖她的肩膀，開始苦勸道：

「行了，行了，哭壞了身子是自己受罪。」寶鳳停住了哭聲，對母親說：「你讓我再哭幾聲吧。我窩在心裡很難受。」她於是接著哭道：

「哦——呀呀呀，你個沒良心的呀，你吃麵條我喝湯，你吃精米細麵我吃糠呀；哦——呀呀呀，你個沒良心的呀，蓋的髒了我洗淨，衣服破了我補縫呀；哦——呀呀呀，你個沒良心的呀，洋布細布供你穿，舊絮破衣我喜歡呀；哦——呀呀呀，你個沒良心的呀，出門給你拾掇好，裡外不用你把心操呀；哦——呀呀呀，你個沒良心的呀，大饑荒保你吃飽喝好，探親月半你重了好幾斤呀——」

母親彎下腰拽住了寶鳳的手，吃力地往起拽，又勸道：

「夠了，夠了，你的苦楚哭出來就好了，哭多了你受得了，孩子還受不了呢。」寶鳳掙脫了母親的手，母親一旁看著傷心，提起水裙的一角，不停地擦眼淚，破聲破氣地說：「你再不起來，我要跟你一起坐下來哭了。為了孩子，你不能再哭了！」母親說著，又彎下腰去拽住了寶鳳的手，寶鳳停住了哭聲，不再歌不溜溜地哭訴，而是嗚嗚地哭起來，像一個受了莫大委屈的孩子，母親在一旁也一把鼻涕一把淚地甩起來。漸漸地，寶鳳停下了哭聲，一哆嗦一哆嗦地抽噎起來，有時一個抽噎會倒回去很長的氣，我老遠覺得把我的一口氣也拽回去了。終於，她推開了母親的手，吃力地托住地面，先跪穩了，才慢慢站了起來。只見她兩隻眼腫得像核桃，鼻涕和眼淚糊了一臉，胸前濕了一片。她的肚子很大，走路有些吃力。我們三個從東山豁兒一路下來，我看見她幾乎是橫著身子在下坡，一步一挪，生怕摔倒了。到了廟後地，我和母親目送她向河底她的家走去，我們娘倆才一起回了家。

「她吃了多少胡蘿蔔，她的肚子撐起那麼大？」我問母親道。

母親停下步子，莫名其妙地看著我，問道：

「你說甚？」

「我說她在地後塄吃了多少胡蘿蔔，把肚子撐了那麼大？」

母親看了我好一會兒，眼睛還濕著，卻忍不住笑了，喝道：

「你這個傻子，她肚裡懷了孩子，哪是吃胡蘿蔔吃的。」

「可她身邊有一大堆胡蘿蔔纓子，纓子上還有很多泥呢。」

母親愣怔了一下，一邊往家裡走一邊自言自語說：

「胡蘿蔔還很小，跟線胚子一樣粗細，哪能吃呢？」

五、這鳥社會是在變壞

寶鳳姐在東山豁兒大哭一場之後不久，我放了秋假，在村裡遊蕩了兩個星期，正好趕上寶鳳的父親三法大爺來串門。三法大爺從來不串門，我印象中來我家串門好像就這麼一次，哪怕我們兩家後來成了兒女親家。那是一個晚上，我們剛剛吃過晚飯，洗淨了鍋碗，收拾起來，他就進來了。父親說：

「來了。」

他答：「嗯。」

母親說：

「你好稀罕。」

他答：

「嗯。」

父親喊我端凳子，我遞給他一個馬扎，他卻蹲在了馬扎旁邊沒有坐，掏出煙袋，開始在往煙袋鍋裡一歪一歪地裝煙。我趕到火邊點起了火棒，給他送過來，他誇讚說：

「嘀——嘀——嘀，胡兒有眼色。」

「甚個有眼色，還不都是他爸從小慣出來的？別人家的爸爸管孩子幹活，他爸卻從小給他置了一套吸煙的行頭，讓他學吸煙！快別誇了，誇漿水誇出醋來了，這個瞎霸鬼是學吸煙才知道了吸煙要點火的。」母親不失時機地敲打我說。不過母親說的對，我點火棒，實在是想儘早看看三法大爺的煙袋鍋是銅的還是樹根疙瘩做的。那是一個銅煙袋鍋，亮閃閃的，不大也不小。三法大爺湊近火棒，噝噝地吸著了，一口接一口地吸，冒起的煙氣把我薰得躲開了。他把一鍋煙吸乏，把煙袋遞給了父親。父親吸煙沒有癮，但從來不拒絕別人遞煙袋。父親側坐在火邊，一隻腳踩在火邊上，銜了煙嘴兒向火頭湊去，弓腰曲背的也不知把腳從火邊挪開。父親吸煙不深，即便吸溜也是聲音大雨點小的那種，一袋煙要吸許久。三法大爺開了口：

「嘀——嘀——嘀，定個日子把彩禮送過去吧，嘀——嘀——嘀，我都準備好了。嘀——嘀——嘀，糧食一次交清，嘀——嘀——嘀，錢分兩次給吧。嘀——嘀——嘀，秋後結算了，嘀——嘀——嘀，我們爺掙的工分了紅，嘀——嘀——嘀，我估算一下還得上，嘀——嘀——嘀，你讓那邊親家放心。」

父親吸了一口煙，說：

「原說是一次交清的，小全這人暫暫二意的，不好說話。」

「嘀——嘀——嘀，讓你作難了，嘀——嘀——嘀，知道你和他有交往，嘀——嘀——嘀，說得上話。」三法大爺說。

一時無語，父親吸了一口煙，說：

「那臘月娶親怎麼辦？還有錢財嗎？」

三法大爺用手抹了抹腦門兒，唉了幾聲，說：

「嘀——嘀——嘀，倒借倒借吧，嘀——嘀——嘀，能怎麼著？嘀——嘀——嘀，自打走了集體化，日子過得一年不如一年，嘀——嘀——嘀，虧得還有些老底，要不幾個孩子都是大肚漢，嘀——嘀——嘀，集體分的糧食根本不夠吃，吃糠咽菜都頓頓把鍋吃得底朝天，嘀——嘀——嘀，想從嘴裡摳都不行，哪能省下糧食給存寶說媳婦？嘀——嘀——嘀，如今的社會是走一步說一步，能給存寶說下媳婦，嘀——嘀——嘀，生下一男半女，這家人有個傳香火的，嘀——嘀——嘀，以後兩個兒子能不能說上媳婦，我是管不了了。」

「如今吃了上頓沒下頓的，你還能有糧食給孩子找媳婦，很了不得了。要是我們家胡兒到了找媳婦的年齡，他打光棍好了，我家是沒有那個力量。」母親感嘆說。

「嗨，嘀——嘀——嘀，現在說了也不犯法，嘀——嘀——嘀，糧食還是我當初入社時藏起來那點。嘀——嘀——嘀，虧了我們住窯子，挖了個凹洞，嘀——嘀——嘀，藏起來又泥上，嘀——嘀——嘀，當初才沒有讓幹部發現。」三法大爺說，聲音裡有幾分慰藉。

「你真行，比我有眼光。」父親說，還在冒那袋煙。

「嘀——嘀——嘀，比我強的有的是。嘀——嘀——嘀，聽說有幾家把火炕都挖空了，全都藏了糧食！」三法大爺在誇別人的同時，自己臉上也有了不易擦覺的得意之色。

「都是誰家，這樣有眼光？」母親問道，難免幾分羡慕之色。

「嘀——嘀——嘀，你到飯場上看看，嘀——嘀——嘀，誰家不經常上飯場，嘀——嘀——嘀，誰家就在關著門吃呢。」三法大爺說。

「我還以為不經常上飯場的，是因為往家裡抓撓多的人家呢。人家幹部們不是放話了，說誰家碗裡的飯稠，就是誰家在公家地裡偷盜的多嗎？」母親說。

「嘀——嘀——嘀，都有吧，知道藏糧食的人家，也知道往家裡抓撈。嘀——嘀——嘀，老百姓有甚本事？嘀——嘀——嘀，不能像當幹部的監守自盜，把倉庫裡的糧食往家裡偷，又不能像那些膽子大的，明著往家裡搶！嘀——嘀——嘀，這個社會，撐死膽大的，餓死膽小的，日子得自己過，誰都靠不住。」

「你比他爸強，當初只會跟幹部頂著幹，寧肯上交二十石公糧，也不交土地，不入社，抗來抗去，到底還是抗不過公家，糧食上交了，地也入社了，白白耽誤了很多事兒。要是像你一樣把糧食藏起來，十年八年吃不完，怎麼至於如今天天餓得跟我生氣，嫌我做得飯稀。」母親越說越生氣，時不時還瞅父親幾眼，一副後悔莫及的樣子。

「窮老婆家瞎咧咧個甚？誰生來長了前後眼，知道這鳥社會走到這一步，這些年風調雨順的，種地人能把地種得沒有吃喝？我要是能跟那些個鳥當幹部的頂到現在，還在單幹，我家的糧食多得都頂得住房頂，全村人吃一年半載都吃不完，還能讓咱一家人餓著？」父親說得惡狠狠的，叭叭叭連吸了幾口煙，一時嗆得直咳嗽。

「嘀——嘀——嘀，反正我敬佩松斗的為人處事，膽大，甚事都敢認個理，甚事都敢去做。嘀——嘀——嘀，當初他跟老群下河南碰上劫道的，捨命不舍財，纏住劫道的不放，槍托子把他打得滿頭滿臉疙瘩，他都敢頂著，硬把劫走的錢要回一半，那個膽量！嘀——嘀——嘀，更別說聚金讓皇協軍捆綁到馬圪嘴，他一個人敢去領回來！」三法大爺說著，有了幾分激動，結舌得更厲害了。

「他就知道瞎充能，一件正事都幹不了。別說我家胡兒到時候說媳婦沒有錢糧，就是能娶回家一個，連一間房子都沒有，往哪裡住？」也許是為父親的勇氣所動，母親說著氣話，氣憤卻比方才少了一些。

「瞎咧咧吧，東扯葫蘆西扯瓢，東山豁兒扯到小松樹坬了！」父親不以為意地說，臉上露出些許得意之色。

我聽得懵懵懂懂，這時聽見父親說「東山豁兒扯到小松樹坬了」，終於忍不住笑了。我們村位於一個小山凹，東山豁兒在東邊，小松樹坬在西邊，覺得父親把兩個不相干的地方扯在一起，才是真正的「東扯葫蘆西扯瓢」。我看全家人只有我一個人傻笑，有些不搭調，便有一搭沒一搭地說：

「寶鳳姐還在哭嗎？」

母親剜了我一眼，我知道我這下真的是不搭調了，卻見父親開了口：

「這鳥社會是在變壞，小三兒好好一個人，怎麼說變就變了呢？放著好好的日子不過，非要鬧離婚！鬧吧，以後他找個不會過日子的，有他的苦日子過！」

三法大爺沒有搭父親的話，卻回答了我的問題。

「嘀——嘀——嘀，顧不上哭了，生孩子了。」三法大爺說。

「生了嗎？男孩女孩？我前幾天去還沒有動靜呢。」母親說。

「嘀——嘀——嘀，女孩，前兒後晌生的，還很胖呢。」三法大爺說，話音裡透出一些喜悅。「嘀——嘀——嘀，多虧了你這些日子去寶鳳那裡開導她，她想通了，不離婚沒有她的好日子過，那不得好死的小三兒來信罵她賤，餓皮蝨子，沒人要，嫁不出去，賴在他身上不走，甚話難聽他寫甚，還寫信給村幹部和學校老師，讓他們念給她聽，丟她的人，敗她的興，讓她在村裡抬不起頭來。嘀——嘀——嘀，松斗你說的對，這個社會不是甚好社會，甚都沒有一定之規了，人說變壞就變壞了。嘀——嘀——嘀，當初，他小三兒是怎麼求我把閨女嫁給他的？嘀——嘀——嘀，我家是外來戶，在村裡沒有根基，他家還不如我家，從河南逃荒上來，村裡找不到地盤兒，到河底打了兩眼窯子，才算有了遮風避雨的地方。我家好歹在村邊上，他家躲到村底下去了。嘀——嘀——嘀，民國三十二年鬧饑荒，狼都到他家街門上亂拱去了。嘀——嘀——嘀，我家的窯子在村裡，是掛了磚面的，他家的窯子在河底，連個土面都沒有，怎麼住？嘀——嘀——嘀，我當初就不答應這門親事，死活不答應，可寶鳳看上了他，又說她媽死得早，她嫁了本村能照顧家裡。嘀——嘀——

嘀，我就是不答應，就怕一個村裡，抬頭不見低頭見，沒事和和氣氣，有事攪動全村，讓全村人看笑話。他家來人說啊說啊，左一撥右一撥讓人來求我，最後他自己都來求我，我好心答應了，可結果怎麼樣呢？嘀——嘀——嘀，寶鳳伺候得他那樣好，大饑荒時期讓他吃香喝辣的，還該怎樣？就算寶鳳抓撈得多了，影響不好，那還不是為了他小三，為了那個家？嘀——嘀——嘀，這事兒要擱在過去，拽他到祠堂說說理，他這樣做人能在村裡抬起頭來？嘀——嘀——嘀，如今的幹部倒好，給他撐腰，讓他離婚，你說這社會是變壞了不是？嘀——嘀——嘀，他以為我的閨女沒人要，離了婚會在娘家當一輩子老姑娘，可老天有眼，這不，咱村嫁到史家掌的寶弟從小和寶鳳就好，聽說了她的事兒，從中說合，早有人來提親了。人家還要當頭婚下彩禮，當頭婚娶過去呢。寶鳳說，等小閨女長兩歲再嫁過去，可人家說了，孩兒小才好，從小養大的親。等存寶把婚事辦了，我就把寶鳳嫁過去，這個小村有甚好留戀的！」

三法大爺少言寡語，在村裡是出名的，這下一口氣講了這麼多話，結舌的時候也不多，讓我感到非常奇怪，感覺他說話本來是這樣，平時的結舌是裝出來的。煤油燈不亮，不過他謝頂的頭上開始泛起一些幽光，臉上露出一些寬慰之色。父親把煙袋遞給他，他擺了擺手，接著說：

「嘀——嘀——嘀，不管甚社會，不管這社會讓你好活還是難活，你活下去才是本事。有本事的人過有本事的日子，沒本事的人過沒本事的日子，總歸你要活下去才是。嘀——嘀——嘀，當初來到這個村，也是這村人的老輩人厚道，讓我在村西頭的土崖上挖一眼窯子，我想只要我捨得力氣，日子會過下去的。我挖了兩個月，就把窯子挖成了。沒地，我給人打短工，做長工，掙地，五年後就掙下了四五畝地。嘀——嘀——嘀，再往後，我掙到了十多畝地，有五六畝地還是你家家長賣給我的，廟後地和前夾川的兩塊地就是——」

「那我知道，上好的地。我當時還沒有來這個村，可聽我的老娘說過。我的家長吸大煙吸上了癮，敗家敗到賣地賣房子。要是我當時已經來到這裡，不會讓你買走的！」父親說得信心滿滿。「地是莊稼人的命根，只能添不能丟。丟地就是丟命！」

三法大爺嘿嘿地笑了，彷彿在取笑父親說些事後諸葛亮的話，並且伸手要過自己的煙袋，煙袋鍋在煙袋裡利利索索歪了幾下，裝上了煙，說：

「嘀——嘀——嘀，胡兒，點火。那時村裡富足的人家，擺闊是看誰能吸得起白麵兒，差不多都吸上了大煙，賣地賣房子的好幾家呢，要不我也不能那麼快就發家置地。趕上土地改革，又分得了一些土地和兩間房子，糧食多了，就買了一頭牛，覺得好日子真的來了，誰知道一夜之間土地全收走了，牛也收走了，早知道還不如都賣掉——」

「賣掉了你拿錢幹甚去？莊稼人除了土地和牲口，還有甚重要的嗎？當初，那些鳥村幹部說我落後分子，只知道『二畝地一頭牛，老婆孩子熱炕頭』，一腦子資本！我說，瞎話，沒有地沒有牛沒有老婆沒有孩子，那還叫日子嗎？這下可好，莊稼人沒有地沒有牛，老婆孩子都挨餓，當幹部的都知道往自己家裡撈，日子過得苦耗耗，這算甚新社會？屁，鳥！」

一時寂靜無聲。三法大爺嘶嘶地吸進肚裡煙，濃濃地吐出來，幾口把一袋煙吸乏，說：

「嘀——嘀——嘀，說這些氣話不頂用，要我說還是偷功碼法兒把日子將就過下去要緊。」

「那倒是。我今年溝溝壑壑地開了些非耕地，種了些紅白蘿蔔，估摸能收幾百斤，私下裡能換些糧食，怎麼說下到自家鍋裡，也有個撈頭。」父親說。

「嘀——嘀——嘀，你幹事情總是不避諱，嘀——嘀——嘀，你敢去種非耕地，嘀——嘀——嘀，我家是外來戶，嘀——嘀——嘀，不敢多開非耕地，嘀——嘀——嘀，讓幹部抓住，說三道四的。嘀——嘀——嘀，可我聽說誰種非耕地也不行，秋後都要沒收呢。」三法大爺說，結舌的毛病又厲害起來。

「看他們誰敢！」父親狠狠地說。

這是我聽三法大爺說話最多的一次；再見三法大爺在人多的場合說話時，我已經從中學回家種地，十八歲，成年人了，是另一番景象。

六、這小瘦就比土匪和老皇還惡

三法大爺怎麼也想不到，大女兒的婚事讓他糟心，小女兒的婚事讓他灰心到死心的地步。小女兒叫存鳳，和我同過學，但是歲數與我大姐一樣，大我五歲整。我們村一九五八年成立初級小學，為了加強掃盲，便讓不滿十五歲的孩子都上學了。與大我四五歲的孩子一起上學，可以知道許多超前的東西。每逢老師去鎮上聯區學校開會，山中無老虎，大孩子稱霸王，帶領我們玩得天昏地黑的。他們踢毽子，我們小孩子負責撿回踢飛的毽子，爭先恐後的，算是加入了大孩子玩耍的行列，興奮不已。有時候，他們玩耍得笑彎了腰，我們小孩子卻不明白其中的奧秘。比如，他們把毽子踢到頭上、肩上、肚上、膝蓋上、腳上，有時男生撞到了女生身上或者女生撞到了男生身上，尤其往肚子上踢毽子，個個把肚子挺出去老遠去接住毽子，一下子對上了異性，他們會笑得發瘋，搞得我們小孩子們莫名其妙。踢輸了，輸家要說些逗趣的話，讓大家都笑了，再接著玩。有一次，存鳳那組輸了，說了很多笑話，對方繃住勁兒偏偏不笑，存鳳急得不行，學起公雞打鳴兒，可是對方還是不笑，於是，她提高了嗓子：

「哥兒——哥兒——，紅逼黑眼兒——」

她嘹亮的喊叫過去，先是一陣驚呼，而後笑聲驟起，一波接一波，在場的人都笑得前仰後合，有的笑軟了身子，倒在地上打滾兒。笑聲過後，存鳳才覺得方才的賣瘋過頭了，臉色頓時發白，哀求大家說：

「今天的話，誰也不准說出去，讓老師知道了。」

「行。」大家應聲說。

「還有是以後也不准亂說，讓家裡大人知道了。」

「誰說出去，爛誰的嘴！」有人仗義地附和道。

「好，誰說出去，爛誰的嘴！」大家高聲附和道。

但是，畢竟是小孩子的賭咒發誓，還是有人不怕爛嘴，把存鳳的話說了出去。三法大爺聽說了，關起門來把存鳳打了一頓，放話說存鳳要是再在外面瘋，「非修折她一圪枝不可」！存鳳蔫兒了幾天，活潑的天性又復活了，只是再沒有說那種瘋瘋癲癲的話。但是，不管上課還是玩耍，她都會準時提前回家，給全家人做飯，這是三法大爺答應存鳳上學的條件之一。四年初級小學上完，我們幾個年紀小的孩子去平川念高小，她們六七個年紀大的就都呆在村裡，很快就談婚論嫁了。我們那裡歷來男性多於女性，存鳳她們幾個都上了初小，上門來說媒的「踢破了門檻兒」。存鳳在村裡算是長得順眼的女孩子，在選擇對象時有自己的標準，不料一樁完全不容她選擇的婚事降臨到了她的頭上，並像大火蔓延般地殃及到了全家。

前來提親的是本村人，名叫小瘦，其實人原來並不瘦，因為那是個挨餓的時代，餓也餓瘦了。小瘦姓蘇，是村裡的老住戶，他家的院子離三法大爺家幾十步遠。他長得又黑又瘦，身體比較單薄，臉色很少有和顏悅色的時候，比起白白胖胖、豆蔻年華的存鳳，哪裡說得上般配？他比存鳳大八九歲，還結過婚，因為經常暴打妻子，後來離婚了。我記得他們最清楚的一次打架，是小瘦把媳婦打得頭破血流，媳婦捂著腦門兒上的血窟窿跑回了娘家，再也不敢回來，最後把婚離了。小瘦的那次「家庭暴力」在村子裡引發了很大反響，連一貫厚道的母親都評論說：

「小瘦心黑，打媳婦下手這麼狠！」

可想而知，存鳳不同意這樁婚事早在預料之中。可想而知，三法大爺不同意這樁婚事早在預料之中。可想而知，全家人不同意這樁婚事也早在預料之中。

小瘦早年失怙，母親一手把兄弟兩個拉扯成人，母親是本村姑娘，為人本分，名聲不錯，但是兩個兒子與母親的為人頗有差距，為人處事總是讓人說三道四。小瘦娶來的第一個媳婦，用母親的話說是「高高大大，白白淨淨」，誰知道兩個人就是沒有緣分，動不動就吵架，吵架就打架，打架總是小瘦「下得狠手」。因此，存鳳和三法大爺死死咬住小瘦有暴力傾向這點，就是不答應這門婚事。

後來，小瘦讓媒人替他下保證：婚後要是敢對存鳳動一動指頭，叫他不得好死。存鳳回話說，她不敢冒這個風險，真打了也只能白挨；三法大爺說，到時候小瘦他動手打了女兒，我這老不中用的也擋不住呀。

再後來，小瘦讓媒人替他下保證說，婚後家裡一切由存鳳做主，他要是食言，叫他爛舌頭。存鳳把內心的話說出來了：男方結過婚，她還是黃花閨女，而且男方比她大八九歲，她想一想都害怕。三法大爺則放話說，他的大閨女嫁到本村就沒有好結果，把他折騰得人不人鬼不鬼的，他不能再把小閨女嫁到本村，弄出一個更壞的結果，那可就把他折騰死了。

這麼由媒人倒來倒去地折騰了一年，三法大爺看出來小瘦是下定決心要娶自己的小閨女，便和存鳳商議好，再有來提親的，只要條件比小瘦家好，就應了，讓小瘦死心算了。

卻說小瘦離婚已經四五年過去了，托人四處說媒根本找不到媳婦，眼看眼前一個鮮活的黃花閨女就要飛了，使出了「殺手鐧」：不讓存鳳家活得舒服。一開始是不給三法大爺家拉煤，三法大爺便帶著兩個兒子到鎮上的煤窯挑煤。小瘦一看這招不靈，就想著法兒給三法大爺和兩個兒子派重活、累活。可是，三法大爺家的人不怕苦不怕累，忍著把分派的重活、累活都幹了。小瘦發現這招還不行，就索性不讓三法大爺全家上地掙工分了！他是生產隊長，他不派活兒，社員就只能在家待著。這招太損，太黑，在晏理這個和諧的小山村，是史無前例的。三法大爺以為小瘦只是嚇唬嚇唬他，便沉住氣在家歇著。過了幾天，三法大爺眼看他、大兒子、二兒子和小女兒四個勞動力都在家窩著，有些沉不住氣了。尤其大兒子，已經分出去過日子，兒媳婦一直在和兒子鬧不和，幾次跑回娘家不回來，婚姻隨時會破裂。他只好去大隊請求解決問題，大隊要他去找包隊幹部解決，說包隊幹部是本村人，對事情知根知底，解決起來容易。三法大爺去找包隊幹部，包隊幹部說，小瘦也不容易，離婚四五年了找不上個媳婦，你女兒也到了談婚論嫁的年齡，不如成全了算了。三法大爺聽了，說：

「嘀——嘀——嘀，我早知道你們官官相護，嘀——嘀——嘀，悔不該來丟這老臉！」

三法大爺只好請求他信得過的老夥計，包括我的父親，出面去求情，要小瘦放過他們全家。但是，他的老夥伴都是老實人，幹活兒一個頂倆，斡旋和調解這種事情，只會講個直理，曲裡拐彎的話說不出個子丑寅卯，因而個個興沖沖而去，灰頭耷腦而回。父親替三法大爺向小瘦求情回到家，連連唉聲嘆氣：

「唉，小瘦怎麼變成這個樣子呢？就算他平時行事有些忤逆，也不能霸道到不讓一家人上地掙工分啊！沒有公分，一家人分不到糧食，喝西北風嗎？這個鳥社會是怎麼了？我活了這麼大，土匪和老皇都打過交道，他們還會給人留條活路，這小瘦就比土匪和老皇還惡，眼看著一家人餓死嗎？」

父親替三法大爺設身處地地想，還能想出這樣一堆話，不想他自己後來也遇到了同樣的問題，管用的辦法不多，還給我寫信，要我在北京告狀討個公道！不過，這話已經另當別論了。

且說三法大爺眼看到了窮途末路，便回了一趟老家陳張溝，打問他能不能帶著全家返回老家。說起來是老家，可是三法大爺搬走幾十年了，老根基早沒有了，年輕一代覺得多一事不如少一事，不敢貿然答應。小瘦知道三法大爺打算帶上一家人遷移，趕緊托人告訴陳張溝的幹部，說這邊不開遷移證，那邊敢接受他們一家，他就到公社和縣裡告去。

那些日子裡，三法大爺實在憋悶得難受，便偷偷溜到老婆的丘子旁邊吸悶煙，一袋接一袋，吸得嘴都麻了也毫無辦法。後來，懂事的存鳳看出來不嫁給小瘦，這個家就要完了，只好和三法大爺說：

「爸呀，應了吧。」

「嘀——嘀——嘀，不應，嘀——嘀——嘀，死都不應。」

「應了吧，我從旁察看小瘦，他是真心的，我到他家受不了甚氣——」

「嘀——嘀——嘀，你不受他甚氣，嘀——嘀——嘀，我可要嘀——嘀——嘀，受他一輩子氣。」

「我嫁過了，他叫你大爺了，還能受什麼氣？」

「嘀——嘀——嘀，我看見他就嘀——嘀——嘀，有氣！」

「成了一家人，氣慢慢會消的。」

「嘀——嘀——嘀，反正我是嘀——嘀——嘀，死都不會答應的。」

「爸呀，你就只當心疼我吧！」

這樣一來，存鳳反倒成了哀求的一方。三法大爺一看女兒要鐵心跟小瘦了，知道這樣僵著不是個辦法，就把全家人叫在一起，說：

「嘀——嘀——嘀，小瘦那個黑心鬼嘀——嘀——嘀，是怎樣治咱們家的，嘀——嘀——嘀，你們都親身嘀——嘀——嘀，領教了。嘀——嘀——嘀，你們願意存鳳嘀——嘀——嘀，嫁給他，嘀——嘀——嘀，我現在不管了。嘀——嘀——嘀，可是，嘀——嘀——嘀，我一輩子嘀——嘀——嘀，都不會搭理他，嘀

——嘀——嘀，不會饒過他，嘀——嘀——嘀，我有甚過分的地方，嘀——嘀——嘀，你們不准怨懊我。嘀——嘀——嘀，這口氣，嘀——嘀——嘀，我咽不下去！」

三法大爺說到做到，存鳳出嫁、生孩子、做生日等等重要活動，他一概不參加；把存鳳娶到手，小瘦倒是沒敢虧待存鳳，從來沒有像對待第一個媳婦一樣，動不動就動手打人，而且真的把全家交給存鳳管，由存鳳作主。存鳳給小瘦一連生了兩個白胖的兒子，小瘦對待存鳳更加溫和，算得上和諧夫妻了。然而，這些都不在三法大爺的眼裡，他就是不搭理小瘦。小瘦去走親戚，熱情地叫他「大爺」，他扭頭就從家裡出來，寧願到大兒子家裡找飯吃，有時甚至跑到五里之外的寶鳳姐家躲清淨。一個村裡的，抬頭不見低頭見，小瘦見了三法大爺上趕著「大爺大爺」地叫，可他從不答應，扭屁股就走開了。久而久之，三法大爺成了村裡人眼中的「老怪種」，都說他把事兒做絕了，話中有了幾分貶義。

七、隨你的便

不過，在耕耘自留地上，村裡人說三法大爺把事做絕了，卻沒有任何貶義。大饑荒後期，上面把收走的自留地還給了村民。自打分得了自留地，三法大爺就開始了拾糞活動。他每天早上天不亮就起床，背了籮頭，拿了糞叉，沿了一條路走出五六里，然後再返回來。今天西征，明天東征，後天北征，大後天南征，四面八方輪著出征，有時撿到三兩泡牛糞或騾馬糞或羊糞，有時白跑一趟，但是他從不間斷。他在很長時間裡是村裡的車把式，每次去拉煤，他都會帶上一隻籮頭，在路上見糞就拾，往往收穫不錯，半籮頭糞是常有的。每次集體掏淨了茅廁，他都會挑兩擔水，倒進茅廁，把茅廁底兒涮了，把稀水般的茅糞打撈上來，一層雜草一層茅糞摻合起來，再把平時拾的各種糞添加上，在自己院子的僻靜處漚起一堆肥。

春天來了，他把積攢的肥料送往地裡，然後抽工碼法兒到自留地掘地、下種、間苗、鋤地和耨地，把自留地侍弄得熨熨貼貼，像一塊梳理精緻的地毯。五月到了，小苗一棵棵鑽出土層，茁壯成長；一進六月，他家的自留地不管什麼莊稼，都長得墨綠墨綠的，和周圍集體地裡的面黃肌瘦的莊稼相比，如同癩痢頭上的黃毛生出了一片油亮的黑髮一樣讓人覺得奇怪。大夏天，日頭曝曬，他幾乎每天都不歇晌午，到自留地裡勞作，有人見了擔心說：

「大中午，地上紅蹦蹦的，你不怕把莊稼糟蹋了？」

「瞎說，嘀——嘀——嘀——莊稼是有靈性的，你伺候了，它們都領情。」他回答說。

但是，有的隊幹部對他一心撲在自留地上漸漸產生了意見，認為他上公家地裡幹活了是「瞎圪影」，混公分，影響不好。正好有一段時間學大寨，在工分上實行「自報公議」，他們便把三法大爺的工分壓得很低。但是，這絲毫動搖不了三法大爺耕耘自留地的勁頭。有一次，秋收時節，他外出拾糞一無所獲，便拐到自家的自留地摘了些豆角往回走，路過一塊集體地時，看見一片玉米被人偷了，地上掉了兩個小玉米穗，便鑽進去撿了放進自己的籮頭裡，又順手撇了幾穗。到了二十世紀六十年代後期，這種行為司空見慣，平常稀鬆，只要不讓巡秋的逮住就沒事兒。再說，巡秋的差事這時基本上是輪著幹，說不準誰就犯在了誰手裡，多數也睜一隻眼閉一隻眼，見了權當沒有看見，能饒人處且饒人。

然而，凡事皆有例外。那段時間，小三叔從部隊復員回來不久，因為心臟不夠結實，總是心慌，隊裡便把巡秋的差事交給他，讓他圖個輕鬆。偏偏這個小三叔在部隊是積極分子，腦子被洗得左左的，回到村裡還水土不服，巡秋的差事幹得很認真。這就是不是冤家不聚頭了，那天三法大爺偏偏讓小三叔抓了個現場。那是一條從山腳通到三法大爺家窯頂上的羊腸小徑，一邊緊靠莊稼地，一邊有一道仗把深的塄溝；兩個人錯身而過都得倍加小心，否則就會把靠邊的一方擠到塄底去。三法大爺一時呆住了：他剛剛從莊稼地裡閃出來，小三就黑著臉站在了他跟前。

「你籮頭裡有甚東西？」小三叔問道。

「嘀——嘀——嘀，幾把嘀——嘀——嘀，豆角，嘀——嘀——嘀，幾圪筒嘀——嘀——嘀，玉茭。」

三法大爺照實說來，結舌得一塌糊塗。

「玉茭在哪裡擩的？」

「嘀——嘀——嘀，自留地。」

「瞎說！你是種自留地的好把式，你家自留地的玉茭穗長得尺把長，誰不知道？你看看，你籮頭的玉茭幾寸長，滿打滿算也不夠半尺，能是你家的嗎？再看看那些玉茭穗的殼兒，黃巴巴的，能和你自留地黑漆漆的玉茭比嗎？」

「嘀——嘀——嘀，這是嘀——嘀——嘀，怎麼說呢？」

「你偷公家的玉茭，怎麼說的！」

「嘀——嘀——嘀，別說這樣難聽，嘀——嘀——嘀，給自己抓撈，嘀——嘀——嘀，抓撈點吃的，不是讓大饑荒餓怕了嗎？」

「說得輕巧，給自己抓撈！都像你這樣來公家地裡抓撈，公家地裡還收糧食嗎？大饑荒又不只你一個人經過！」

「嘀——嘀——嘀，這不是趕巧了嗎？嘀——嘀——嘀，你看看，嘀——嘀——嘀，有人去抓撈了，嘀——嘀——嘀，一大片玉茭，嘀——嘀——嘀，掉在地上兩圪筒，嘀——嘀——嘀，我撿起來，嘀——嘀——嘀，順手多抓撈嘀——嘀——嘀，幾圪筒，就這麼點事兒嘛。」

「你還有理了？」

「嘀——嘀——嘀，那倒不是，嘀——嘀——嘀，抓撈就是抓撈，嘀——嘀——嘀，不占理，嘀——嘀——嘀，沒有自己種嘀——嘀——嘀，自己收占理，嘀——嘀——嘀，可是如今地都成了，嘀——嘀——嘀，公家的了，嘀——嘀——嘀，咱就在公家地裡幹活兒，嘀——嘀——嘀，抓撈只是占點便宜——」

「那就到隊部說說理，看全村人答應不答應你占這種便宜！」

「嘀——嘀——嘀，算了吧，嘀——嘀——嘀，就這一次——」

「逮住你了，就這一次，逮不住你的時候呢？」

「嘀——嘀，話不能這麼說。嘀——嘀——嘀，照你說，嘀——嘀——嘀，我不成了慣偷了？」

「你以為你家名聲有多好嗎？哼，當初我非要離婚因為甚，你倒忘記了？」

「嘀——嘀——嘀，小三，嘀——嘀——嘀，做人不能昧良心！嘀——嘀——嘀，寶鳳可是為了，嘀——嘀，你好啊！」

「你還想秋後算帳嗎？她是為了我好嗎？她是給軍人抹黑，讓部隊領導批評我，提不了幹，還是為了我好嗎？」

「嘀——嘀——嘀，那是村幹部不好，嘀——嘀——嘀，瞎給部隊寫信，嘀——嘀——嘀，壞了你的事兒。嘀——嘀——嘀，他們要是不瞎寫信，嘀——嘀——嘀，部隊在幾千里外，嘀——嘀——嘀，怎麼會知道呢？」

「我知道，我回家了，村裡人都在背後說我有個小偷媳婦，我丟不起人！」

「嘀——嘀——嘀，都過去了，嘀——嘀——嘀，算我理虧，嘀——嘀——嘀，你高抬貴手，嘀——嘀，放我一回吧。」

「不行！到隊部說理去，說清了再放你。」

「嘀——嘀——嘀，好歹咱兩家，嘀——嘀——嘀，擱過親戚，嘀——嘀——嘀，你就這樣嘀——嘀，狠心嗎？」

「別提那些陳穀子爛麻子的事兒。」

「嘀——嘀——嘀，你這不是存心要丟我的，嘀——嘀——嘀，老臉嗎？」

「做都做出來了，還怕丟臉？」

「嘀——嘀——嘀，非去不可？」

「非去不可！」

「嘀——嘀——嘀，那我栽到塄底死了吧！」

「隨你的便！」

曾經的岳丈和女婿僵住了。兩個人都把臉別向一邊，想著各自的心事兒。一個想怎麼就偏偏碰上這個別種了，杠種了，撞爛了圪腦也不知道彎彎脖子；另一個想你今天犯到我手裡了，我就要公事公辦，看你那張老臉往哪裡放。僵持了好一會兒，三法大爺向旁邊丈把深的崖溝瞥了一眼，覺得就是跳下去也死不了，弄個殘廢活受罪，連累女兒，最後心一橫，冷笑一聲，說：

「嘀——嘀——嘀，你們想讓我死，我偏偏不死。嘀——嘀——嘀，好死不如賴活著，嘀——嘀——嘀，我倒要看看誰活得過誰！」

「好啊！那就扛上籮頭走吧。」

小三叔從部隊回來後，當上了大隊幹部，順理成章地成了村裡的包隊幹部。那天正趕上下了早工，他把隊長、副隊長、婦女隊長、小隊會計和保管員都叫齊，打算以三法大爺為靶子，展開批評，殺一儆百，教育全村，保衛秋收。大家正在吃早飯，幹部們端著碗來開會，見了這種場面有些吃驚，因為三法大爺和小三叔畢竟做過親戚，小三叔這樣做是趁機報復還是大公無私，大夥兒嘴裡吃著飯，心裡滿是心思。小三叔正要講話，小瘦端著碗闖了進來，本來一貫陰沉的臉，這下黑得像鍋底。他和小三叔在村裡是一撥人，其他幹部年紀都比他小。他環視一周，眼睫毛扇了幾下，把臉上的那股黑氣越發顯露出來，說：

「哼，噥嘻，幹部誰沒當過！如今的幹部怎麼當的，你們當我不知道？噥嘻，當初你們有人告我的黑狀，說我監守自盜，噥嘻，如今當幹部的誰敢說沒有多吃多占？誰敢說沒有監守自盜？噥嘻，不要逼人說出老底兒來，大家臉上都沒有光！大爺，走，看看誰敢攔你！」

小三叔被這突如其來的打攪弄暈了，向前跨了一步，想攔住小瘦理論，但是小瘦一把把他推開，吼道：

「你他奶奶的當兵當傻了，好歹人家的閨女給你當過媳婦，還給你生過一個閨女，你這樣幹不怕老天爺打響雷把你劈了？」

小三叔被小瘦罵得臉上一陣青一陣紅，愣怔著，但是三法大爺沒有動彈，還在原地蹲著。小瘦沒有遲疑，一把拿起那個籮頭，一下子翻過來，把那幾穗玉茭倒出來，拿上籮頭逕自走了。

八、哄來哄去，哄住自己

我從中學回鄉務農的時候，我已經叫三法大爺「大爺」了，因為二姐嫁給了三法大爺的二兒子寶富。這樁親事是父親一手促成的，父親認定三法大爺一家能吃苦能幹活兒，這個社會只有吃苦受累才能傷浪孤掙活下去。二姐不滿意這樁婚事，婚後動不動就回家哭，說都是父親的錯，讓他嫁了一個沒救的人，她這輩子算是完了。二姐有時也和我抱怨，我就和她講：

「寶富做事是不愛動腦子，可是長相配得上你，有力氣，不偷懶，由你當家，婚事哪有十全十美的？」

「他爸爸偏心眼兒，總是向著他的小兒子。」二姐對三法大爺一向不滿意。

「當家長的哪有不偏向小兒子的？」我說。

「你怎麼總是和別人不一樣，說話不會向著自家人。」二姐一貫認為我和別人不一樣，我就索性說話嗆著她：

「你和我們早不是一家人了，你和寶富才是一家人。」

有時候，這樣的鏘鏘幾句，二姐的氣便消了一些；有時候，她會氣上加氣，氣得嘴唇直哆嗦，父親在一旁看了心疼，也只能唉聲嘆氣。農村的婚姻十之有九是在磕磕碰碰中維持下去的，離婚畢竟是不得已的事情，更何況婚後早早便有了孩子，婚姻的矛盾在撫養孩子的過程中就磨下去了。

不知道是不是親戚的關係，三法大爺見了我從來笑眯眯的，總要嘮叨幾句。也可能是他已經給三個孩子都說上了媳婦，房子好歹都修了一所，心情輕鬆了吧。這在當時是非常了不起的，因為修房和說媳婦都要花錢，而生產隊的工分值越來越低，三法大爺怎麼省出這些錢糧，至少父親和母親都很佩服，因為我家就我一個男孩，修房和說媳婦遲遲不見行動，都是因為錢糧不足。他為人處事有了一套，不管別人背後議論什麼，依然我行我素。比如幹活兒，他以幹好為準，隊長愛給多少工分就多少工分，他從來不去爭吵。比如他吸煙，不管別人帶不帶行頭，他的煙袋總不離身。有人吸煙，但是不備行頭，總借他的行頭過癮。三法大爺不怕別人吸他幾袋煙，卻也不情願別人吸他的煙，所以給人煙袋時總是瞪起眼睛，說：

「嘀——嘀——嘀，吸煙不備煙，活個沒皮臉！」

別人聽了一笑，回擊說：

「吸你一袋煙，瞪起綠豆眼！」

三法大爺待我例外，從來不等我要，就會把煙袋塞過來。花了家裡幾百塊錢，到頭來還是回家種地，務農的情緒自然很惡劣。可是，你能怎麼著？學著種地吧，地不是自己的，今天你賣了多少力氣，也是固定的工分，就漸漸學會了隨大流；隨大流自然也包括吸煙袋。我剛剛從中學回家，只能掙七分工，和三法大爺幾個五十多歲的人列為一個檔次，在一起幹活兒的時候比較多。一旦他看見我幹活不到位，讓我吸上一袋煙，便會給我示範，姿勢、力度、角度，他都點撥。

「學東西不能日哄自己，要麼不學，要學就學出個樣子。學好了，出多少力氣，那是另一回事兒。社會變了，日哄社會行，但是不能日哄自己。」

我知道他是為我好，我聽了無話可說，只是笑笑，他覺得這是尊重他，很受用，便會主動地問我：

「嘀——嘀——嘀，再吸袋煙提提神？」

多虧集體化沒有集體到他的院子裡，他便在自家院子裡種煙葉，而且他在院子裡種的煙葉是一景，長得半人高，葉子鍋蓋似的，稈子如同火柱一樣粗。他的煙葉很有勁，冒一口嗆人，吸兩口頭暈。我接過他的煙袋，開始時只敢吸幾下空煙袋，後來才能吸半袋煙，吸到一半遞給他，他接著吸，決不允許你把沒有吸乏的煙磕掉了，否則他再也不會讓你碰他的煙袋。幹農活兒很無聊，集體地上幹農活兒更無聊，哪有「廣闊天地大有作為」一說？現實是生活的老師，一切虛假的、荒謬的、蠱惑的、無聊的口號，都會被現實一一揭穿。你看穿了又怎樣？還不是頭頂老爺兒，腳踩土地爺？鬱悶了，學著罵人吧。罵人不犯法，罵了心裡痛快。念過幾天書，罵人自然和別人不一樣，別人罵人一句話一個粗字，我光說話都能一句話帶出三個五個粗字。三法大爺一旦聽見了，就會瞪我一眼，說：

「嘀——嘀——嘀，念過書的人，怎麼比我們這些欺負土坷垃的人還口粗！」

我厚起臉皮笑笑，學著他的口氣，說：

「吸袋煙提提神？」

他把煙袋遞過來，說：

「嘀——嘀——嘀，吸煙不備煙，活個沒皮臉！」

「吸你一袋煙，瞪起綠豆眼！」

我借別人的話回答，從來不苟言笑的他，這時會笑得很開心。除了他主動指導我農活兒，我只主動向他請教過一回事情。我回村務農不久，趕上他入社時交公的那頭黃牛壞了一隻蹄子，什麼活兒都幹不了了，在圈裡治理和將養了幾個月不見好，卻吃得油光水滑，一身好膘。按過去村中的習慣，幹了一輩子活兒的牛只能賣掉，但是牛成了公家的，大家都有份，它成了唐僧，村裡人都成妖怪，都想吃它的肉，幹部們就決定殺了吃。那是一頭幹活兒特別下力氣的黃牛，大骨架，前肩高後臀低，拉犁拉車都很賣力。我曾經趕它拉過幾趟煤，特別好使喚，根本不用鞭子驅趕。有一次上一個坡坎兒蹄子打滑，前腿跪了下來，那個坡坎兒很滑，它用膝蓋掙扎幾下，硬是上了那個坡坎兒。它的蹄子不明不白地壞了，我很納悶兒。我聽說不久要請殺牛的來殺那頭大黃牛，便請教三法大爺說：

「很奇怪，大黃牛身強體壯的，怎麼會單單壞了一隻蹄子？」

「你去拉過煤吧，沒有看見那些趕牲口的是怎麼打牲口嗎？照準了蹄葫蘆打！那是牛最疼的地方，打疼了，牛不是走得才快嗎？可是，那是能挨打的地方嗎？那是最嬌嫩的地方！」

「你是說，大黃牛的蹄子是有人故意打壞的？」

「說不準，現今的人都壞了心眼兒，要不它和我一樣，就是個挨刀的命！」

我受祖母影響，一輩子怕看殺生，因此村裡屠宰大黃牛的那天，我沒有趕去看熱鬧。聽說，大黃牛被牽到河底屠宰現場時，一路都在流淚。劊子手一鐵錘打在它的腦門上時，別的牛都是一下子倒在地，它卻是前腿先跪下，頭直直地伸向前方，過了一會兒才倒了下去，把劊子手都嚇了一跳。

全村人都蜂擁去分肉，回家剁丸子吃。上年紀的人就兩個人沒有吃大黃牛的肉，一個是三法大爺，另一個是我的父親。

整個七十年代，三法大爺基本納入了掙工分分紅的行列，他一直是他那個年齡段掙工分最高的一個，一年四季很少歇工。他學會了在集體地裡怎樣幹活兒，在自留地裡怎樣幹活兒，因而他時常感慨，而他的感慨成了村裡名言，據說傳遍了全公社，一個書記還在大會上引用過，那就是：

「人哄地皮，地哄肚皮，哄來哄去，哄住自己。」
他說這句話，從來不結舌。

九、他到底死在我前頭了

上世紀八十年代，儘管土地到戶時三法大爺即將進入古稀之年，卻是他老而彌堅重新綻放的春天。他成了家庭的勞動模範，上下工不用隊長吆喝，幹什麼活兒不用隊長安排，幹活的品質不用隊長檢查。他在三個兒子家裡輪著住，三個兒子都很歡迎他，因為他把每個兒子的地都耕種得年年豐收。兒子們只需把肥料運到地裡，手頭活兒他全包了。包產到戶後，全村畝產第一個達到六百斤的，是他第一個創造的。他獨往獨來，身體結實，但是聽說他的女婿小瘦得了重病，一次也沒有去看。小瘦死了，他對這個迫害過他也幫助過他的小女婿，絲毫沒有原諒，對自家人、對別人他都公開地說：

「嘀——嘀——嘀，他到底死在我前頭了！」

進入九十年代，儘管他的身子骨在自然衰老，腿腳不如過去靈便，他卻依然很少生病，每天依然上地幹活兒。我回家為母親奔喪時，在家逗留的時間比較長，碰上他幾次，問他的身體狀況，他說：

「嘀——嘀——嘀，一頓能吃兩碗飯，一時半會兒還死不了，嘿嘿。」

「那也還是注意身體為好，上不動地就不上了，該孩子們養活你了。」

「嘀——嘀——嘀，這社會還敢指望孩子養活你？嘀——嘀——嘀，不指著你的腦後蓋罵你，嘀——嘀——嘀，就算燒高香了！」

他的話也指我的二姐，因為她總是抱怨三法大爺偏心，只疼小兒子。我為此說過二姐多次，一點效果都沒有。風氣使然。當地的兒媳婦以謾罵公公婆婆為榮，且理直氣壯，「老早死」掛在嘴邊。我二姐相對還算約束自己的，抱怨都還在私下。不過，三法大爺也不指望兒子們和媳婦們的孝順。我曾代表二姐向他說過些抱歉的話，他聽了卻說：

「咱一輩子甚都掙不下，沒地沒房子傳給後人，人家兒女能在你死後把你埋進土裡，就不錯了。誰讓你無能，一輩子掙不下仨核桃倆棗呢？」

我鄭重地點一點頭，嘟噥說他說得有理，把社會看透了。但是，三法大爺記仇，而且記住的東西不會輕易忘記，默默地都記在心裡。儘管土地承包後，各家自己種地，過去的那些磕磕碰碰都在忙於經營自家的土地中慢慢化解，三法大爺對曾經的大女婿，也一直沒有原諒。上世紀九十年代後期，小三叔的心臟病總犯，有一次犯病栽倒在地上就再也沒有起來。這事兒傳到三法大爺的耳朵裡，三法大爺逢人就說：

「嘀——嘀——嘀，人用心太狠了，心就先死，不得好死！」

三法大爺說這話時已是耄耋老翁，口無忌憚，話說得難聽也沒有人計較，大家只說他越活越結實，天天就泡在地裡了。直到去世的頭幾天，他還在地裡幹活兒。一天早上他要起床，可是身體乏得要命，像是一夜沒有休息過來。他跟家裡人說他想在炕上多躺躺，不料這一躺就再也沒有起來，七八天過去，他就感覺大限到了。他在彌留之際頭腦依舊清醒，沒有什麼後事可安置，只是說：

「嘀——嘀——嘀，我活過他們了！」

二〇〇二年，三法大爺壽終就寢，享年八十六歲，是村裡父親那輩人最後一個去世的，也是那輩人中唯一個活到二十一世紀的。

第四部　天來大地來大，我當皇帝我最大

一、就是嫌哥哥家是富農

因為我們兩家都姓蘇，在很長一段時間裡，我一直以為當中院大爺是我的親大爺。兩家走得極近，每年大年初一，我的父親或者母親都會問我：

「去給大爺大奶磕頭了嗎？」

其實，這樣的問題是多餘的，至少在我來說是多餘的。在相當一個時間段裡，我對去給大爺大奶磕頭是很積極的，因為大爺大奶從來沒有讓我們白磕頭，五分錢的壓歲錢是一定要給的。小時候，五分錢意味著十幾個糖蛋蛋呢。懵懵懂懂地懂事後，我對磕頭作揖這樣的儀式漸漸地感覺害羞、害怕，哪怕有壓歲錢、仨核桃倆棗之類物質的引誘。但是，給大爺大奶磕頭，卻從來沒有任何障礙。這可能與從小培養的親情有關係。我叫大爺大奶的兒子鎖富哥哥。他長我八九歲，從小帶著我玩。稍大時，他帶我去附近的村子裡趕集、看戲，給我買好吃的。他上學比我早，儘管學習成績稀鬆，但是畢竟比我先學一步，常常拿起書端起架子給我講課，我聽得津津有味。現在回想起來，那是一種很不錯的啟蒙教育了，至少引發了我對書的興趣。

父親去找大爺，或者大爺來找父親，有事說事，說完走人。母親臨時借米借麵，或者大奶臨時借米借麵，彼此都是首選，而且都會在借東西的傢伙兒上把米麵堆得滿滿的，尖尖的，生怕虧著了對方。還米還麵時，又會把傢伙兒堆得滿滿的，尖尖的，生怕欠了對方。在飯場上，父親和大爺只要開口參與爭論什麼事情，總是一唱一和，共同對外。有時候，他們兩個人都喜歡和別人別幾句道，他們自己卻從來不會抬杠。需要倒借錢了，兩家只要一方有錢，總是對另一方說：

「我家還有幾個，你先拿去花。」

但是，這樣美好的溫馨的交往，漸漸地在我的記憶裡淡薄起來。我曾一度以為淡薄的原因是哥哥的婚姻。在村裡，父親一直是一個熱衷於撮合婚姻的人。這可能與父親自己的婚姻有關係。父親近三十才結婚，在上世紀四十年代的農村，差不多是在婚姻無望的狀況下僥倖娶到媳婦的。在哥哥的婚事上，父親格外積極，只要他能去張羅的，他都義不容辭。交涉彩禮，疏通關節，選擇婚期，他都參與了。這當然與大奶每天晚上來我家念道哥哥的婚事有關係。大爺是個粗線條的人，只要錢財解決了，其餘的事情就交給大奶張羅了，而大奶轉身就到我們家來商討辦法。

現在回想起來，那是一樁很困難的婚事，因為哥哥舉辦婚禮是在三年困難時期。那時候，女方要彩禮，糧食是第一位的，二斗小麥和二斗穀子外加一百斤玉米是必須的。在每天人均四兩糧食的饑荒時代，大爺大奶的三口之家，湊集二斗小麥、二斗穀子和一百斤玉米，和登天攬月差不多令人絕望。大人喊喊喳喳議論這樣的事情，我有一耳朵每沒一耳朵地聽，自然聽得懵懵懂懂的。他們的難處是後來我長大之後掂量出來的。當時，我最關心的是哥哥會娶來一個什麼樣的嫂子，有多麼俊俏，有多麼賢慧，會對我怎樣。哥哥會不會因為娶了媳婦，就不待見我了吧？因此，他娶媳婦那天，我想盡一切辦法往人堆裡鑽，試圖儘早地打量哥哥娶來的新媳婦。娶媳婦是成年人的活動，鬧鬧哄哄的場面小孩子家鑽不進去，鬧洞房時我還是被驅逐出來的「小孩子家」。不過，我還是逮住一切機會，跑到大爺大奶家看新嫂子。到了第三天，大奶首先注意到了我：

「啊呀，你看看，只顧忙了，把胡兒忘了！快來，我給你找個饃饃吃。」大奶說著，在屋子裡轉了一圈兒，變魔術似的，把一個大饃饃塞到了我的懷裡。「快吃吧，辦了一場婚事，吃了一頓雜麵餄餎，不敢指望宴席，你吃不到什麼好東西。誰讓咱家窮來著？照過去咱家有辦法的時候，你哥哥的婚事還不熱熱鬧鬧地辦三天？快坐在門墩上吃吧。」

我聽不懂大奶的話，因為我覺得哥哥的婚事辦得已經很熱鬧了，熱鬧得把我都淹沒了。我很餓，很饞，但是得到一個白光光的饃饃，覺得很了不起，應該先回家顯示一下。我還沒有來得及走，哥哥的新媳婦出現了。她穿了紅上衣，天藍褲子，渾身上下透著整齊。團團臉，面色粉嘟嚕的，稀稀的雀斑分佈在臉上各處，挺別致。兩道彎眉細細的，眼睛不大，鼻子有點翹。個子不算高，顯得兩條黑油油的辮子特長，好像她一抬腿走路，腳後跟就能踢住辮梢似的。因為大奶給了我一個饃饃，她因此注意到了我：

「你就是胡兒嗎？」

我使勁地點了點頭，生怕她再忽略了我的存在，對她傻笑了一下。她伸手摸了摸我的頭，打量我幾眼，說：

「你哥哥常提起你，說你很能。」她說。

我傻傻地站著，仰起脖頸兒看著。

「看樣子夠機靈的。」她又說。

我覺得臉上熱乎乎的，轉身跑了。

「常來玩耍呀。」她在我背後喊道。

婚後不久，我哥哥見了我，總是笑呵呵地問：

「你嫂子好看不？」

「很好看！」我答道。

哥哥聽了笑得合不攏嘴。哥哥的嘴本來就大，這下咧得更大了。看得出來，哥哥喜歡嫂子，在人跡稀少的地方，兩個人還並排相行，拉拉扯扯，村裡人碰見了，有人說他們騷情，有人說他們甜蜜，也有人說哥哥沒出息，一天起來圍著一個女人打轉轉。不管別人說什麼，我見了他們相跟著出出進進，心裡很受用，回到家裡忘不了和全家人絮叨見聞：

「哥哥真有意思，敢在村裡和嫂嫂牽手，也不怕人家笑話！」

「你親眼看見的？」姐姐們問道。

「當然！」我答道，不由得揚揚頭，好像自己也因此了不起了。

「我覺得紅燕配不上哥哥。」二姐說；二姐對村裡任何事情都有看法。

紅燕是新嫂嫂的名字，我聽姐姐們這樣說，感到很吃驚，大聲責問道：

「你們瞎說！她怎麼配不上哥哥了？」

「紅燕個子小，臉上有蠅子屎。」二姐說。

我聽了一下子不知道說什麼好，因為我看見哥哥和嫂嫂在一起走，哥哥確實高出嫂嫂一截子。嫂嫂臉上的小黑點點，比她嫁過來的那天多出來許多，好像也長大了很多似的，與哥哥站在一起確實有點不般配。我想為哥哥嫂嫂辯護幾句，卻不知道說什麼好。這時，母親開口道：

「你哥哥能娶到這樣的媳婦很不容易了。你大爺和你爸爸為娶到紅燕，和媒人磨了多少嘴皮子，往東傘村跑了多少趟？紅燕的爸爸早早地死了，她媽把他們兄妹養大很不容易，一心想給她找個好人家，一輩子過得舒心一些……」

「她跟了哥哥過不舒心嗎？」我問道。

「別的倒沒有什麼，就是嫌哥哥家是富農。」

「什麼叫『富農』？」我問道。

「哥哥家是咱村的富農，土改時定下的成分。紅燕家也是富農，她媽想讓她嫁給一家貧農。」

「為什麼？」我發問。

「你長大就明白了，我也說不清到底為了什麼。」母親答。

我轉向二姐，疑惑地看著她，聽她說什麼。二姐對村裡的事情知道得多，記得住，但是這一次，二姐搖搖頭，說：

「我也說不清楚，反正聽說村裡有人因為他們都是富農，欺負他們兩個，重活累活髒活都讓他們幹，紅燕為這個在家裡哭鬧，說在娘家因為家裡成分不好受氣，以為這裡村子小，人和氣，不會因為家裡成分高就給人氣受，想不到天下烏鴉一般黑，走到哪裡都一樣。早知道是這樣，她這輩子就不嫁人了。」

二、哪天真受不了了，我……

哥哥的婚姻只維持了兩年多。離婚後，哥哥在村裡悽惶地拖延了兩年，受不了歧視，便毅然決然地回了河南焦作他的親爹親娘身邊，大爺大奶成了無子無女的孤寡老人。

此後不久，大爺瘋了。

三年不到的時間，我好像也長大了。有一段時間，幾乎每天吃過晚飯不久，大奶就搖晃著兩隻小腳，來到我家，說不了幾句話，就會嗚嗚地哭一陣子。然後，一邊哭泣，一邊訴說：

「松斗，你快想想辦法吧。我是真受不了了。他大爺越來越不像話了。夜來黑來，他半夜裡把我折騰醒，讓我往麵盆裡挖了一碗麵，他尿在麵裡，要我和好，擀成麵條，煮了逼著我吃。我不吃，他就打我，捶我，說這是玉皇大帝給他的偏方，我吃了就能懷孩子。我不吃就是不想給他生孩子，讓他絕門戶。」

「他怎麼這樣子了？他怎麼這樣子了？」母親念叨說。我們小孩子家聽得心驚肉跳，再沒有人吭聲，都把目光轉向父親，希望父親救助一下大奶。

「你說他是故意的吧，他自己也吃那樣的麵條，還吃得有勁圪噠噠的。吃了就唱，現在越來聲音越大了，吵得滿院子都睡不好覺。好幾次，他都要半夜三更開門到院子裡唱，我攔他，他打我。在家怎麼折騰也好說，你說他要是跑到院子裡鬧去，那怎麼行呢？我挨了打，他過去那股勁兒，就睡去了。可是，現在看來，我是越來越攔不住他了。夜來黑來，他逼著我吃了那種麵，折騰我，可他快六十歲了，哪裡折騰得起來？折騰不動了，就扯著嗓子叫喚，非要到院子裡鬧，我因為攔他，給他打得滿身青疙瘩，你們看看？」

大奶捲起袖子，露出兩條胳膊，讓我們全家看她的傷痕。沒錯，她的胳膊上，到處是淤青，黑紫黑紫的，彷彿皮膚上塗了黑不黑藍不藍的顏色，一片一片的。我看見了只有吃驚和害怕。

「松斗，你快想想辦法吧，我是一點辦法都沒有了。給鎖富去了信，他也不回信，不知道他怎麼想的。他走的時候，他大大還好好的，他沒準以為我在騙他，逼他回來，可實在不是那麼回事兒。他走，還是我先放話的。我們不能再耽誤他，他在咱們這裡是再也娶不上媳婦了，只能去河南。他來過信，說正在說媳婦，等娶過了就來認親，還是我們的兒子兒媳婦，會給我們養老送終的。照說，鎖富的毛病歸毛病，可他仁義，心軟，是個孝順孩子。只是咱家是富農，如今處處受氣，他一個男孩子，沒有一點前程不說，連個媳婦都養不住。他走是對的，還虧他親爹親娘是貧農，有這條出路，要不，他這輩子怎麼活呢？」

父親長嘆了一聲，點燃了手裡的煙袋，有一口沒一口地吸了幾下，仍然沒有吭聲。大奶接著說道：

「松斗，你托人給鎖富寫個信，說說他大大的情況，讓他想想辦法，要不我不想活了。哪天真受不了了，我一頭栽到水窖死了算了！」

父親還是沒有吭聲，母親接了話說：

「想開些，想開些吧！過些日子他大爺會好的，會好的。」

大奶又絮叨了一會兒，哭泣了一會兒，起身一邊往外走，一邊說：

「都是我不好，沒給他們蘇家生養一男半女，讓蘇家絕後，自己的罪自己受吧。」

父親始終沒有說話，母親搖晃著身子把同樣搖晃身子的大奶送到街門口，目送她遠去；回到家裡，母親嘆口氣，說：

「好好一個家，怎麼就成了這個樣子呢？這日子多會兒是個頭呢？你怎麼不說話，他爸？要是哪天他大爺沒深沒淺，把他大奶打壞了可怎麼辦？瘋子的手下是沒有輕重的。」

父親還說沒有說話，最後對著我說了聲「睡覺去」，領著我回牛屋睡覺了。

三、死馬當活馬醫吧

大爺的瘋病愈來愈厲害，到底衝出了家門，在院子裡大喊大叫起來。每次瘋病來了，他便渾身一絲不掛赤條條地滿院子跑圈兒，一邊跑一邊唱，驚得全院子的人怨聲載道，放風說要狠狠地收拾他一頓，萬不得已，弄死他算了。但是，他衝出家門的時候正是寒冬臘月，人們棉衣棉褲地穿著還凍得瑟瑟發抖，他卻赤身裸體地在院子裡跑圈兒，念唱，撐腳舞手，一點也不知道冷，人們知道他由不得自己，只好把自己關在自己家裡，從門縫和窗子的小玻璃上往外張望。起先女人們還不好意思，吆喝孩子們躲到一邊去；不久，大爺赤條條地在院子裡發瘋的情形，變成了一景，很快便在村子裡傳開了。趕上白天大爺發瘋，人們就從街門縫往裡張望；有的乾脆跑到窯頭坡上面，從坡上向院子裡張望，看看大爺是不是真的脫光了衣服在院子裡跑圈兒。一個年近花甲的老頭兒的裸體，身上的贅肉鬆鬆垮垮，皮膚皺褶摞皺褶，實在沒有什麼好看的。但是，看熱鬧的人換了一撥又一撥，好像就沒有個盡頭了。暗中議論多的，是他的生殖器，因他的鳥兒很小，蛋子兒很大。鄉俗說：蛋大兒女多，雞大沒一何。他的蛋子那麼大，怎麼就沒有養下兒女呢？這樣的風言風語多了，看熱鬧的人愈發接連不斷了。大爺好像知道人們想窺探他什麼，他終於衝出了街門，在街門口的空地上發瘋病。

這下村子裡騷動起來，不安起來，不知道大爺的發瘋是凶兆還是吉兆。有的人說他裝瘋賣傻；有的人說他心術不正，借機反攻倒算；有的人說他辛辛苦苦一輩子，到頭來成了絕門戶，徹底垮了；多數人說他們老倆很可憐，尤其同情大奶，每天伺候一個瘋子，受盡了折磨。

我那時正在上中學，每次回到家，大爺在大街上耍瘋是家裡的頭號新聞和談論話題。大奶還到我家來訴苦，但是次數漸漸地少了，好像大爺不顧廉恥地在村人面前發瘋，也把大奶最後的一點尊嚴揮霍了。一天，我從牛屋趕著牲口上白坩泊池飲水，從當中院牛圈邊的路上走過，忽然聽見當中院裡一陣嚷嚷，轉眼間大爺就跑出了院子。只見他赤條條的，渾身一絲不掛，懷裡抱著一把黃色桐油布傘，從街門跑出來後，在街門前的平地上跑了幾圈，在中間地帶站定，把傘放在地上，兩隻手掌伸得筆直，右手在先，左手在後，抬至臉部，向裡拉，向下壓，沉底後向外伸，向上提，兩隻手不停地輪換；兩隻腳則向前走若干步，然後向後走若干步；一個年過花甲的老頭兒，動作笨拙卻一絲不苟，手腳不協調卻往復循環，從遠處看去，像一種莊重的儀式，令人毛骨悚然卻不乏敬畏。他一邊做動作，一邊念叨，然後就大聲唱起來：

「天來大地來大，我當皇帝我最大。玉皇大帝選中我，八月十五我朝中坐。三房四妾圍著我，兒孫成群樂呵呵……」

他念唱的詞句不斷變換，有些話我聽不懂，有些話我聽得懂，但是不管變換什麼詞句，「天來大地來大，我當皇帝我最大」兩句都放在開頭，唱得最響亮，最賣力。因此，聽得久了，好像別的詞句都沒有了，只有「天來大地來大，我當皇帝我最大」，回音嫋嫋，不絕於耳。

我完全驚呆了，牲口自個兒走上窯頭坡老遠，我才從驚愣中醒過來，飛跑著追去。牲口們悠閒地走向泊池，我跟在它們後面掉了魂似的，千頭萬緒不知道從哪裡整理。他就是那個平時寡言少語的大爺嗎？他就是那個待人和氣的大爺嗎？他就是那個不知疲倦一生勞作的農人嗎？他就是那個曾經的全村首富嗎？

太陽懸在西山頂上還有一竿子高，金黃的光芒透出一些疲憊，開始摻雜了淡淡的霞紅。四野的莊稼沉潛在綠色中。炎熱在消退，晚風不經意中吹拂起來。牲口們喝足了水，開始往回走。我想起來家裡家外談論大爺的瘋樣，和我見到的樣子有點對不上號。家裡人在說大爺真的活得不知羞恥，在一村人面前丟人現眼；可我看見他是在有條不紊地進行一種儀式。家外人說大爺的鳥兒和蛋子兒把村裡人都嚇壞了，大家都不敢看不能看不必看卻誰都看見了；可我——我這時才想起來了我剛才只顧觀看的大爺怎麼發瘋了，他赤身露體什麼樣子我看見了，可他的鳥兒和蛋子兒是什麼樣子，我竟然一點也沒有注意到！

不一會兒，牲口們回到了當中院街門前的空地，遠遠地躲開大爺，循邊走過。這時，我把大爺的鳥兒和蛋子兒看得真真切切。是的，他的鳥兒和蛋子兒不成比例，和我在中學課堂上看見的人體解剖圖上的鳥兒和蛋子兒，與他的絲毫沒有相像的地方。直到很久以後，我和村裡後來成為很好的醫生的「發小」蘇禮旺談起這事兒，才知道大爺得的是一種病。他和大奶沒有生養孩子，問題在他，而不在大奶。可承擔責任的，卻一直是大奶，受盡委屈的也是大奶。人世間的不平無處不在啊。

晚飯的時候，我把下午看見大爺發瘋的事情說了，全家人都沒有搭話。顯然，大爺發瘋在村裡已經不是什麼新聞了，見怪不怪了。暑假快完的時候，一天晚飯後，大奶來了。她還沒有忘記問我開學了沒有，要我好好學習，別枉花了家裡的錢。她沒有哭，也沒有像過去一樣訴說，只是嘆了幾口氣，對父親說：

「他說八月十五要去當皇帝，怕是真的了。這話他唱了快一年了，如今離八月十五還有一個多月，他就在準備衣服褲子了。」

父親這次開口說話了。

「我跟鎖富說好了，也跟你哥說好了。鎖富說會趕在八月十五前，帶上藥上來一趟，給他灌灌藥，把他的瘋病治一治。他出家不出家且不說，他的瘋勁兒越來越出格兒。前幾天夜裡跑到長生家院子去唱，說是長生把他鬥爭窮了，要跟長生算帳。長生隔著窗戶罵他，他不走，一直唱，後來長生跑到自家樓上，拿半頭磚往下砸，差一點砸在他的頭上。這些天他又跑到來旺家門口去喊叫，說來旺分了他的新東屋，他要要回來。來旺跟我說，他再去他家門口唱，他要叫上人把他捆起來，狠狠打他一頓，管教管教他。唉，咱不為別的，就為了他還能多活幾天，也得把這瘋病治一治啊。」

「能治好嗎？」母親問道。

「死馬當活馬治吧，總不能一直由著他吧。」父親說。

「能治好，那是再好不過的。他一輩子受累受罪，到頭來真讓村裡人因為他的瘋病把他弄出個好歹，一村人都沒有面子。」母親說。

「誰說不是呢？」大奶說。

「鎖富說他專門請醫生配的藥，大劑量，用猛藥，能治療過來。」父親說。

「那就好，那就好。哪怕把他治得躺在炕上，我伺候他都行。好歹都是個伴兒。他要是有個三長兩短，我活著越發沒意思了。」大奶說。

自打大爺瘋了，大奶來我家訴苦，這是最輕鬆的一次。

四、捆不住人嘴

等我八月十五回家過節，大爺正如大奶所說，躺在床上起不來了。大奶一天餵他三次米湯，他想喝就多喝幾口，不想喝就不張口。他還在唱，卻沒有了吆喝的聲音，只是默默地唱，如同學校的孩子念書念累了，最後只是在不出聲地默念。我很想去看看他，但是母親喝住了我，不讓我去。我問給他灌藥了沒有，母親說灌了，而二姐則把灌藥的全部經過講了出來。

越臨近八月十五，他瘋得越厲害，每次光著身子滿村地跑，弄得全村很不安寧。哥哥從河南上來時，大爺說哥哥來得正好，這下爺兒倆可以一起去當皇帝了。哥哥勸說他吃藥，他說他一輩子身體結實得像牲口，什麼藥沒吃過，如今要去做皇帝了，就更不吃藥了。哥哥說他腦子出了毛病，需要治療；他說他的腦子很清楚，玉皇大帝給他準備的做皇帝的寶座就在他的腦子裡，清清楚楚的，他都看得見。他赤身露體地跑到外面瘋唱，哥哥見了嚇得不輕，覺得給村裡人添了大麻煩，當天晚上就要他把藥吃了。但是，他不吃；哥哥大奶硬要他吃，他就發火，罵哥哥和大奶合夥害他。一家三口鬧了一整夜，大爺就是不喝藥。

到了第二天，哥哥先找他舅舅老群大爺商量，後找父親討主意，最後達成意見，晚上等大爺躺下，由哥哥按住，老群大爺和父親兩個人給他灌藥。可是，哥哥根本按不住大爺，儘管哥哥是二十來歲的小夥子，正當年，而大爺已是年過花甲的老人了。偶爾幾次，哥哥把大爺控制住了，可大爺就是不開口，餵到嘴邊的藥，他猛晃腦袋，把藥都灑了。哥哥說那藥很貴，這樣糟蹋幾次就全完了，只好暫時作罷。

到了第三天晚上，哥哥找了幾個年輕人，再次給大爺餵藥，還是沒有成功。幾個年輕人能把大爺按住，控制住，但誰都沒有辦法把他的嘴掰開。幾個年輕人折騰了半天，有人不禁嘆道：

「人家說捆得住驢嘴馬嘴，捆不住人嘴。我看呀，我們是掰得開驢嘴馬嘴，掰不開人嘴。」

「這話到提醒咱了！」另有人說。「鎖富你別在意啊，我說乾脆叫個獸醫來給你大大灌藥吧。獸醫給牲口灌藥的傢伙兒好使，也有辦法讓牲口張口。你要是叫個醫生來，他準和我們一樣，沒法兒給餵藥。」

趕巧那天一個獸醫來給村裡的老黑馬接生，當天晚上沒有走，哥哥就跑到我們家找到我父親，問我父親這個辦法行不行？人家會不會說他忤逆不孝坑害他大大？父親聽了愣怔了半天，不知道該罵哥哥，還是該誇哥哥。但是，父親親自去給大爺餵過藥，知道讓大爺吃藥有多麼困難。父親半天沒做聲後，想了想，還是陪著哥哥去牛屋找那個獸醫商量去了。獸醫是個見過世面的人，聽了父親和哥哥的要求，呵呵地笑起來。

「你笑甚？」哥哥問道。「我是正經來叫你的，我大大真的有精神病。」

「我知道你是認真的，只是這讓我想起來我的一次經歷。」這時，哥哥遞上了一支煙，那獸醫接過來，點上抽了一口，接著說：「沙河村的有個年輕癔症叫我去給他家的老驢看病，我就跟著去了。到了他家，我說：牽出來吧，在院子裡好看。他進屋子轉了一回，對我說：老驢不出來，還踢我。我說老驢踢你，你給他上嚼子呀。他又進屋轉了一回，對我說：我說給老驢上嚼子，他對我直尥蹶子。我聽了說：反了，上了嚼子還尥蹶子，夠烈的，看我怎麼治它！我和那孩子一進屋，看見他爸爸氣得鼓鼓，以為他爸爸也是因為沒法制服老驢在生氣，就說：老驢在哪裡？他爸爸說：老子就是老驢。我說你怎麼叫老驢呢？他說：我哪叫老驢？是他媽總說我老倔驢，這傻孩子缺心眼兒，跟著他媽叫我老驢。這兩天我身上不得勁兒，讓他去叫醫生，他把獸醫叫來了，又要牽我又要給我上嚼子，你說這傻東西，你不踢他幾腳能解氣？」

牛屋的煤油燈很暗，一陣過堂風把燈撚吹得東倒西歪，三個人的影子或長或短，屋子裡一時無語。過了一會兒，父親開口說：

「是這樣的，張獸醫，」父親說。「一個村子的人，抬頭不見低頭見，我們難下狠手，更何況也不知道怎樣下狠手就管用了——」

「嗨，你用手猛捏下牙關就管用。」獸醫說。

「怕是吃不準那個勁道。」父親又說。「再說了，要是捏住牙下關他還不張口，這招失效了，那還是不知道怎麼辦啊？你就去吧，只當是救個人吧。」

張獸醫只好答應了，不過一路上還在不停地嘮叨，說幸虧天黑，沒有人看見，要是白天人家看見一個獸醫去給人看病，還不傳成笑話？說話間他們來到了當中院，進了大爺家。大爺坐在炕上，一看進來幾個人，還有一個生人，知道今天晚上又要餵他藥，便嚷嚷起來：

「鎖富，你忤逆不孝，非灌藥把我灌死才稱心嗎？我沒病，早跟你說了我沒病！」

哥哥也不爭辯，上炕把大爺按住，父親從旁協助，那獸醫到底成天和牲口打交道，上手很快，加上手上的勁頭不同一般，從嘴頭下往上一伸手，就捏住了大爺的腮幫。他知道是給一個瘋子治病，下手猛一些，大爺的口一下子張得大大的，哥哥和大爺很容易就把兩包藥給大爺灌下去了。

大爺喝了那些藥，先是說胸口燒得慌，接著說所有人都在害他，給吃了鐵火星，要把他的腸子、心肝燒斷；後來，他一會兒清楚，一會兒糊塗；清楚時一口接一口往外吐痰，糊塗時滿口胡話，胡說八道，但是聲音越來越小，反抗的力量也越來越無力。再後來，他躺在床上不想起來，一陣清楚一陣糊塗，嘴裡念念叨叨，餵藥他就張口，不餵藥他就閉口，一點也不做反抗了。哥哥帶的藥，大爺都吃完後，大爺再無力氣起床了，一直在床上躺了一個月，才強努著起了炕，下了地，從家裡到外面曬曬太陽，整個人都脫了形，比大病一場的人還難看。他還在唱，只是自己念叨給自己聽，誰都不知道他在念叨什麼。見了人點一點頭，卻不說話，像一個心裡有數的啞巴的樣子。這樣將養了半年多，大爺才隔三差五地上地幹活兒，身子骨漸漸地硬朗起來了。

一九六八年夏天，我被一系列烏七八糟的口號從中學徹底地日哄到村裡務農的時候，大爺已經又成了村裡半勞力中幹活兒最賣力的人。

五、大個子是張部長，小個子是郭書記

那是一個早晨，太陽上來一桿高了，我才懶洋洋地挑著水桶，到泊池去挑水。早上的空氣裡包含露水的潮氣，周圍的群山蒼蒼茫茫，少見碧綠，更沒有隨風擺動的荊蒿和灌木叢。那是每年號召社員到山上搜刮荊蒿的結果。為了漚肥，這些山每年這個時候都會被徹底地圍剿一遍，荊蒿和灌木叢再難成長起來。

那時候，每天早上起來上地幹活兒，還要先集合起來，站隊，面向東方，向毛主席喊三忠於四無限，然後再回家拿農具，上地幹活兒。我在中學開始搞文化大革命時也搞這套，新鮮也神聖；後來全山西紅字型大小和聯字型大小因此鬧派性，文鬥加武鬥，鬧得不可開交，人們就顧不上向毛主席三忠於四無限了，三忠於四無限就跟拉屎拉尿一樣顯得麻煩了。但是，農村向城裡學習，縣城停止了，農村還在順著慣性走，冒傻氣。我對這一套早已不耐煩，回到家裡聽說莊稼人還搞這一套，遲到了還要扣早上幹活兒的工分，我就索性早上起來不上工，在被窩裡睡懶覺了。這樣做雖然在村裡人看來是懶漢行為，但是我覺得不影響吃飯，就我行我素了。說來有趣，村裡人見我為了躲避三忠於四無限，連早上的工分都不掙了，也沒有惹出什麼麻煩，就和隊長嚷嚷說：反正毛主席也看不見，咱們都別他奶奶的三忠於四無限了。沒過多久，全村人真的都不做了。

且說那天早上，我一步一蹚蹀地走上了窯頭坡去挑水時，看見大爺跟在兩具犁地的牲口後面打土坷垃。只見他蹬開前腿兒，拉足後腿兒，整個身子前傾，耙子吃土很深，在他的手裡耙過來，耙過去，一招一式都透著莊稼把式對土地的親切和熱愛。他耙過的地方，土坷垃不見了，犁溝消失了，新翻的土地平展展的。

一般情況下，一個人跟一具牲口打土坷垃，就夠累的。我知道，大爺一個人跟兩具牲口打土坷垃，是根據上面的政策，村裡人對他實行專政，在懲罰他。但是，他幹活兒的樣子，好像是自覺自願，好像在給自己家幹活兒，一點磨洋工的樣子都沒有。我擔著空桶，老遠看著他幹活兒，像欣賞一個人的手藝，心裡不覺酸楚起來：為什麼要這樣對待一個有病的老人呢？為什麼幹活兒如此自覺的農人，還要成倍地加重他的勞動強度呢？可他為什麼不能像別人一樣，幹活兒偷懶耍滑、應付差事呢？是他瘋了，還是我們大家都瘋了？還是上面的人瘋了還是下面的人跟著發瘋？……我不忍心再看下去，轉身向相反的泊池那邊走去。這時，我看見一隊人從泊池上面的路上走了過來。我一眼認出來他們是公社的幹部，領頭的是公社書記郭同山，其後是武裝部張部長，跟在張部長身後的還有兩個幹部，但是我都不認識。我下泊池打水的功夫，他們走過去了。等我從泊池下打水上來，他們停在了大爺勞動的地邊，正在熱烈地說些什麼，話音斷斷續續飄了過來。我索性把水桶放在地上，扁擔橫在肩上，兩隻手拉著兩頭的鐵鉤，豎起耳朵聽他們說些什麼。然而，儘管聽得見有人說話很熱烈，可是距離還是遠了點，我怎麼都聽不清楚。貿然趕過去又不合適，因為我畢竟沒有上公家地裡幹活兒，是在給自家挑水。等了好一會兒，他們一行才離去。我挑起水桶，走到岔路口，把水桶放下，向大爺他們的地塊走了過去。趕著牲口犁地的，一個是三法大爺，一個是來旺叔。他們見我向他們走過來，老遠就和我搭話：

「你知道剛剛走了的那幾個人是什麼人嘛？」來旺叔問道。

「公社幹部。」我答道。說話間我來到了他們的地界上，他們兩個停住牲口，向地邊走來，趁機休息一下。三法大爺吸煙當緊，到了地頭便從放在那裡的小布衫兒的兜裡掏出來煙袋，裝上煙葉，吱吱地吸起來。

「你認識他們？」來旺叔問我。

「郭書記和張部長認識，另外兩個不認識。」我說。

「哪個是郭書記，哪個是張部長？」來旺叔又問道。

「大個子是張部長，小個子是郭書記。」我說。

「就那麼一個小個子，他的草帽掛在梁泉大隊的大隊部，還能管那裡的幹部三天嗎？」來旺叔問道，很好奇的樣子。

「聽說是。」我答道。「大隊幹部看見他的草帽掛在大隊部，以為他在周圍一帶轉悠，說不準什麼時候就轉回來了，都老老實實地上地幹活兒，生怕郭書記來了逮住他們在村裡晃蕩。後來公社通知他們去開會，才知道郭書記早已去縣裡開會，領來了聖旨，要他們去聽傳達。」

來旺叔和三法大爺都嘿嘿地笑了。三法大爺吸完一袋煙，啵啵在鞋底上地磕掉煙灰，把煙袋遞給來旺叔，說：

「嘀——嘀——嘀——這些大隊幹部就得這樣的書記管著，嘀——嘀——嘀——要不他們整天在村裡溜溜逛逛，一天地都不想上，嘀——嘀——嘀——就知道大吆小喝地嚇唬老百姓，欺負老百姓。」

「還有的村幹部，專門跑到年輕媳婦家去搞人家呢。前年縣裡槍崩了一個大隊書記，公告上說他是『大隊書記進了村，家家戶戶都小心，有閨女的保閨女，沒閨女的保本身。』」我說。

「嘀——嘀——嘀——這是哪裡的事兒？」三法大爺問道。

「附城那邊的一個大隊。」我答道。

「嘀——嘀——嘀——這是一個什麼社會呢？嘀——嘀——嘀——當頭的沒有規矩，怎麼管老百姓？」三法大爺問道。

「可不！那傢伙把全村的年輕媳婦都搞遍了，一共搞了三十多個，後來把一個軍婚搞大肚子了，犯了事兒，要不現在還在亂搞呢。」我說。

「嘖嘖嘖。」來旺叔的嘴響起一連串的聲音，不知道他是享受煙葉的滋味兒還是在感嘆。

「他們剛才在和你說些什麼？」我問道。

「說我們犁地犁得不錯，尤其誇了你大爺。」來旺叔說。「那個小個子，按你說的就是郭書記，是個種地的行家，對你大爺耙的地很讚賞，說他的耙子扎得深，把土坷垃都耥碎了，算得上精耕細作。還說他勞動態度好，一個人跟了兩具牲口，應該樹立成公社的勞動模範。他還向你大爺喊了半天，可是你大爺只顧幹活兒，沒有搭理，然後他們問了你大爺的名字，才離去了。」

「嘀——嘀——嘀——官兒越大越沒有架子，」三法大爺說。「嘀——嘀——嘀——你看咱大隊的那些幹部，誰來過這地邊上問這問那？」

「嗨，村裡的幹部都一個逑樣，都是歪嘴和尚，把上面的經都念歪了。」來旺叔說著，把煙袋還給了三法大爺。隨後，兩個人溜達著走回牲口邊，接著犁地。我們一起說話兒的功夫，大爺一直在幹活兒，把兩具牲口犁出來的地，差不多都耙過了。看著他全力以赴幹活兒的樣子，我心裡說不清什麼滋味。

犁過麥地，回茬了豆子；不久就是刨土豆，平整土地，種麥子；這輪農活兒叫「忙三夏」。忙過三夏，趕在收秋前，郭書記在公社召開了一次階級鬥爭大會，號召全公社各大隊都要積極活動起來，清理階級隊伍。一下子，全公社搞得雞鳴狗叫，兔毛亂飛，大爺在這場清理階級隊伍中，被狠狠地鬥爭了兩次，最後一次差一點被來旺叔吊死。

六、讓民兵把他帶上來

我回到村裡幹農活兒不行，用父親的話說，我身上沒有一塊肉是硬的，拿起農具身上就發軟。做不成十分勞力，就做八分勞力，先鍛鍊著。但是我屬於基層民兵，公社無論開什麼會，我都得參加。七八里地遠去開會，我很煩，但是因為開會有工分，開會的厭惡就抵消了，只要隊長派我去，我就去。怎麼不是混工分呢？再說了，在縣城讀了五年書，回到小村務農，時間一長就覺得憋屈慌，去公社開會也等於散散心。但是第一次去公社開大會，就讓我的心提到了半空中，重重地摔在了地上。

宣佈大會開始後，郭書記登臺講話，嚴厲批評大小隊幹部嚴重脫離生產，影響惡劣。經過他半年多的下鄉調查，考察各個大隊的幹部上地勞動情況，他發現幹部不勞而獲的現象很嚴重，這是資產階級的腐朽思想在作怪，必須通過抓階級鬥爭來解決：

「梁泉大隊傳說我的一頂草帽的故事，你們知道是怎麼回事嗎？我到梁泉大隊去下鄉，把草帽忘在大隊部了。結果呢，大隊幹部看見我的草帽掛在大隊部，以為我在附近的大隊下鄉，說不準哪天就轉回去了，就天天下地勞動，怕我撞上他們在村裡閒蕩，在大隊部下象棋打撲克。那頂草帽在大隊部掛了六七天，他們六七天裡天天上地支應差事。後來聽說我在縣裡開會，他們終於鬆了一口氣，又開始擺架子，閒蕩，下象棋打撲克，一點共產黨幹部的樣子都沒有。

「人們說這是我的書記當得好，一頂草帽可以工作一個星期，可我認為這是我的恥辱，管不了這些村幹部，讓他們拿我當傻子耍。我把這個問題考慮了很久，最後得出結論，認為這也是階級鬥爭的表現，是階級敵人在和我們無產階級作對。事實證明，我考慮對了。梁泉大隊的支書黃永順，當了幾十年支書，原來是一個藏在無產階級幹部隊伍裡的壞人。現在調查清楚了，他解放前參加過閻錫山的民團，跟著閻錫山打過仗。閻錫山是誰？共產黨的敵人。他跟閻錫山的隊伍打仗，打誰？當然是打共產黨了。像這樣的人當了大隊支書，能跟廣大貧下中農一條心嗎？當然不會。今天，我們就把他揪出來，鬥倒鬥臭，讓他永世不得翻身！張部長，讓民兵把他帶上來！」

隨著郭書記一聲吆喝，幾個年輕力壯的民兵，一下子從台下把一個人扔在了臺上。禮義鎮每年要舉辦兩次集，那時候叫物資交流大會，實際上集上沒有什麼物資，更談不上什麼交流了。但是趕集的百姓怎麼也想圖個熱鬧，看一台戲，因此禮義鎮修了一個新戲臺。這個新戲臺比過去的老戲臺矮很多，但是一個人被幾個年輕人扔上去，還是摔得半天起不來，因為即便是在平地上這樣把一個百十來斤的人像扔布袋一樣扔出去，也會摔得夠嗆。我碰巧距離戲臺不遠，都能看見他呲牙咧嘴的樣子。緊接著，四個更加強壯的年輕民兵，身手矯捷地跳上戲臺，不由分說，如同老鷹抓小雞，把他從地上拽起來，有的揪頭髮，有的掐脖子，有的揪耳朵，把他死死地控制住，儘管他根本沒有反抗的打算。

郭書記對主席臺上的張部長說：「我的話講完了，接下來就是你的事兒了。」只見身材高大的張部長站起來，對那幾個民兵喊道：「準備好了嗎？」

「準備好了！」四個民兵吼道。

「鬥爭開始。首先向毛主席低頭認罪！」張部長喝道。

四個粗魯的民兵把黃永順來一個一百八十度大轉彎，面向主席臺後面的毛主席像，然後把他的頭向後扯，扯得整個臉都向後翻了過來，一拱一拱的喉結都暴露無遺了。緊接著，他們由他的頭帶動他的整個身體，向前猛推猛甩，如同把一個南瓜狠狠地扔了出去。

「第二次向毛主席認罪！」張部長吼道。

四個威猛的民兵又把黃永順的頭猛地向後扯，而後又猛烈地向前按去。

「第三次向毛主席認罪！」張部長吼道。

同樣的動作又在黃永順身上做了一次。

「再向全公社廣大貧下中農低頭認罪！」張部長繼續命令道。

這次的一百八十度大轉彎，四個鬥人鬥得鬥志昂揚的民兵，四個人八隻手像在撚一個陀螺，一下子把黃永順一百八十度擰過來，黃永順看上去一副控制不住慣性還要轉下去的樣子，卻被那八隻手狠狠地按住了。三次低頭認罪一次比一次猛烈，我幾乎看不見黃永順的身子，只看見一顆頭顱在猛烈地拋上拋下，彷彿隨時都會脫離開他的身體，彈射出去。這些動作做完時，黃永順的耳朵被扯裂了，嘴被撕破了，頭髮被一撮一撮地揪下來。他面色如土，全身軟塌，瑟瑟抖動，幾乎沒了人形。

「鬥爭完畢！」張部長大聲喊道。

郭書記緩緩站起來，一臉肅穆，咳嗽一聲，說：

「同志們看見了嗎？這就是階級敵人的下場。我也當過資產階級當權派，被造反派鬥得比這個還慘，頭髮全讓他們揪光了。什麼叫觸及靈魂的大革命！這就是！造反派觸及了我的靈魂，我從資產階級當權派變成了無產階級掌權派！今天鬥爭黃永順是禮義公社清理階級隊伍的開始，各大隊下去要轟轟烈烈地開展，哪個大隊搞不起來，支書的下場就是黃永順！我的話講完了。」

七、散會，散會！

這就是大爺被批鬥的地方背景，但是他挨鬥的程度遠比黃永順慘烈。橋西大隊是四村組成的一個大隊。一個公社揪出來一個大隊支書批鬥，一個大隊就不能再揪一個支書批鬥了，於是地主富農就成了替罪羊。我們大隊，只有馬圪嘴和我們村有兩個富農，兩個富農就是階級敵人，鬥爭沒商量。那次鬥爭大會是在我們村開的，支書講了話主任接住講話，民兵連長講了話婦女主任接著嚷嚷，顛三倒四的，講了半天也沒有講明白這兩個富農有什麼罪過，為什麼必須挨鬥。一個大隊一百來戶，誰家長誰家短，大夥兒都知道。這兩個富農本來就不是那種張揚的人，忍饑挨餓過日子，忍氣吞聲做人，階級鬥爭在農村就是對著地主富農來的，他們早學會了夾起尾巴做人。我們村子戲臺是老式的，舊戲臺，一人多高，把兩個富農扔上去，沒有那麼孔武有力的民兵。他們只好站在戲臺下，都是一副低頭認罪的樣子，實在找不到鬥爭他們的突破口。

支書點了一些人的名字，要他們控訴兩個富農的罪行，大夥兒都推三阻四的，沒有人打頭。

「那我提示幾句。」支書說。「馬圪嘴的馬二肥，整天哼哼呀呀地裝病，在公家地裡不好好幹活兒，在自留地裡卻很賣力。」

「誰不是這樣！」台下有人嘟噥說，引起了一陣哄笑。

「嚴肅點，這是階級鬥爭大會！誰再嘻皮笑臉，就把誰當靶子打，信不信？」支書喝道。

台下一下鴉雀無聲，半天沒有人吱聲。支書見人都不說話，就衝來旺喊道：

「來旺，你說說吧。蘇聚金裝瘋賣傻，跑到你家門口要房子，這是反攻倒算，是借機報復！現在大隊黨文部和廣大貧下中農給你撐腰，你控訴吧！」

「他是瘋了，真瘋了，瘋起來赤身露體的，吵得一院人不安生，可我沒有甚好說的呀，也不會說甚。」來旺叔說。

「可他去你家門口嚷嚷——」文書說。

「他瘋了，你總不能和一個瘋子一般見識。」來旺叔說。

「他要是真瘋了，還知道要你家的房子嗎？」文書提醒說。

「人瘋了不由自己嘛。」

「他瘋了怎麼不找別人要房子？」

「我家的東屋本來就是他家的，土改分的，再瘋了也還記得那座房子是自己的。」

「他是裝瘋！」

「就算裝瘋吧，可大冬天不穿衣服，光著腳滿院子跑，你去試試！」

「哎呀，你們這些狗肉丸子，上不得正席。」

台下發出一陣哄笑。

文書眼看一場鬥爭會要泡湯，急得抓頭撓腮，隨後說：

「全公社都在搞清理階級隊伍，我們大隊決不能落後。這樣好了，我們先把鬥爭分一下工。晏理村鬥馬圪嘴的富農，馬圪嘴鬥晏理的富農，東溝和橋西喊口號加油。」

會場亂了一陣子，馬圪嘴的富農馬二肥站在了晏理村的人群前，而大爺則站在了馬圪嘴的人群前，東溝和橋西的人在這兩個人群的週邊。在這樣分群的混亂中，不知誰喊了一聲：

「馬二肥哼哼呀呀的，太嬌氣，也真是可恨？」

「蘇聚金一聲不吭充硬漢，不可氣嗎？」有人接上喊叫。

「馬圪嘴的人在推搡蘇聚金了，推得好，搡得好！」又有人喊道。

「好啊也有人在推搡馬二肥了，推得好，搡得好！」有人起鬨道。

萬事開頭難，引誘打人的事情更難，但是這樣事情一旦開始，下面的發展就很難控制了。哪個村的人也不願意看見自己村的人吃虧，可是又不能提供保護，就把憤恨向對方發洩。晏理村的人看見馬圪嘴的人推搡蘇聚金使猛勁，他們推搡馬二肥就更猛一些。馬圪嘴的人看見晏理村的人推搡馬二肥下狠手，他們也不再手軟。一方開始時幾個人上手，後來上手的人越來越多。人多手亂，下手不分什麼地方，有人推搡過了，再次上手就更使勁。漸漸地，這樣的批鬥在不斷升級，出手打人的人情緒越來越激烈，血管越來越噴張，好像在進行一場打人的比賽。

「他們上巴掌了，我們也上巴掌！」

「他們上拳頭了，我們也上拳頭！」

「他們有人使繩頭了，我們也使繩頭！」

「他們有人用皮帶了，我們也用皮帶！」

「他們有人拿棍子打了，我們也用棍子打！」

「他們有人找來扁擔了，我們也去找扁擔！」

……

大爺始終一聲不吭，也不用手保護，站在那裡聽憑摧殘。但是，馬二肥一開始就喊叫，一開始還儘量小聲一些，哼哼呀呀的，但是隨著力度加大和刑具的升級，使用刑具的人獸性越來越野，他的喊叫越來越撕裂人心，而他的喊叫又激起了更殘酷的獸性，他終於承受不住，倒在了地上。這下，他挨打的面積更大了，更多的人可以上前發洩獸性，而且不再用拳頭，改用腳了。只見他兩手抱住頭，滿地打滾兒，嚎叫不已。馬二肥的人看見自己村的人躺在地上挨打，於是很想把大爺打倒在地，棍棒和腳都往他的腿打去，但是他就是不倒，就是不做任何保護，低著頭一聲不吭。馬二肥身體本來虛弱，這樣一折騰，漸漸地他叫喊不動了；又過了一會兒，他一動不動了。站在高處的文書對現場看得清楚，看見馬二肥不動了，怕出人命，於是大聲喊道：

「今天鬥爭結束，散會！散會！散會！」

但是打紅眼的人們一時停不下手，他只好趕緊從戲臺上跳下來，一邊衝向人群，一邊喊道：

「誰再動手打人，就當現行抓出來批鬥了啊！」

台下漸漸安靜下來，隨後一時無聲，偶爾的咳嗽聲像在打雷。人們這才看見馬二肥躺在地上一動不動，而蘇聚金站在那裡像一根木樁，臉上青一塊紫一塊，鼻子和嘴角在滴血。

「散會！散會！」文書喊道。

馬二肥是他村子的親戚本家架回去的。好好一個人，瞬間軟癱起來，腳步邁不開，幾乎被人拖著走。

然而，廟上的人都走了，大爺還一直站在那裡，孤零零地站在那裡，一動不動，他沒有親人攙扶，村裡也沒有人敢去攙扶他，他是怎麼走出廟宇、走回自己的家，沒有人知道。唯一的變化是，這次挨打之後，大爺又瘋了，間歇性的：瘋病犯了，他會表現得異常激烈，在家裡又吼又叫之後，跑到院子裡再大喊大叫；瘋病不犯時，他像一個好人，沒有一點異常，只是見誰都不搭話了。過去他犯了瘋病，親戚或者村子裡經常來往的人，會去看望他。這次挨打之後，再沒有人去看望他了。大奶也沒有再來我家和父親母親念叨他的病情。

八、又出什麼事兒了？

然而，時隔不久，一天臨近中午，太陽曬得紅蹦蹦的，知了不叫，鳥兒不鳴，大奶搖搖晃晃地進了院子，倚在街門上衝屋子問道：

「松斗在家嗎？」

「不在家，去禮義獸醫站給牲口拿藥去了。」

母親迎了出來，和大奶打招呼，見大奶站在街門口不進屋子也不離去，又說：

「有事進來說吧。」

大奶倒騰著兩隻小腳，猶疑一會兒，搖搖晃晃地走進家門，有氣無力地一下子坐在凳子上，嗚嗚地哭起來。母親在一旁站著，不知道說什麼好，忍不住陪著流眼淚。大奶哭了好一陣，停下，提起水裙角抹了抹眼淚，說：

「保弟，你說這可怎麼辦呢？」

「又出什麼事了？」母親問道。

「昨天夜裡他大爺犯病犯得很厲害，在家裡扯起嗓子唱，鬧得一院人都醒了。東屋來旺喊了幾聲，說他再喊，非把他捆起來不可。可他大爺一點沒有聽，起來穿好衣服，跑到院子裡唱，從西屋到東屋，從南屋到堂屋，來來回回，沒完沒了，傍晚時分，他站在東屋來旺家門口不再走動，指名道姓喊來旺，說土改分走了他的新東屋，白得東西不要臉，到老沒有好下場……他就這樣一直唱到大天亮，來旺開門出來罵他，推他，他不回到咱家西屋，還非要進人家來旺家。這樣推推搡搡的，兩個人誰也不依誰，你說他一個六十歲的人，哪來的力氣，硬把來旺推開，跑進了人家來旺家，站在屋子中間撒尿。人家來旺隨後追趕上來，見他在家撒尿，就翻臉了。人家來旺還年輕，火氣大，看見他大爺不知好歹，就說：我一再讓著你，連在廟上批鬥你我都護著你，可你不知好歹，裝瘋賣傻，一直攪和我。是你來找死，別怨我手狠，今兒我不把你整死，我就不姓郭。隨後招呼他的閨女兒子們，七手八腳的，把他放倒，就用繩子把他捆起來了——」

大奶說到這裡，擤了一把鼻涕，又嗚嗚地哭起來。

「捆起來了？」母親問道。

「捆起來了，」大奶接著說：「他大爺躺在地上起不來。來旺說你裝死沒用，一家人七手八腳地把他揪起來，像牽牲口一樣，拽上他往西頭牛圈走去。到了牛圈，來旺把他捆在一根拴牛樁上，用繩子五花大綁，捆得結結實實。可他大爺的瘋勁兒這時又來了，大嚷大叫，不停地唱，說來旺土改分走了他的新東屋，白得東西不要臉，到老沒有好下場……後來看熱鬧的人越來越多，來旺受不了他那樣唱，隨地撿起東西打他，一開始用玉茭桿，後來換成了棍子，再後來換成了圪欄，最後跑回家裡取上鐵火柱，打他啊，打他，棍子打劈了，圪欄打劈了，鐵火柱打彎了，可他大爺就是不停嘴，一直唱，一直唱，聲音越來越小，可他就是不停嘴。來旺呢，一直打一直罵，說他就不信打不過他的瘋病來。誰上前勸阻，來旺就罵誰，說來勸架的都和他大爺穿一條褲子，是階級敵人串通一氣反攻倒算，想讓他全家不得安生。來旺打得直喘氣，打不動了，他大爺還在念叨，只是說些什麼，誰也聽不清楚了。」

大奶把憋在心裡的話說完，心裡輕鬆了一些，唉了一聲又一聲，又嗚嗚地哭起來。母親聽得心驚肉跳的，也顧不上陪著流淚了，問道：

「如今的人都怎麼了？一個村子住著，抬頭不見低頭見，怎麼就有這樣的仇恨呢？你們更近，都住在一個院子裡，過去叔叔大爺嬸嬸大奶地叫，互相也沒有少幫襯，如今怎麼說翻臉就翻臉，還把人往死裡打，這叫什麼社會呢？這來旺平日不是這樣的，今天他犯了什麼毛病，這樣打他大爺——」

「也不全怨人家來旺，他大爺折騰得也實在太厲害了，尿到人家屋裡，擱誰誰都受不了！」大奶停住哭泣，說道。

「現在怎樣了？」母親問道。

「我沒敢去看，怕火上澆油。是我哥家的一個小兒子悄悄跑過來報了個信，說他大爺在毒老爺兒下曬了半前晌，不唱了也不吭聲了，擠著眼睛，不知道還有沒有氣兒了。」大奶答道。

「沒人去給他解開繩子嗎？」母親問道。

「誰敢？」大奶說。「人家來旺放話了，誰敢給他解開繩子，他就到大隊和公社告去，說階級敵人串通起來反攻倒算謀害他。」

「那可怎麼辦呢？就這樣眼睜睜看著沒辦法嗎？」母親問道。

「我來就是想叫松斗去說說來旺，讓他高抬貴手，給他大爺鬆綁，放他回家吧；要不一直待在這毒老爺兒下，曬也曬死了。可松斗不在家，等他回來，他大爺還不知道是死是活了。」

母親沉默良久，說：

「這樣吧。咱們老婆家手上沒有力氣，恐怕給他解不開繩子。我去給他送一頂草帽行不行？」

「要是來旺知道了怎麼辦？」大奶問道。

「知道了他能把我也捆在拴牛樁上不成？」母親說。「只是送一頂草帽，沒有給他鬆綁，不算什麼，沒事兒，我這就去！」

大爺被拴在拴牛樁上的那個牛圈，不是挖進地下的大坑，而是一塊凹下地平面的平地。冬天農閒時，隊裡派人用鍘刀把玉茭桿砸碎，讓隊裡的羊群先在玉茭碎桿裡吃一遍，等羊把碎玉茭桿吃寡了，隊裡的壯勞力挑土把碎玉茭桿壓上，然後再往上面鍘玉米桿，再讓羊群吃寡，再往上面墊土；這樣一層碎玉茭桿一層土地壓上四五層，堆成一個平臺，然後把隊裡的牲口拴在上面踩踏、拉糞、躺臥、倒沫，到了春天和夏天雨水漚爛玉茭桿，就成了糞料，往地裡送。

正值中午，天空瓦藍，沒有一朵雲彩，太陽紅蹦蹦地曬，地上往起冒煙，熱浪滾滾的。牛圈周圍沒有樹，一點陰涼也沒有。看熱鬧的人看乏了，都受不了太陽的毒曬，回家去了。母親拿著一頂草帽趕到那裡，發現街場沒有一個人，遠遠地看見大爺一個人孤單單地倚在拴牛樁旁，到了跟前才看出來他差不多是被繩子吊在木樁上，兩隻腳尖點地，踩不實地；只見他向前探著身子，兩條胳膊反綁在拴牛樁上，耷拉著腦門上坑坑窪窪的舊烙傷疤以及整個臉上，都是黑血道道。大爺兩眼緊閉，嘴唇緊繃，一張臉土灰土灰的。繩子深深地勒進了他的皮肉。他的整張臉和身子好像都腫脹起來，變形了。他穿了一條黑褲子，光著上身，身上的繩子一道摞一道，胳膊和身子捆在一起，身上一條條烏青的傷痕，幾乎沒有好皮膚了。他的左胳膊上有一道傷口，凹進去半寸，順著那道半尺長的傷口，血把傷口以下的胳膊和手都糊滿了。血都乾了，有些地方還裂出了小裂紋。他兩腳腳尖點在地上，但是兩腿彎曲，要不是上身被繩子五花大綁著，他早癱在地上了。

母親輕輕叫了兩聲，大爺一點反應也沒有。母親四下打量，發現大爺的身邊到處是打劈打裂的棍子和圪欄，有的長一些，有的短一些，有的成了碎片。他的腳下不遠的地方，有一根鐵火柱，彎得像一張弓。母親沒有再吭聲，把草帽戴在了大爺的頭上時，大爺沒有反應，沒有動彈，一時看不出來他是死了還是活著。

母親給大爺送草帽一事沒有人看見，母親也沒敢和別人說。每逢母親和我私下說起這件事兒，唉聲嘆氣之餘，總會說起另一次大爺被困在拴牛樁上的事兒，不過那次是老皇把大爺捆在拴牛樁上的。

九、聚金還活著嗎？

小時候，「跑老皇」是母親經常給我們講的事情。日本鬼子侵略到山西時，山西冒出來一個「皇協軍」，和日本鬼子沆瀣一氣，同流合污，禍害山西的老百姓。皇協軍是本地人，對本地情況很瞭解，帶著日本鬼子作惡，惡行更大、更狠、更慘無人道。聽說老皇要來了，村裡人就集體逃跑，男人趕牲口，女人們用煤灰把臉抹黑，攜兒帶女，躲到山溝裡去，生怕一旦被日本人逮住了禍害。這就叫「跑老皇」。有一次，村裡人「跑老皇」之後回到村裡，村子裡被日本鬼子禍害得烏煙瘴氣。當中院牛圈堆了一些羊皮、羊下水和羊頭，灑在地上的血還是濕的。牛圈上有幾堆燒乏的柴火，空氣裡還有濃烈的焦糊味兒。村裡的羊早被趕到溝下的羊窯裡，被殺害的羊不是村裡的。大家正在納悶兒怎麼回事兒，大奶從當中院趕出來，急慌慌地說：

「我家男人不在家，牲口也不在槽後地。」

「他沒有逃走？」有人問。

「沒有啊。跑了幾次老皇，老皇都沒有來，他說這是自己嚇唬自己。這次他躲到南屋的樓上去，沒有逃走。」大奶答道。

「嘖嘖，弄不好讓老皇抓走了。」有人說。

「別嚇唬人，或許他躲在哪裡還沒有回來呢。」又有人說。

那天黃昏時分，馬圪嘴村的閭長來了，找到了大奶，說：

「快去領人吧，你家男人讓老皇用火柱烙死了！」

大奶是本村閨女，她哥哥王老群是村裡的鐵匠，大奶一個女人家沒有什麼好辦法，領著馬圪嘴村的閭長來到了老群大爺家。老群大爺一聽他的妹夫被老皇抓去烙死了，想想平常他在爐子裡燒紅的鐵燙在皮肉上的情景，當時就嚇得往茅廁跑。這事兒驚動了全村，本家和村裡的頭面人物都聚在一起商議辦法，讓誰去領人。他們向馬圪嘴村的閭長討主意，問道：

「老皇會不會設圈套，把去領人的人再烙死吧？」

馬圪嘴村的閭長不置可否，只說是老皇派他來叫人，把人領走。

「聚金還活著嗎？」有人問。

「誰知道？躺在廟上的院子裡，不會動彈了。」閭長說。

「老皇幹甚要用火柱烙他呢？」又有人問道。

「誰說得清楚？」閭長說。「我只是聽人說，聚金被五花大綁著，和他的牛一起來到了我們村的。老皇來了以後，要村裡人給他們支起大鍋，燒開水，他們把聚金的牛殺了，煮牛肉吃。吃飽喝足了，他們開始折騰聚金，用皮帶抽他，用槍托打他，問他以後還敢不敢和老皇作對了。聚金不吭聲，怎麼打他都不吭聲。有人說他們不信他不開口，就想出了用火柱烙他的辦法。老皇把他的衣服脫了，先是在他的背上烙，他還是不吭聲；後來用燒紅的鐵火柱在他的頭頂烙，他還是不吭聲，後來就撲騰躺下了。再後來，老皇叫我們村來人，叫你們去人把他領回來，我就來了。」

儘管閭長照實說來，話說得實在，沒有添油加醋，但是在場的人還是越聽越害怕，其間鐵匠老群大爺往茅廁跑了好幾次，尿不完的尿。他這麼一折騰，別人嚇得更不敢吭氣了。在村子裡，他是大奶的哥哥，關係最近最親，他沒有自告奮勇去把妹夫接回來，別人就都在虛應故事了。

「你們快派人去吧，再拖，聚金有口遊氣的話也讓你們拖沒了。再說了，我要是遲遲不回，老皇對我們村施行報復怎麼辦？」閭長催促道。

這時，大奶不能強逼她的兄長去幹什麼，害怕有個三長兩短，反倒搭上一條性命。她想到了父親，便在鬧哄哄的人群中悄悄出來，搖晃著小腳來到我家，流著淚，拖著哭腔，說：

「松斗，你說怎麼辦？」

「甚個怎麼辦？」父親問道，正在吃晚飯。

「你還沒有聽說嗎？」大奶問道。

「我出村才回來。」父親說。

「出什麼事兒了？」母親問道。「我們家在東頭，沒有聽誰說出了甚事兒。」

「咳，聚金他讓老皇綁到馬圪嘴，用火柱烙死了！馬圪嘴的閭長來了，眼下在我哥家叫村裡人去把他弄回來，可全村沒有人敢去把他接回來。這怎麼好呢？他就是落個屈死鬼，也得把屍首拉回來吧？你說我哥，在村裡論手藝是個能人，論人品他誰都幫扶，論個頭也是數一數二的高人了，怎麼一聽說他妹夫被老皇烙死了，他就不停地往茅廁跑呢？這不是也太丟人了嗎？一個大男人家——」

「你哥我知道，他是嚇破膽了。」父親插話說。「他嚇破了兩次膽，我都知道。怨不得他。別說他不敢去，他就是真去了，嚇得不知道怎麼應對，胡說八道，弄不好還把自己的命搭上呢。」

「我也這樣想，就來找你商議來了。」

「怎麼也得有人去把他弄回來才是。」

「可我哥不去，村裡人都裝聾作啞，沒有人出這個頭呀。」大奶說。「就讓他爛在馬圪嘴，讓人家當野鬼把他埋在那裡不成？」

大奶說著，又哭泣起來。父親說：

「我去吧。我去找村裡一頭最垮的毛驢，套上車，去把聚金哥拉回來。老皇要是還想吃肉，咱讓他們殺了驢吃，回頭咱破些財，賠人家一頭好驢，你看行不行？」

「行啊，行啊。這時候還顧得上破財不破財？能把他拉回來，死活見個人影兒，就比什麼都強。」大奶像抓住了救命稻草似的，說。

晏理村距離馬圪嘴三里來路，父親和馬圪嘴的閭長都是熟人，趕了驢車，兩人相跟著去了。一路上，父親為了不自己嚇唬自己，對大爺被日本鬼子折磨的情況隻字不提，只問馬圪嘴眼下誰家日子過得最稱心，兵荒馬亂的，還有沒有人家買地置地。閭長說多數人都沒有什麼打算，兵荒馬亂的，過了一天是一天，走著瞧。就是馬二肥那人財迷，這幾年日子過得富裕，只要地價合適，他就添置家產。一來二去的，眼下成了村裡土地最多的戶口了。

「那是個能人，日子也過得殷實，」父親說。「不過在這兵荒馬亂的時候，他還敢添置土地，得有幾分膽量。」

「他沒有多大膽量。閭長輪著當，輪到他時，他寧願多出錢糧，也堅決不幹閭長。要是遇到今天這種事兒，他也一準像聚金的大舅哥一樣，不是尿褲子就是拉褲襠裡。」

「老群他可不全是因為膽小怕事，他是真的嚇破膽了。第一次，他被抓差到軍隊當民工抬擔架，抬的那些傷患缺胳膊短腿的，把他嚇得不輕，偏偏有個傷患給打掉了半個腦袋，一半臉血糊瀝啦的，一半臉還在說話，他受不了，把他的膽嚇破了。還有一次，是他和我一起下河南買賣東西，回來的路上遇上了劫道的，要我們把身上的錢都掏出來放下。我們嚇懵了，把身上背的褡褳扔下了。可我越想越不對勁，半個月下一次河南，掙得的一點錢就都這樣沒了？我不甘心，就反身回來找那個劫道的。他正好撿起我們褡褳要走，我一下子撲上去，抱住了他的腿，喊道：『你得給我們留下一個褡褳，要不我們回去怎麼過日子？』劫道的一定沒有想到還有人敢算回頭賬，用手裡的槍對著我的腦袋，喝道：『你再不放開，我就開槍！』『開槍我也不放開，反正回到家也沒有活路了。』我大聲喊道。『再不放開，我真開槍了！』劫道的喝道。」

「松斗，你快放開他！你不要命了！」這時，老群哥在遠處吆喝說。

「他這樣一吆喝，把劫道的嚇了一跳，渾身一哆嗦。他慌了神兒，拿起槍屁股籠頭罩面地敲打我的頭。他這一打，我更不放開了，因為他的槍屁股是軟的，不是鐵的。後來才聽人說，有的劫道的就是用笤帚疙瘩做槍嚇唬人，根本就打不出槍子兒。但是，老群哥在遠處看見劫道的用槍屁股打我的腦袋，嚇得直衝我嚷嚷：『快放開，命要緊！一會兒來人了，你就真沒有命了！』他這樣一嚷嚷，倒提醒了劫道的，青天白日的，在這大路上耽誤不得，就給我扔下一個褡褳，我才放開手，各走各的路了。我回到老群哥身邊，知道他又尿褲襠了，因為身上一股臊味，走了一路都沒有散淨。沒辦法，他嚇破膽了。」

「難怪聚金媳婦想到叫你來呢，真好膽量！」閻長說。

「她叫我可不是因為我的膽量，更何況我也沒有多大膽量。是聚金哥幫扶我不少。民國三十二年，我一家兩個月死了三口人，都是他幫我把家人打發走的。棺材、裝裹、出喪、打墳砌墓，哪樣都需要錢，都是他幫扶的。後來，兩家在一起種地，擱得成一家人了。他家一直沒有生養孩子，我兩個當家的兄弟死後，也就我一個人了，兩家合起來才三口人不是？」

兩個人這樣閒扯著，不覺進了村，直接來到廟上，才發現就大爺一個人躺在院子裡，還是一動不動。日本鬼子和皇協軍早走了，父親和閭長把大爺抬到驢車上，父親趕著車回了村。關於父親隻身趕車去「老皇窩」把大爺拉回來的故事，在村子老一輩人中流傳著至少三個版本：一說父親趕著驢車進了馬圪嘴村的廟，老皇們把父親圍起來打了一頓，才讓他把大爺拉回來了。一說父親走進廟裡時，老皇們都正在打瞌睡，父親悄沒聲兒地把大爺弄到車上，趕上車就走。一說父親怕老皇們霸下他的驢車，把車停在村口，他隻身到廟上，把大爺背出來，放在車上，趕車回了家。我這裡寫的父親救大爺的過程，是父親親口跟我說的，輕描淡寫，跟敘家常差不多。我當往事聽，也沒有深究細節，現在寫來難免枯燥。

大爺被父親拉回村裡時，已經更深夜靜了。大爺還有口游氣，只是昏迷不醒，第三天頭上才醒過來，在炕上整整躺了三個月才下了地，慢慢活動起來。據大爺講，那天他躲在南屋的樓上，老皇來家裡找柴火找鍋，有人推開了南屋門，看見了他家的大紅牛。他們看見紅牛吃得膘滿肉肥，油光水滑，商議說乾脆把牛殺了，吃頓烤牛肉吧。他們說罷，要牽牛走，大爺從樓上趕下來攔住了他們，不讓他們牽牛。

「你們不能殺牛呀。」大爺一邊和他們奪韁繩，一邊爭辯說。「牛是莊稼人的幫手，沒有它們怎麼種地？莊稼人種不上地，打不來糧食，你們吃什麼？」

百姓遇上兵，有理說不清。他們根本不聽大爺的懇求，只是奪牛，可是不管他們怎麼搶奪，怎麼抽打，大爺就是不鬆手韁繩。後來他們不耐煩，就把大爺捆了起來，牽上牛、拽了他走出了當中院，來到街門外的當中院牛圈。這時，外面的老皇已經把他們從別的村趕來的羊殺掉了，就把大爺的牛拴在拴牛樁上，把大爺捆在拴牛樁上，然後他們把羊肉燒的燒，烤的烤，煮的煮，忙了一上午，吃飽喝足後，牽上大爺的牛，捆綁著大爺，去了馬圪嘴。到了那裡後，他們審問大爺，說他是抗日分子，敢和皇軍作對。大爺說他不是抗日分子，就是不想讓他們殺他的牛。他們說你不讓吃你家的牛就不吃了嗎？你的小命都捏在我們手心裡，還操心牛的命！太陽西斜時，他們把牛捆綁在廟上西廂房的廊柱上，開始用刺刀捅牛。大爺見了大罵不已，不停地掙扎，他們就用皮帶抽他，用槍托打他，可是大爺看見自己的大紅牛被捅得渾身血窟窿，心疼得要命，一直破口大罵。為了讓大爺閉上嘴，他們生火做飯煮牛肉時，有人想到用燒紅的火柱烙他，說要讓大爺叫個夠，罵個夠，可大爺看見自己的牛死了，就一聲不吭了；他們把大爺的背烙得條條燒傷，可大爺就是不吭聲了；直到他們用火柱烙大爺的頂心，把大爺烙昏，大爺都沒有吭一聲。

十、他也是這樣相信的

俗話說，大難不死，必有後福。階段性地講，這話也適合大爺。挺過這一劫後，大爺順心的日子到來了。一九四二年河南鬧饑荒，很多難民逃荒來到了山西。哥哥的親爹一家五口人，一路要飯，在白土溝落了腳。白土溝距離我們村五里路。哥哥親爹的三個孩子都還很小，而哥哥是最小的，他親爹沒法養活他，大奶聽說了這事兒，自己一直沒有生養，很想要個孩子養，就讓父親帶著她去白土溝看了看哥哥。那時哥哥才一歲半，大奶覺得從小養大孩子親，就想把哥哥抱回家。哥哥的爹娘看見大奶面善，要孩子的心情急切，又聽父親說大爺家家境富裕，為人厚道，想一想以後自家的日子沒有盼頭，就爽快地答應了。

兩個村子相距不遠，因為一個讓人心疼的嬰兒，兩家人便走了起來。哥哥親爹的老家在焦作柏山，也是山村，即便不是饑荒年，日子過得也很艱難。遇上大爺這樣的殷實戶，人又善良，覺得這是遇上了貴人，命中註定，兩家一來二去，走成了親戚。大爺中年得子，眼見要來的孩子長大，白白胖胖，覺得很合自己的心意，自己苦幹了一輩子，總算是沒有白忙活。但是，世事難料，到了一九四九年，河南搞土地改革，給哥哥家分了土地和房子，要他們回去，他們就把哥哥留下，回了老家。但是，兩家相處一場，結下了友誼，又有哥哥這樣的連接，臘月農閒時，每隔三五年，哥哥的親爹還會來我們村住些日子。

在大爺順心的日子裡，大爺不斷添置家產，因為膝下有了哥哥，大爺的奔頭就更大了。大爺很快成了村裡首富，土地多達三十多畝，除了西屋和南屋，又修起了村裡最好的房子，外生裡熟，青磚青瓦，在一個小山村裡格外顯眼，成了村裡一景。大爺最鼎盛的標誌是給他父母辦喪事。方圓十幾里最有名的油匠請來，把兩副棺材油漆得錚亮，畫了二十四孝圖，糊了各種各樣的紙雜，花花綠綠擺滿了喪棚。請來平川最有名的師父，念了三天經，給父母超度亡靈。請來了方圓幾十里有名的吹打班子，吹吹打打熱鬧了三天。曾幾何時，這件事兒是村裡熱議的話題。然而，大爺的順心日子只延續了六七年，到了一九四九年，一切倒了個兒，大爺的命運從此苦不堪言，令人心碎。

其實，大爺的命運可以有另一個軌跡。晉東南地區發生了兩次土地改革。晉東南一直是八路軍的根據地，一九四七年共產黨政府實行土地改革，因為大爺把幾間房子和幾畝地已經在減租減息運動中劃出去了，大爺家被劃成了上中農。一九四九年再次進行土地改革，村裡農會有人惦記他的三間磚包瓦房，如果他是上中農，按政策不能沒收財產，農會便日七倒八，把大爺劃成了富農，屬於鬥爭的對象，分他的家產。當時村裡主事兒的人中，大爺的本家侄兒對給大爺合併家產最積極，父親因為覺得他們幹這事兒不合理，和他們爭辯，還被捆起來鬥爭了一次。父親對此耿耿於懷，說大爺的那個侄兒沒安好心，是他惦記著大爺的十幾畝好地，而且最後到底他分在了自家名下。這事兒一直延續到了我一九六八年回村務農還在飯場上爭辯，一次父親當著一飯場人的面，還擊大爺這個遠房侄兒說：

「你心黑，早十幾年前就看清了！」

然而，不管怎麼說，大爺有大爺的命運，他也是這樣相信的，要不然，他可能早早地就鬱悶死了。

十一、算了，我挑得動的

因為大爺曾經是村裡的首富，村裡老一輩人都認為大爺長了一副福相。他可以用一個「大」字來形容他的長相，頭、臉、眼睛、耳朵、鼻子、嘴巴、兩手、兩腳，都比一般人的大一號；尤其他的耳朵，曾經被說成是「兩耳垂肩」。他屬於那種往横處長的人，手掌、腳掌、背部、臀部，都很寬厚，絕對算得上那種「虎背熊腰」的莊稼人。他年輕時幹活兒從來不知道累，趕上搶收麥子、穀子等時不待人的季節，他能連續幾天幾夜不睡覺，一直幹活兒。活兒幹完了，他又能連續睡幾天幾夜。他一輩子幾乎沒有生過病。這些生理特性，在他發家致富時，被村裡人賦予了神話般的說法，口口相傳。

一九六八年我徹底回家務農時，已經十八歲，是成年人了，對大爺的觀察有了成年人的眼光；加之讀了十幾年書，算村裡的知識份子，寫寫畫畫是當仁不讓的義務，我開始用成年人的眼光觀察大爺，對人性的理解和看法深入了許多。在我以成年人和大爺的交往中，我認為他不過是身體素質比一般人好而已，關鍵在於他多了一顆發家致富的心，他的勞動表現就顯得超常了。

自從大爺被來旺叔毒打之後，大爺的瘋病好像真的被「打過來了」，再沒有在公開場合下發瘋，瘋唱。聽大奶說，大爺只是有時自言自語，念念叨叨，聲音不大，聽不清楚他在念叨什麼。那頓毒打的程度也許沒有日本鬼子用燒紅的火柱烙大爺那麼毒辣，但大爺當時已是年過花甲的老人，所以受到的皮肉之苦，絕不亞於他身強體壯時受到日本鬼子的毒打和火烙。他被毒打之後，精神恍惚，水米不進，人們都說他不行了，可他漸漸地能喝米湯水，在床上整整將養了四個多月，才慢慢下地活動，後來因為他是專政對象，能到村裡活動，便不得不儘早地到地裡勞動了。自從他得了瘋病，他再也不到村裡的飯場上吃飯了，但是那次被毒打之後，他又端著碗上了飯場。哥哥說話算數，隔三差五地給他們寄些糧票，三斤五斤不等，但是那時候糧票是奇缺東西，誰想在集上買個燒餅、吃碗炒餅，必須有幾兩糧票在身上才敢進飯館。大爺大奶老了，絕少去趕集，哥哥寄來的糧票就被村裡人用糧食換去了。因為糧票奇缺，大約一斤糧票可以換到二斤糧食，這樣一來，大爺和大奶家的糧食還算夠吃，因此大爺在飯場端在手裡的伙食，也算是不錯的。

然而，他的吃相非常驚人。一碗飯，他十口八口就送下肚裡了。如果他手中端了一碗紅薯或者土豆，他每咬一口只是在嘴裡倒幾下，好像都無需咀嚼便一伸脖子咽下去了。我曾經暗中模仿過一次他吃紅薯的樣子，我僅僅咬了他一口的小一半不到，還在嘴裡倒嚼了幾下，不料咽下去後，噎得我捶胸擂脯，半天上不來氣，眼睛直流眼淚，胸口疼了好幾天。這說明大爺的喉嚨眼兒的確很大。他覺得自己在人前活得還算風光的時候，只要有人攛掇，他便會在眾人面前表演他超大的鼻子眼兒：他能很輕鬆地把兩個大拇指同時塞進兩個鼻子眼裡。村裡一些年輕人不服氣，跟他比試，連兩根無名指同時塞進鼻子眼兒都做不到。我曾經和父親說起過大爺這些不同尋常的特點，但是父親卻一直有自己的看法：

「那是他為了省出世間幹活兒練就的。人只要有恒心，什麼本事都練得出來。我還沒有長成人時，因為個小，人家都說我領不起農活兒，結果誰說我我把誰比倒。就是現在做手把活兒，你們哪個年輕人敢和我比試？」

「村裡很多年輕人都比過你了，連婦女隊長荷秀都超過你了。」我故意刺痛父親說。

「他們那也叫幹農活兒？好苗都讓他們鋤掉了，荒草卻讓他們留下了。要不，隊裡的莊稼能種成那樣子？一畝地只打幾十斤小麥？你看看你大爺是怎麼幹活兒的？他讓人鬥得脫了人形了，在地裡幹活兒還是不會耍滑頭，有板有眼的。」

我無言以對，因為我回村不久，在「發小」巒狗的慫恿下，我做了副隊長，和他搭幫幹，真正領教了公有制下農民幹活兒的變化。世上很多事情是只有親身體驗，才更瞭解其中的機關。我回村時，集體生產形式雖然只延續了十幾年，但是大部分農人已經很清楚幹活兒是怎麼回事，掙工分是怎麼回事兒，誰都能玩兩張皮的把戲；尤其年輕一代，上地磨洋工已經成了一種共識，見怪不怪。掙工分才是目的，種地只是過程，產量愛咋咋的。歉收了能歉你幾斤糧食？豐收了能多給你幾斤糧食？歉收也許還能吃到返銷糧，豐收了反倒要把糧食統統交了公糧。這些都是沒準的事兒，虛的，只有偷懶是自己得益，是實的，因此絕大多數人上地只是走過場，把工分掙在自己名下，那才是本事。像父親這樣的老一輩，看見種地成了兒戲，只有唉長氣短的份兒。

扯遠了，還說大爺吧。巒狗是隊長，他娶了老群大爺的大女兒，如前所說，老群大爺是大奶的親哥哥，巒狗應是大奶的姪女婿。有這層關係，只要不是上面的硬性規定，我們派活兒儘量按正常老人安排大爺上地幹活兒。相對說來，那兩年裡，大爺大奶過的生活還算平靜。然而，大隊有明確規定，隊裡不准給地富反壞右拉煤。因此，年過花甲的大爺，只得十天半個月就到禮義煤窯上去挑一次煤。一次，我趕了隊裡的馬車到禮義鎮上去拉化肥，半道上趕上了大爺。那是個春天，地裡的小苗剛剛冒尖兒，四野還是光禿禿的褐色一片，遠處的群山映照在淡淡的藍灰色裡。大家都在忙春種，路上行人很少，我老遠就從後面認出他來了。他畢竟六十多了，年輕時候的「板腰小夥」已經成了彎腰屈背的老頭，挑煤的步子沒有了彈性，差不多一色碎步了。換肩膀時，他已經不能邊走邊換，需要慢下來，甚至停一下，才能把擔子從一個肩膀換到另一個肩膀，再接著前行。看著他吃力的樣子，我把馬趕快一些，很快追了上去。

「大爺，把籮頭放到車上吧。」我說。

大爺嚇了一跳，一下子站住了。他見是我，說：

「算了，我挑得動。」

「放上去吧。」我堅持說。

「不用了，讓人看見不好。」他說。

「這裡離咱大隊遠著呢，誰愛看誰看吧。」我說。

大爺還在猶疑，我不等他再說什麼，從鉤子上摘下一隻籮頭，放在了車上。大爺沒有再堅持推脫，用力挑起另一隻籮頭，我接住放在了車上。我為了讓他心寬，說：

「才拉了二百斤化肥。」

「我——是鬥爭對象，讓人看見了對你不好。」他有些猶疑地說。

「天高地遠的，誰看得見誰呀。」我胡亂應付道。

眼前是一段平地，周遭的小苗都長了起來，風一吹，葉子搖曳。遠望近看，田地裡的小苗都是「面黃肌瘦」的樣子，很少看得見油黑發亮的莊稼地。偶爾碰上窄小的地塊裡的小苗綠瑩瑩的養眼，一看便知道都是私人種的自留地。

「還是自家地種得好啊！」我由不得感慨道。

「應該的。」大爺簡潔地回答說。

隨後我找不到話題，我們一時無話。不久，馬車走到一段小上坡前，我和大爺不約而同地一邊一個伸出手，推著車幫上坡。俗話說：搭手千斤力。馬車走得好像比平路上還輕快。到了平地，馬兒得得地自己行走，我沒話找話地問道：

「你這是擔了多少煤？」

「七八十斤吧。」

「你好本力！我去挑煤，也只能挑七八十斤。」

「你本不是一個幹活兒的人。」

「甚本不本的，人就是走到哪步說哪步。」

「話是這樣說，可我們這輩人都認定你是讀書的料，怎麼也回了家呢？」

「學校不辦了。」

「你說全國就都沒有學校了？」

「就是。」

「怪道，自古以來沒聽說過。」

「這就是個怪道的社會。反正不是咱一個人回了家，還不算太丟人。」

「能人多會兒都是能人。你做的那口箱子我去看過，做得好，畫得也好。」

我暗暗驚訝。自從我回了村，除了派活兒，基本上沒有和大爺說過話，不想他還一直在注意我。不知怎麼，心裡就有一種同是天涯淪落人的感受。我不知道怎麼應答，只好實話實說：

「讀書落下的一些書，捨不得扔掉，弄個箱子裝起來。」

「那好，那好，書是有用的東西。」

「也是家裡太小，房子不夠住。」

「聽說你家要修房？」

「我不同意，他們非要修。」

「為了給你說媳婦，農村都這樣的。」

「本來沒吃沒喝，修了房子一家人還不都餓死？」

「哪有那麼邪乎？挺一挺就過去了。」

說話間，我們已經走了六七里路，離大隊越來越近了。大爺說再往前走真會被人碰上，就堅持把車上的籮頭取下來，自己挑上走小路去了。我望著他的背影漸漸遠去，幾十斤的擔子隨他搖擺，感覺一個人的性命也不是那麼輕而易舉地就消失了，它承受苦難的程度往往超出人們的估計，連所謂的偉人們也估摸不透。

十二、我明白，我明白

我家修房的時候，大爺來招呼了幾天。他畢竟六十多歲了，我們沒有把他當一個小工使喚，但他眼裡很有活兒，忙了這頭忙那頭，挑水、和泥、鏟泥、搬磚、遞磚……哪裡需要人，他就出現在哪裡，但是到了吃飯的時候，他早早地就回家裡吃去，我們怎麼留他都不管用。不用說，他是在給我們家省糧食，把我們家修房的事兒當作自家的事兒來做，比我的勞動態度好得多，因為開工期間，我幾乎天天都在埋怨，嫌活兒累，嫌飯差。如果他不是專政對象，不能多請假，我想他會從頭到了給我家幫工的。我家修起房子後，父親母親都得了大病，尤其母親的病由小拖大，差點要命。我最後從公社醫院請來了王大夫，給母親診治，大爺聽說了來給自己看病。他得的是食道癌，但是王大夫沒有直接說出來，只說他年紀大了，有什麼好吃的都好好享受了吧。

「我明白，我明白。」大爺說。

這是我聽大爺說的最後六個字。我後來一想起他，總會先想起這六個字，好像這六個字是他一輩子的座右銘；不管遇到什麼事兒，是喜是悲，是好是壞，是榮是辱，是福是禍，是生是死，他都在說：

「我明白！我明白！」

他還去挑煤，來回十七八里，直到他倒下去前三天，他還挑回家五六十斤煤。他只在炕上躺了半個月就去世了，享年六十五歲。他去世後兩年間，大奶還一直在燒他積攢下的煤。再後來，大奶的侄兒、姪女婿以及好心的旁人，都隔三差五地暗中給大奶送去一籮頭煤，大奶便一直有煤燒了。

大爺去世後，大奶被哥哥接到河南養活。大奶活了個大歲數，八十五歲時老死在晏理村，和大爺葬在一起。哥哥每年清明節都來給大爺大奶燒紙，對他度過童年的小山村念念不忘。近些年來，他一直在與村裡人呼籲：

「村裡這麼多男人都成了光棍，是晏理村的脈氣毀了，我們應該做點什麼才是！」

做點什麼才是呢？

第五部　拆，拆，拆

一、我跟三官老爺走了

河底就是河的底部，是我們村最低的一個地理位置。確切地講，那是我們村南的一條溝，夏天多雨的時候，村子裡的水順溝流下，在河底形成二三尺寬的河，急湍湍地流出去二三百米，在參差不齊的青石窩前落下去丈把深，順了青石和石頭蛋蛋鋪成的河床，一路向南流去。能與大河匯合，也許能一路奔騰流進大海；不能與大河匯合，也許一邊流一邊消耗，就消失在半道上了。大凡小河小溪，都是這樣的結局。

從河底往上走三四層梯田，就到了那些與村子一個水平面的田地。梯田的邊緣，長了繁盛的葛針，上面的酸棗紅的紅，綠的綠，到了能吃的時候。大姐從玉茭地裡走出來，撲打著身上的殘葉和雜物，抬頭看見了毛孩手拿一根超長把子的鐮刀，在費盡心機地採摘葛針上的酸棗。

「毛孩，你把夠不上去的葛針往堺底割一些，我一會兒回到後堺摘幾個酸棗吃。」大姐吆喝道。

「全村就你眼尖！」毛孩回答說。

「全村就你嘴饞，都在老縣裡上學了，放了假不幫家裡幹活兒，跑到地邊上來打酸棗吃，敗興不敗興？」大姐反擊道。

「好啊，我嘴饞，你不嘴饞，我正好懶得給你割葛針呢。」毛孩一邊說，一邊小心翼翼地對付那些葛針；他站在地堺邊上打酸棗，居高臨下，需要集中注意力。

「你不往下割葛針，你往三官廟看看，三官老爺答應不答應？」大姐有些興奮，腦子好使起來。

「你在和誰講話？」這時，虎三大娘從玉茭地裡鑽出來，問道。

「在跟毛孩說話，他在打酸棗呢。」大姐說。

虎三大娘往地塄上看了看，說：

「真是毛孩，你可要小心呀，前幾天才下了雨，地邊都是軟的，踩不好會踩空的。」

「是虎三大娘啊，你這麼大年紀了還來摘豆角嗎？」毛孩搭話說。

「這活兒輕省，按斤記工分，掙一分是一分，如今大家都要靠工分吃飯不是？」虎三大娘說。

「那是那是。你根本好，能動彈就多動彈，對身體還好呢。」毛孩很乖巧地說。

「白女，聽聽，念書人說話就是不一樣，嘴上跟抹了蜜似的。」虎三大娘誇讚說。

「虎三大娘誇你呢，快給我們割幾根葛針枝，等我們歇著時摘吃幾個酸棗。」大姐還是忘不了要酸棗吃。

這時，虎三大娘轉過身去，向不遠處的三官廟望去。那是一座五開間的大廟，根基由一色青石組成，約二尺高；然後是青磚，裡表一致，牆壁高聳；正殿兩根砂石柱粗壯敦實，柱端的橫樑有雕花，與兩根伸出來的樑頭連接起來，構成了高大寬敞的前廊；前廊的左邊樹立起一塊青石碑，上面記載了修廟的起因、過程和捐款人姓名。兩邊各有兩間廂房，廂房裡各有兩尊擰眉立目的站神；正殿寬闊的檯子上有三尊眉目舒展的坐像，坐像前還有幾尊童子像，眉清目秀。大廟的屋頂全部拆除，牆壁依然挺立，一眼望去令人疑慮重重。虎三大娘一邊看，一邊念叨：

「作孽呀作孽，好好一座廟就這樣拆了，那些老爺大雨天也沒有一個躲雨的地兒，看看他們臉上身上給淋得抹泥畫道的，髒成什麼樣子！臘月裡我才給他們打掃了塵灰，把廟裡打掃得乾乾淨淨，這下糟蹋得連豬圈羊圈都不如了！看看，哪尊像不是有模有樣的，哪尊像不是慈眉善目的，哪尊像不是大富大貴的，哪尊像不是驅除邪惡的，可現今他們個個都愁眉苦臉的，招誰惹誰了？看看，左邊的那尊像還挨了一下，把耳朵打掉了；右邊的那尊像——」

「圪腦都給砸掉了，光禿禿的木頭矗了出來，怪瘆人的？」毛孩在高處看得更清楚，忍不住和虎三大娘搭話說。

「作孽呀作孽，幹甚不好非要——」虎三大娘附和著毛孩的話，覺得腦袋好像挨了一下。「白女，快過來扶我一把，我頭疼得厲害！」

虎三大娘說著，身子就開始搖晃起來，彷彿一陣大風吹了一個又一個趔趄。大姐趕緊跑過去，把虎三大娘扶住，虎三大娘便結結實實地靠在了大姐身上，隨後就往下軟癱。大姐扶不動虎三大娘沉甸甸的身子，隨著虎三大娘傾倒的身子跪了下來。虎三大娘喘息著，眼睛緊閉，嚇得大姐連連驚呼：

「虎三大娘，虎三大娘，你怎麼啦？」

「就是頭疼，騰雲駕霧的，像是三官老爺領著我走，要我去伺候他們。」虎三大娘雲裡霧裡地說。

大姐嚇壞了，扭頭衝著地塄上面的毛孩喊道：

「毛孩，你別打酸棗了，快去叫虎三老爹家的人吧，虎三大娘要暈過去了，嘴裡直流口水！」

毛孩雖在高處，無奈玉米葉子把下面的情形遮擋得影影綽綽，來不及看個清楚，便答應一聲「知道了」，飛也似的向村裡跑去。大姐把虎三大娘安置穩當，從腰間掏出針葫蘆，抽出一根針，拿起虎三大娘一隻手，挨著手指頭給她挑破指頭放血。大姐給她的十根手指放過九根血後，還不見虎三老爹家來人，便又把虎三大娘扶起來，坐在旁邊摟著，等著。

八月光景，玉茭的頂纓開始發白，纓子開始變黑，授粉的階段結束，玉茭的腰間開始膨脹起來，如同孕婦顯身；只是每棵玉茭都面黃肌瘦，發育不良，註定無法孕育出壯實的穗子。間種在玉茭行裡的扁豆正在生長，纏繞在玉菱身上不顧一切地往上爬，豆秧頭上開著小小的紫花，小小的豆角和花兒保持著距離，且距離越遠豆角越大。在玉菱地裡鑽來鑽去尋找豆角，成了村裡婦女們踴躍參加的農活兒，因為摘到的豆角越多，各家分到的豆角越多，而豆角是蔬菜，不算糧食，分得越多，下鍋的內容越多，撈到碗裡的內容也就越多。主婦們是各家日子的主持，有了豆角，日子過得似乎就不那麼太寡淡了。

大姐和虎三大娘兩人一組，一老一少，為的是互相有個照應，不料大姐真有了用武之地。虎三大娘沉甸甸地依靠在大姐懷裡，大姐一時等不來救援，無奈之際，又掏出來她的針葫蘆。那是一個銅質針葫蘆，黃燦燦的，由兩個子彈殼做成；下半部是整個子彈殼，彈殼裡裝實了頭髮，針都插在頭髮裡，子彈殼底部鑽了洞，一根繩子由下至上抽出來；上半部是半截子彈殼，套在下面的彈殼上，底部也鑽了洞，下面的那根繩子從洞裡穿出來，把針葫蘆吊著，掛在衣服的扣子上。針葫蘆下面有穗子，上面有繡球結，和黃燦燦的顏色搭配起來，也是一種裝飾。這是母親送給大姐的。母親攢了一些子彈殼，準備做成針葫蘆，送給每個閨女。大姐抽出來一根針，想著再給虎三大娘的心門放放血，但是她扶著虎三大娘，騰不出手來，正在發愁，這時過繼給虎三大娘的養子來旺叔趕來了。他二話沒說，背起虎三大娘就走。大姐收拾起兩個籃子，跟在後面。虎三老爹家在不遠處的半坡上，儘管不遠，但是來旺叔需要先下到河底，走出二三百米才能趕到坡前；他一路快走，上得坡來，進入家中，已經累得氣喘吁吁，汗水在臉上流淌，明晃晃地鋪了一層汗星兒。

虎三大娘被來旺叔背到家裡時脈搏還在跳動，卻不會說話了。這時家裡來了一些人，大隊的醫生正在趕來。但是，虎三大娘牙關緊閉，滴水不進，支撐到了半夜，卻突然睜開了眼睛，骨碌幾下，嘴唇哆嗦了一會兒，隨後含糊不清地嗚噥了一陣，來旺叔從虎三大娘的口型認定，是說：

「我——跟——三——官——老——爺——走——了。」

二、是人家教我編的

大姐做夢也想不到，她會成為村裡熱捧的人物。她在村裡走動，人家看見了，叫進家裡聽她講述她的歷險故事。大姐平時就愛串門兒，經常因此誤了做家務，沒有少挨母親的教訓。這下是別人叫她去串門，她便有點有恃無恐地走東家串西家了。大姐腦子反應比較慢，前面講過的話後面就會忘記了，難免顛三倒四。這在平時是缺陷，常常被人抓住嘲笑，說她缺心眼兒。然而，此一時彼一時，虎三大娘猝然去世在村裡引發了空虛，需要大姐敘述故事的多變來填補。每當大姐敘述完她和虎三大娘的生死離別的故事，人家總會再追問道：

「就這些嗎？」

「就這些。」

「你沒有看見三官廟冒起三道光嗎？」

「好像沒有。」

「人家毛孩都看見了。」

「你讓我想想，啊，可不是，三道光，明晃晃的。」

下次大姐換了人家講述她的歷險故事，就有鼻子有眼地把三道明晃晃的光加上了。可是又有人會追問：

「你沒有看見三官老爺從三官廟飛過來，把虎三大娘架走嗎？」

「沒有，沒有，真沒有看見。」

「可人家來旺叔說了，他向你們跟前跑著，抬頭一看三官老爺正朝虎三大娘跟前飛，搶在他前面把她架走了。」

「你讓我想想，啊，可不是，三官老爺一起飛過來，架起虎三大娘飛走了，嗖嗖的。」

「你抱著虎三大娘是不是立馬覺得輕巧了？」

「才不是呢，一直很沉。」

「可人家來旺叔說，他背起虎三大娘時很輕，跟背了空布袋差不多，是一路跑回家中的。」

「聽你這麼一說，有那麼一陣子，虎三大娘是很輕的。」

在人們的引導下，大姐的敘述一變再變，最後版本是：

「可不是，老爺呀，三官廟上三道光閃過，虎三大娘眼見就讓三官老爺領著，騰雲駕霧地走了，她自己也成了老爺，讓人敬起來了。」

母親聽見了大姐這樣編造她的歷險故事，瞅大姐幾眼，說：

「瞎圪詐吧，嚇圪詐吧，記得你一開始是怎麼說的嗎？」

「不是我瞎圪詐，是人家叫我這樣編的。」大姐如是說。

三、我給你把葛針取掉

虎三大娘的喪事辦得很精簡，就在他們家門口不遠的地方搭了一個喪棚，必要的弔祭活動結束後，村裡的鑼鼓敲打起來，送她上路。麻煩在於抬棺材。虎三老爹老倆住在河底的半坡上，棺材不得不抬上村來，穿過村子，上了窯頭坡，才能到達墳地。這比從村子裡直接往墳地去，多了一半路程，而且都是上坡路，重量成倍增加。村裡抬棺材的辦法，是用兩根長木杆，綁在棺材底部，把棺材夾住，兩個人抬一根杠子，四個人組成一頭；一旦抬起來，他們需要一路小跑，路上需要路祭時，也是快放快起；他們一直需要小跑到墳地，生怕速度慢了，死人會滯留下來，在村中遊蕩，勾走誰的魂兒。因此，每次出喪抬棺材，都會演繹出一些說法，比如「某某不發家，抬起來死沉」啦，又比如「某某一輩行善，死了也疼人，抬起來輕飄飄」啦，等等。喪事辦完，虎三大娘的評價屬於後者：

「老人家真跟三官老爺走了，棺材抬起來跟沒抬東西一樣！」

虎三大娘去了，虎三老爹還守著家過日子，沒有跟養子來旺叔一家去過。他離不開老地兒，那是他和弟弟一起從河南逃荒上來後開墾的家園。推測起來，他們家兄弟們不少，大約從「虎大」到「虎二」到「虎三」到「虎四」甚至「虎五」和「虎六」還可以往下排列。虎三和虎四結伴逃荒，來到山西，在我們村安家落戶，是我這輩人見到的村裡第一代外來戶。村裡三個說河南話的老人，就有他們兄弟兩個。他們在河底的半坡上選址，開出兩眼土窯，拓出平地和坡地，種上了果樹：杏樹、桃樹、李樹、海棠樹、棗樹，是村裡果樹種類最全的。我中學畢業回村成了憤青，夜裡和村裡的年輕教師張發喜以及另外一個小饞蟲，深更半夜曾經去虎三老爹家的一棵杏樹上偷吃過杏。不過，那不完全是一次偷竊，而是一次惡作劇般的挑戰，因為村裡人都說虎三老爹的杏樹用葛針叉死了，誰都別想偷吃到他的杏子。我們幾個放話說：才不一定呢。我們三個確實沒借助任何工具，憑著年輕矯健，身輕如燕，手腳麻利，繞過他叉的圪針，偷吃到了他的大杏。虎三老爹也是憑藉我們輕佻的狂言，猜準我們就是他丟杏的竊賊。他的杏子成熟時，他照例給我家送來了杏子，讓我們嚐鮮，還笑眯眯地對我說：

「下次去摘杏吃跟我說，我給你把葛針取掉，要不摔下來不值得。」

那時虎三大娘已經去世幾年了，果樹的收入是虎三老爹一年油鹽煤的經濟來源，我哪還敢有「下次」？我們充當憤青，是衝著社會去的，在虎三老爹面前我們是孫子。

虎三老爹活到八十歲時，還能去泊池上挑半桶水，邁了碎步但步點輕盈，人人都說那是虎三大娘在空中幫扶著，要不八十歲的老人連路都走不動，這老頭兒怎麼還能自己挑水吃？

四、天黃黃地黃黃

虎三老爹老倆沒有生養過，虎四大爺把長子來旺叔過繼給他們養老送終，土改時因為他們是村裡最貧窮的，分到了富農蘇聚金的新東屋。虎三老爹說他們老倆住慣土窯了，讓來旺叔去裡面結婚生孩子，來旺叔很快生養了一大家子。虎四大爺生養了三男一女，日子有了奔頭，把原來的土窯拓展成兩間，前面還掛了磚牆。隨著兒女長大，勞力增加，又把院落拓寬，修建了三間土平房，因此沒有分到房子，只分到了土地。再往後，上面來招煤礦工人和徵兵，村裡人都覺得這些都是苦差事，推來推去就推到他們這些外來戶頭上了。於是，二兒子根旺去高平當了煤窯工人，三兒子木旺去新疆當兵了。然而，農村人多會兒都眼窩子淺，不知道新社會是顛倒了人間，把肥差拱手送出去了。可謂三十年河東三十年河西，沒有幾年，這兩個從河南逃荒上來的老哥們的後人，都成了村裡有頭有臉的人物。虎三大娘猝死的故事演繹成乘風而去的神仙傳說，這郭姓家族的身分轉換，都和虎三大娘生前伺候三官老爺的善行聯繫起來了。

「我大娘自從河南逃荒上來，就一直去三官廟掃灰，」來旺叔被問起時，毫不含糊地回答說。「每年臘月都去清掃一次，掃了幾十年，要不然三官廟早讓灰塵埋起來了，大家每年還怎麼進去燒香磕頭呢？」

「真是，真是，掃了幾十年，不容易，真是善有善報呀。」人們立即附和道。

這事兒在村裡沸沸揚揚盛傳了幾個月，看樣子就要過去了，但是一天下午，有命姥姥到河底自家自留地裡去幹活兒，回到家裡突然牙關緊咬，渾身哆嗦，像發高燒一般熬過去之後，精神抖擻地在家裡蹦蹦跳跳，而且一邊蹦跳一邊模仿虎三大娘的口氣，有聲有色地唱道：

「天黃黃地黃黃，俺就是虎三好大娘，嘣嘣起嘣嘣起；三十多年照管廟，給三官老爺做清掃，嘣嘣起嘣嘣起；整整齊齊一座廟，好好廟頂拆除了，嘣嘣起嘣嘣起；堂堂三官無遮擋，大雨小雨盡挨澆，嘣嘣起嘣嘣起；站神童子無處躲，一樣挨淋受煎熬，嘣嘣起嘣嘣起；三官派我來通報，廟頂趕緊修整好，嘣嘣起嘣嘣起；要是長期不修好，村子安寧無神保，嘣嘣起嘣嘣起——」

且說有命老爹家共有三口人：老伴兒和兒子和自己。有命老爹在村裡算高個兒，老伴兒卻算得上矮子，兒子承襲了老伴兒的基因，個子也不高，不過不是大缺陷，腦子呆傻才是他們老倆的心病。有命老爹患有氣管炎，呼哧帶喘的，老遠就能聽見他走來，肩上卻一直背著一支長煙袋；他平日是個和氣的老人，遇上不順心的事兒，他能千奶奶萬奶奶地破口大罵，而兒子的呆傻讓他少有順心的時候。有命姥姥倒是難得發脾氣，白白淨淨，說話細聲細氣，慢條斯理，見了一隻雞都會繞著走。他們唯一的兒子叫天旺，地地道道的傻子，一天起來只知道勞動，但是幹活兒手腳特慢，挑肥送肥能掙十分工，手把活兒卻只能掙到七八分。二十來歲時，有命老爹給他張羅來一房媳婦，媳婦也是個傻子。新婚的晚上鬧過洞房後，天旺叔要跟媳婦親熱，媳婦哇哇叫著不幹，天旺叔就強行往媳婦身上爬，媳婦把身團得緊緊的，又穿著衣服，天旺叔在媳婦身上爬了一晚上也白搭。第二天早上，媳婦跑到有命老爹跟前告狀道：

「你家天旺不是東西，夜來黑來在我身上爬了一整夜。」

身為公公的有命老爹聽了，臉青一陣紅一陣，正好天旺進了家門，他上去就給了天旺一個耳光，喝道：

「你個沒用的東西，幹甚欺負你的媳婦？」

「我沒有欺負她，就是往她身上爬來著。」

「你個沒有用的東西，誰讓你往媳婦身上爬來著？」

「你讓我爬的呀！」

有命老爹讓傻兒子慦得透不過氣來，一時不知道說什麼好。天旺叔卻以為他把老爸將住了，一時得意，又道：

「我問你怎麼爬，你還說就像母狗爬公狗那樣爬！」

天旺叔執著地往媳婦身上爬，兩個新人便不停地吵架，最後那媳婦跑回娘家，說什麼都不回來了，這樁婚事沒有維持夠一年就離婚了。自始至終，有命姥姥像個局外人，在家不吭聲，在外面不管別人問什麼，她只是唉聲嘆氣，撩起水裙角抹眼睛。

就是這樣一家人，就是這樣一個年近六旬的老婦，突然間在家里弄神鬧鬼，村裡因此大嘩，人心浮動，私下裡嘰嘰喳喳。出人意料的是，平時見人都往一旁躲的有命姥姥，在家裡折騰了十來天，竟然到街場蹦蹦跳跳，念念叨叨，跳大神一樣：

「天黃黃地黃黃，俺就是虎三好大娘，嘣嘣起嘣嘣起；三十多年照管廟，給三官老爺做清掃，嘣嘣起嘣嘣起；整整齊齊一座廟，好好廟頂拆除了，嘣嘣起嘣嘣起；堂堂三官無遮擋，大雨小雨盡挨澆，嘣嘣起嘣嘣起；站神童子無處躲，一樣挨淋受煎熬，嘣嘣起嘣嘣起；三官派我來通報，廟頂趕緊修整好，嘣嘣起嘣嘣起；要是長期不修好，村子安寧無神保，嘣嘣起嘣嘣起；三官老爺如今進村來，一定要查清誰拆了廟，嘣嘣起嘣嘣起——」

街場是村子的中心，走了集體化後，修了一座三間房子，叫新堂屋，是開會和記工分之類公共活動的場所。有命姥姥這樣一個從來沒有出頭露面過的老婦突然在街場跳大神，儘管隔三差五，每次上街都會把全村人吸引來看熱鬧。人們一邊看，一邊嘁嘁喳喳道：

「她怎麼這樣像虎三大娘呢？聽聽那聲音，看看她搖搖擺擺的樣子，跟虎三姥姥多像啊。」

「要是個子再高一點，就活脫一個虎三大娘了！」另有人添油加醋說。

更要命的是，有命姥姥這樣的活動繼續了十多天，她最後來到了長生哥的院子裡，一邊跳，一邊念叨：

「天黃黃地黃黃，俺就是虎三好大娘，崩崩起崩崩起；三十多年照管廟，給三官老爺做清掃，崩崩起崩崩起；整整齊齊一座廟，好好廟頂拆除了，崩崩起崩崩起；堂堂三官無遮擋，大雨小雨盡挨澆，崩崩起崩崩起；站神童子無處躲，一樣挨淋受煎熬，崩崩起崩崩起；三官派我來通報，廟頂趕緊修整好，崩崩起崩崩起；要是長期不修好，村子安寧無神保，崩崩起崩崩起；都是長生你不好，帶領全村去拆廟，崩崩起崩崩起；你要不把廟頂重修好，你們全家沒好報，崩崩起崩崩起——」

五、黑狼來了

長生哥是大隊主任，包隊幹部，按照老皇曆，他就是村長閭長什麼的，一村之主，村中總管。長生哥是村裡有見識的人，小時候在河南開封當過學徒，是他那輩人中少有的識字人，會算帳，尤其擅長心算。也許就是這些優勢，他在土改運動中成長起來，當上了村裡的幹部，是村裡第一個總是身穿制服的人，四個兜，西式褲，跟公家人差不多。他臉色黝黑，少有喜色，一沉臉一瞪眼，眼白格外突出。萬事開頭難：集體生產過去從來沒有過，怎麼管理一群土裡刨食的人，村幹部誰都不知道。長生哥胸無城府，資質平庸，遇事喜歡瞪起兩隻眼睛嚷嚷，因此村裡人背後都叫他黑狼。幹部當久了，他這套管理方法延續下來，頗有些震懾力，集體幹活兒，只要他在場，沒有人敢耍滑使懶的。連誰家小孩兒哭鬧不止，大人都會嚇唬說：

「黑狼來了！」

小孩兒聽了便會停止哭鬧；不過，用母親的話說：長生臉黑心不黑，有事兒都寫在臉上。儘管這樣，敢去他家評理的人都不多，更別說跳大神的人跳到他家了。他家位於村子中央，三間堂房，兩層樓，前面磚，是村裡的好房子，想必祖上的日子過得不錯。家有老母、老婆、兩女一男三個孩子，日子過得有板有眼。西屋住著堂弟一家，南屋住著胞弟一家，只是東屋已經拆除，根基石還好好的，看樣子祖上曾經面臨破落的邊緣。他父親去世早，母親也有些眼病，看人視物總是搭起涼棚湊近看，給人一種親切感。晏理村是老解放區，搞過一陣子「打泥胎」運動，就是把村村寨寨廟上的泥塑像打爛，也叫破除迷信，解放思想。長生哥識字但是文化不深，上邊讓幹什麼就幹什麼，讓怎麼幹就怎麼幹。時間長了，就有了自己的一套，比如各種破除迷信他都表現積極。他母親吃齋念佛，怎麼勸他都沒有用，儘管他是一個孝子。

有命姥姥跳大神是迷信活動，可有命老爹是他的長輩，祖上還有些親戚關係，他身為幹部，管不是，不管也不是，正發愁怎麼對付這樣的事情，不想有命姥姥直接鬧到自家院子裡來了。如果是同輩或者小輩人，他黑起臉，嚷嚷幾聲，連推帶搡，轟出院子就行了。但是，有命姥姥是長輩，老人，身材矮小，瘦弱，他只能眼睜睜看著她在院子裡走來走去，折騰累了，自己回去。然而，事不過三，來得次數多了，他便忍不住罵幾句，可他母親聽見了又會罵他，這樣一物降一物地循環著，似乎沒有盡頭。

然而，有命姥姥的這種病似乎有傳染的性質，村裡上歲數的婦女一個接一個開始跳大神，念叨的詞兒和有命姥姥一模一樣，而且更恐怖的是，誰念叨的口氣都像虎三姥姥，大有青出於藍而勝於藍的趨勢。別的女人如此這般地跳大神，還沒有一個敢到他家院子來跳的，但是整個村子上年紀的女人眼見都成了跳大神的，他這個村中總管無論如何都待不住了。法不責眾，他沒有辦法挨個兒把那些跳大神的老女人一一整治過來，想來想去，認為都是因為三官廟惹出來的麻煩，索性一拆到底，泥胎像統統打掉，把這股迷信風連根拔掉。他召集小隊幹部，把自己的想法講了，大家一時沒有回應，因為有的幹部的母親也有跳大神的徵兆了。

「我奶奶夜來隔黑來突然身子一哆嗦，一口氣把有命姥姥念叨的那些話都唱出來了，學得比有命姥姥還像虎三大娘呢，一口河南話。」隊長小瘦說。「噥嘻，拆廟的事兒是不是先等等再說。」

「我奶奶還沒有到那一步，不過這些天一直在念叨虎三大娘，念著念著就像虎三大娘的聲音了，怪瘆人的。」會計長鎖說。

「我都想跟上她們去跳大神了。」婦女主任麗秀說。

「嘿，召集你們來，這個，不是讓你們扯淡的啊。」長生哥打斷他們的閒扯，嚴厲地說：「我的意見是，這個，拆，拆，拆，一拆到底。我就不信這個邪，這個，廟拆完了，這種事情就不會有了。」

「噥嘻，這個時候，你派誰去拆廟呢？誰敢去？」隊長小瘦反問道。

「幹部帶頭，這個，誰去給誰記雙份工！」長生哥說。

「照村裡現今的樣子，記雙份工怕是也沒有人敢去。」會計長鎖說。

「那就記三倍四倍的工，這個！」長生哥像是下定決心了。

「要不咱們先放放風再看看？」婦女主任麗秀說。

「老婆家真是頭髮長見識短，這個，放風，哼，放哪家的風？」長生哥譴責說。

「那你明兒去拆三官廟的牆，看看誰跟你去？反正我不去！」婦女主任麗秀開始鬧小性兒了。

「我明兒要去孩子姥姥家送一趟豆腐。」會計長鎖說。

「我明兒在家歇著，腰閃了好幾天了，該歇一歇了。」隊長小瘦乾脆找藉口罷工了。

「哼，這個，我早看出來你們這批人不中用，這個，鑾狗這批年輕人眼看頂上了來了，這個，下次改選幹部，這個，把你們換掉算了。」長生哥發狠說。

「換就換吧，咱也當得夠夠的了。一個破隊長，除了出苦力，能有甚好處？」小瘦抱怨說。

「別往死疙瘩上說，有話好好說。我看還是緩一緩拆廟好。」會計長鎖說。

「我看也是。」婦女隊長附和道。

「唉，這個，你們啊，你們，你們怎麼就這個這個——」長生哥用恨鐵不成鋼的口氣說。

會議開到大半夜，大夥兒還是沒有一致說法，而且長生哥最後虎頭蛇尾了，說來說去，自己也覺得這件事情來勢洶洶，有點蹊蹺，最後自言自語地念叨道：

「說來也怪，有命姥姥是個文盲，這個，平時說話前言不搭後語的，現今居然能說出那麼多順口溜，這個，就是我這個大隊主任坐下來寫，也寫不出來的。再說了，村裡那些在自己家跳大神的，這個，誰都能把有命姥姥的順口溜背出來，一字不差，可當初讓她們參加掃盲夜班，這個，一黑來也記不住一個字。」

他這麼一說，會議的氣氛又漸漸地活躍起來，有人試著學有命姥姥的順口溜，卻最多學來前面一兩句，隨後的都記不起來了，只是關於長生哥的那三四句，大家都還能背出來：

「……都是長生你不好，帶領全村去拆廟，嘣嘣起嘣嘣起；你要不把廟頂重修好，你們全家沒好報，嘣嘣起嘣嘣起——」

你一句我一句地說，而且都想模仿得更像，難免滑稽，最後幾個人笑作了一團。長生哥眼見控制不了會議了，臉色一沉，喝道：

「不像話，不像話！這個這個，村幹部不帶頭破除迷信，還跟著大夥兒起鬨，這個，讓別的村看咱們的笑話！拆，拆，拆，忙完這兩天生產，就拆！。」

六、鑽心疼呀

長生哥的命令還沒有付諸實際，他的老母親就發生了一件奇怪的事情。長生哥的大女兒名叫「肉蛋兒」，村裡便叫他母親「肉蛋兒姥姥」。

夏日的山村，不管多麼炎熱，只要太陽落山，涼意頓生，山風在暗中湧動。村裡人吃晚飯沒有鐘點，什麼時候天黑下來，人們開始端上飯碗上飯場，小孩、老人和女人，都呆在自家院子裡吃飯，只是端了碗出門來，坐在門前的廊階石上，邊吃飯邊和鄰居說話。

「肉蛋兒姥姥」因為眼活兒不好，只能自己先坐在門前的廊階石上，由孫女給她把碗送到手裡，她再慢慢地享用。她接過碗喝了一口，說：

「今兒的茭子米熬爛了，咬起來不費勁，就是飯熬稠了，鹹菜放上倒是沉不下去，可這樣做飯費糧食，一年吃不到頭啊——」

她的話還沒有說完，就聽她嗷地一聲，接著就哎喲哎喲地叫個沒完。院子裡的人都問她怎麼了，她說她咬了一口鹹菜，舌頭疼得不得了。孫女們趕緊點來火棒子，就近向她的碗裡看去，只見碗中間放鹹菜的地方，一個活物在扭動；再仔細看去，原來是一隻蠍子，因為「肉蛋兒姥姥」用筷子剛剛夾過鹹菜，那隻蠍子還在碗中間那小堆鹹菜上打轉轉，往前面稍稍探一探，又會立即縮回來，因為茭子米湯還很熱。

「老爺呀，蠍子！」「肉蛋兒」先叫起來。

「蠍子？」

「蠍子？」

「蠍子？」

隨著聲音，大家一個接一個湊過來，看究竟。

「真是的！」男的聲音說。

「老爺家不當嗶啦的！」女的聲音說。

「肉蛋兒姥姥」嚇得不敢亂動，只是兩隻手端著碗喊叫疼痛。婦女和小孩子家都不敢貿然把她手中的碗接過來，生怕倒手的過程中蠍子爬出來蜇人。

「『肉蛋兒』，快去叫你大大去！」長生嫂對女兒喝道。

「肉蛋兒」把手中的火棒交給別人，拔腳跑去叫她大大，圍觀的人雖然都是「肉蛋兒」姥姥的親人，但是老的老，小的小，大夥兒一時手足無措，眼睜睜看著她叫一聲哼一聲，手裡的碗開始哆嗦起來。好在飯場不遠，不一會兒長生哥就和「肉蛋兒」一起趕過來了。長生哥就著火棒的光亮看清了母親碗裡果真有一隻蠍子，趕緊接過碗來，仔細看去，見那個張牙舞爪的傢伙還在蠕動，心下十分驚駭，不過表面強作鎮靜，接過母親手裡的筷子，把那隻蠍子夾出來，扔在地上踩了一腳，回身問母親道：

「疼得不行嗎？」

「鑽心疼呀。」

「這可怎麼辦呢？我去家拿出手電筒再仔細看看。」

長生哥的手電筒在村裡是稀罕物，大黑天誰家不得已出村辦事兒或者叫醫生，都來借用他的；用過了必須及時送還，因為長生哥經常外出開會，搭黑回家是常事兒，隨時都要用。在手電筒的照耀下，人們看見

「肉蛋兒姥姥」的舌頭腫了起來，轉動都不靈活了。她疼得喊叫不動了，一直在哼哼。大家七手八腳地把她扶起來，送到屋裡，讓她躺在炕上歇息。大家返回院子，聽著「肉蛋兒姥姥」低一聲高一聲地哼哼，各自連吸溜吸溜喝稀飯都小心翼翼的，輕鬆的家長里短的閒話沒有了。

「那隻蠍子好像不見了。」不知是誰喊了一聲。

長生哥沒有心情再上飯場，蹲在自家的廊階石上喝飯，聽人這樣說，從兜裡掏出手電筒打起光，光柱隨著他的手來回活動，黑地裡遠遠看去彷彿鬼火在遊蕩。

「怪了！」他一邊照手電筒，一邊說。「我一腳把它踩爛了，怎麼還能跑掉呢？」

「你敢肯定你踩住它了？」暗中有人問道。

「還沒有指頭肚大，一隻腳踩上去，怎麼能踩不爛呢？」長生哥說。

「要是地上不平呢？」暗中又有人搭話說。「要是白天，它一準跑不掉，黑燈瞎火的就保不准了。要是在白天，就是人一眼看不見，沒準兒雞也會跑來啄吃了，它們最愛吃蠍子——」

「淨說廢話，黑天瞎地的，哪有雞來？」暗中另有人插話說。

「怪了！我一腳把牠踩爛了，怎麼還能跑掉呢？」

長生哥的話問得有些神祕兮兮的，別人不知道說什麼好，自管吸溜自己碗裡的稀飯。但是長生哥是村裡有頭有臉的人物，把人管得服服貼貼，一隻蠍子卻沒有處理好，有些不甘心。他站在他母親剛才吃晚飯的地方，又把周圍照了照，問道：

「姥姥就是坐在這裡吃飯的嗎？」

「就是。」大家附和道。

「那蠍子又沒有長翅膀，能飛到姥姥的碗裡去？」

「要是從屋簷下掉下來呢？」有人提醒說。

長生哥用手電筒向屋簷照去，光亮處都是些舊椽頭。

「怪道！」長生哥說。「這樣高，正好掉進碗裡？」

七、撓腳背

草灰哥家的杏樹是村裡結果最大的，號稱板杏，熟透的果子發白，洋紅，個頭均勻，肉厚甘甜，稱得上杏樹中的上品。杏樹長在他家地頭，而那塊地在村東垛地上，離村子有百餘米遠。土地充公後，土地證上宅基地一欄裡寫著這棵杏樹，所以還是草灰哥家私有。果樹如果沒有生長在房前屋後，是很容易被人偷吃掉的，也是常事，但是草灰哥家的杏樹沒有人敢去偷吃，因為杏樹有守護神，那就是草灰哥的母親，村裡人叫茬子大奶，因她的丈夫叫茬子。每到杏樹快成熟的時候，從早到晚，茬子大奶都會坐在杏樹下看杏。樹梢上個別黃透的杏掉下來，她便一一撿起來，放進掖起來的水裙裡，天黑她撤下來後，會分送給村裡上歲數的人吃；偶爾碰上她認為規矩的孩子，作為獎勵，她也會掏出來塞給他們一兩個吃。她從杏樹下面撤退了，就該草灰哥上崗了。拿條氈子和被子，草灰哥就睡在杏樹下。不過更多的時候是做給他母親看，他差不多都是在村裡安靜下來時便跑回家裡和媳婦親熱。他母親看杏樹遠近聞名，逮住誰來偷杏吃，她能滔滔不絕地罵上三天三夜。

我親歷過一次，大約十多歲上，村裡的生產隊長小瘦仗著自己的身分，路過那塊地時朝樹上扔了一石頭，打下來七八個杏，他正在地上撿，茬子大奶去茅廁回來了，老遠就破口大罵。到了跟前認出來是小瘦時，不僅不給面子，罵得更厲害了：

「得了饞癆病了，不怕吃杏咬了舌頭？奶奶我看杏容易嗎？一年三百六十天，就等杏樹給我攢個零花錢，你這是要斷我的吃鹽錢嗎？」

小瘦臉上掛不住了，本來臉就黑，這時陰沉得像黑鐵鍋，但是茬子奶奶六親不認，照樣罵下去。小瘦火了，大聲說：

「不就撿了幾個破杏嗎？還你，還你！看你能發多大的財！」

「破杏？破杏你還來來偷吃，不怕破了你的嘴嗎？我發不了財，連鹽錢都要找你要了——」

茬子奶奶罵著，搖晃著兩隻小腳，向小瘦撲過來，要和小瘦打架的樣子。小瘦哪敢和一個老人糾纏，一旦有個三長兩短，他可包賠不起。他撒腿就跑，扔下一句話：

「真是名不虛傳的母老虎！」

茬子大奶的「渾」在村裡是有名的，但是沒有誰敢罵她母老虎的，所以當天下午她讓草灰看守杏樹，自己親自找到小瘦家門上，和小瘦的母親吵了一架。虧得小瘦的母親是個厚道人，吃得虧，一個勁兒賠不是，什麼難聽話都照單收下，這場偷杏事件才平息下來了。

不過，每年到了摘杏的那天，茬子大奶總會帶上一籃子杏，挨家挨戶地送上一把杏，讓大家嚐嚐新；如果因為杏子結下什麼疙瘩，她趁機嘮叨幾句，算是道歉。有了這樣的禮數，她家的杏樹直到老死，絕少有人去偷吃，除非外村的人半夜三更來偷襲。

草灰哥家住當中院的南屋，兩層樓，前面磚，算是村裡的好房子。不過草灰媳婦和婆婆合不來，娶過來不久就到院外的三間土堂屋住去了。草灰的媳婦旦旦除了和婆婆合不來，還有自己的私心，那就是草灰上地幹活兒時，她會隔三差五地偷做點好飯吃，比如鍋盔啦、油疙瘩啦、疙瘩湯啦，等等。婆婆為了看住兒媳婦這個毛病，她經常來坐到兒子家門口，不到飯時不回家去。兒子的家離老槐樹幾步遠，公社派木匠來伐老槐樹時，她一直守在跟前看，鋸樹梢啦，截樹枝啦，伐主幹啦，刨樹根啦……她邊看邊念叨：

「造孽呀，造孽呀，天高地高的兩棵大槐樹，長了幾百年，說砍倒就砍倒了！要是個人，這樣渾身上下地糟蹋，還不疼死了？造孽呀，造孽呀——」

她這樣念叨了半個月，人家砍樹伐樹的木匠安然無恙，她卻神神叨叨起來：

「槐樹精槐樹神，斧頭鐵鋸來分身，哼哼呀哼哼呀；圪枝斷了我心疼，樹根斷了我頭疼，哼哼呀哼哼呀……」

她這麼一鬧騰，村裡住在槐樹附近的家戶，紛紛到老槐樹下的小廟裡燒香磕頭，祈求自家平安。木匠是上面派來的，看見村裡人都來敬槐樹爺，心下嘀咕是不是也詛咒了他們，就把這事兒彙報到公社，公社為此還批評了長生哥，要他制止村裡的迷信活動。長生哥和草灰哥土改時都是村裡的風雲人物，後來因為多村一社的合併，草灰費盡心機謀得的位置丟了，因此和長生哥面和心不和了。長生哥找到草灰，要他管一管自己的老母，別把人丟到公社去：

「全公社都知道旻理村出了槐樹精，丟人不丟人！」

「村裡好好的兩棵老槐樹，千年百年才長成，你們當幹部的守不住，還好意思來說別人？這才叫丟人呢。」

「別長了一張嘴光說別人行啊。你當村幹部時守住了什麼？有名的敗家子，大家才反掉你的。」

「那是按地塊遠近調整土地，我們給人家，人家還給咱們了呢。再說，那是上面的政策，又不是我一個人做主的，你也有份兒。」

「非把你叔叔劃成富農，分你叔叔的好地，可沒有我的份兒！」

「打人不打臉，揭人不揭短！」

「你門市兒都做倒了，還害怕揭短？你看看你現在成什麼樣子了，上工偷懶耍滑，下工爭工分，重活兒累活兒躲著，輕巧的活兒搶著，村裡人都叫你『撓腳背』了，看你多光彩！」

只要和長生哥發生類似的爭吵，草灰總是落下風，因為他在集體地裡勞動，成了有名的懶漢加滑頭，大夥兒都不願意和他一起幹活兒。「撓腳背」是村裡人送給他的外號，是說他在集體地裡幹活兒，動不動就站在那裡撓腳背，這只撓過撓那隻，像一隻站在地塄邊上抬起爪子尋找母雞的大公雞。然而，花無百日紅，草無一年綠，長生哥因為拆三官廟，惹得村裡沒有了安寧，鬧來鬧去，終於鬧到他家和他奶奶身上，草灰哥這下有好戲看了，風涼話隨口就是一大堆：

「他真以為掉在他奶奶碗裡的是一隻蠍子呀！也不想一想，屋簷丈把高，蠍子就像打子彈，準準地掉在他奶奶的碗裡莜子米湯中間的鹹菜上？他奶奶又正好一筷子夾住蠍子往嘴裡餵，那隻蠍子又正好調轉屁股用鉤子螫了她？螫她哪裡不好，又正好螫了她的舌頭？就算螫了她的舌頭，又正好不偏不倚地螫了她的舌頭尖兒？蠍子的鉤尖兒有多大，他奶奶的舌頭尖兒有多大，針尖對麥芒，就正好碰在一起了？」

飯場上的人們見他說得頭頭是道，便真心真意地向他請教：

「你說那不是蠍子，能是甚呢？」

「三官老爺！」草灰很肯定地說。

「三官老爺？」大傢伙兒齊聲驚詫道。

「三官老爺變的。」草灰說得很肯定。

「噷！怪道！」大傢伙兒又驚詫道。

有時候，草灰沒有環視左右，不知道長生哥端著碗上了飯場，只顧自己說話痛快，不料讓長生哥逮了個正著。

「喂喂，這個，誰告訴你的？」長生哥拿腔拿調地問道。

「我奶奶，都夢見好幾回了！」草灰以為飯場上有人在請教他，不容置疑地回答道。

「草灰你這個人真沒勁，這個，老婆家家的，這個，瞎咧咧個甚？你奶奶能變成槐樹精，這個，我看那隻蠍子就是你奶奶變的，這個，到處蜇人。」長生哥正色道，一邊找地方坐了下來。

換了早些年，草灰會不疼不癢地爭辯幾句，隨後認個下風，這種飯場爭論就不了了之了。但是，隨著集體生產一年又一年地過去，人們慢慢知道走集體化究竟怎麼回事兒，思想隨著起了變化。像草灰這樣當過村幹部的人，能打會算，適應性更強。他漸漸地改變了背後議論人的習慣，敢和當事人面對面地抬杠了。

「我奶奶要是能變成蠍子就好了，專蟄你們這些當幹部的。」草灰笑道。

「你怎麼不說變成『撓腳背』的，和你一起撓腳背呢？」

飯場上的人轟然笑起來，但是草灰沒有當回事兒，反擊說：

「撓腳背怎麼啦？腳背癢癢了，不准撓撓嗎？總比你們當幹部的多吃多占強呀？我撓自己的腳背，沒撓別人的腳背，不像你們當幹部的，吃的占的都是大家的——」

「草灰這話可不能瞎說啊！誰多吃多占大家的了？」

「不是大家的，也是公家的，反正不是自己的。」

長生哥這下不知道說什麼好了。他知道大夥兒都在背後議論幹部多吃多占，但是像草灰這種人敢在公開場合叫板，是他應該想到而還沒有想到的變化。他當村幹部十幾年了，知道草灰這樣說話很有蠱惑性，大家都願意聽，也願意相信，他正在琢磨怎麼教訓教訓草灰，讓他這種人收斂收斂，他女兒「肉蛋兒」趕到飯場，對他說：

「大大，快回去吧，姥姥又說胡話了！」

八、拄哭棍

黑駿哥是村裡的活檔案，每家每戶上下三代，他都有一肚子故事。他常說一件趣事：鄰村上輩人裡有個名叫迷糊的男人，年輕時找媳婦非找高平女兒不可，人家問他為什麼，他說高平縣地平水好，女人都生得俏皮，白生生的，細溜溜的，摟在懷裡受用。算他有姻緣，碰上媒人正在給一個高平女兒找婆家，一拍即合，只是新婚之夜他掀開蓋頭一看，和他要求的那些標準正好相反，而且最讓他鬧心的是兩眼紅紅的，眼角總有擦不完的眼屎，人們就給他的媳婦送了個外號，叫她「眵模糊眼兒」。這是黑駿哥一肚子故事中他最愛講給人聽的，誰知他也從中汲取經驗和教訓，托媒人給自己說了一個「生得俏皮，白生生的，細溜溜的」的女人，美中不足的是他的女人後來總患眼病，也成了一個地地道道的「眵模糊眼兒」。他的女人天生大嘴，愛笑，白生生的臉上一對「眵模糊眼兒」，一張傻呵呵裂開的大嘴，黑駿哥怎麼看怎麼不順眼，漸漸地就冷落起媳婦。卻說這媳婦給他生下一個男孩後，他因為看不上媳婦，動不動就拳腳相加，還慫恿和自己年齡相當的男人對自己的媳婦幹些荒唐的事情。他媳婦是那種二二呼呼的女人，不明白自己的男人為什麼如此對待自己，不從不行，從也不行，挨打受罵成了家常便飯，便一天天地消瘦起來，之後在床上久病不起，拖了一年多，就一命嗚呼了。

他媳婦死了，兒子留下了，而且白白胖胖，不像他長得黑不溜秋，因此對兒子疼愛有加。他給兒子取名麵孩，他的老母就隨了孫子，村裡人開始叫她「麵孩姥姥」。麵孩姥姥對麵孩更是百般呵護，真是含在嘴裡怕化了，捧在手裡怕摔著。麵孩的腦子隨他母親，二二呼呼的，從一年級開始留級，念完小學就十五六歲了。但是，麵孩姥姥每天半上午和半下午，準準地從西頭家裡端上一碗米湯，一步三搖地送到學校，看著孫子喝完才離去。幾任老師都說：

「姥姥你快別送米湯了，麵孩一天只想著米湯，學不進去，年年留級。」

「學習是老師的事兒，我只管養好他的身體。」麵孩姥姥如是說，如是做。

小學畢業時，麵孩的姥姥去世了，不過麵孩的個子長成了，身體確實不錯，生產隊的農活兒樣樣扛得住，很快成了一個好勞動力，和他爸爸的勞動態度形成了鮮明對照。黑駿生得瘦巴巴的，眉眼兒都還算周正，但是嘴唇得使勁兒才能把牙包上，臉上瘦得都是皺紋；一年四季他都喜歡把兩隻手袖進袖子裡，一個肩膀微微挑起，走起路來就像是被旗桿挑著，一跨一飄的，隨時都有被風吹倒的樣子。他愛記事，善於表達，土改期間曾是村裡的風雲人物。他致命的缺點是，無論幹什麼活兒他都怕出力氣，實話實說是他也沒有多少力氣，因此在互助組那陣子，他就被村裡人冷落了：誰願意和一個光說嘴不幹活兒的人互助呢？

不過，黑駿哥脾氣好，懂得詼諧，愛糟踐自己開玩笑，只要不涉及勞動，還挺有人緣兒。人家問他為什麼長得那麼黑，他說他一年就洗一次臉，還是在大年三十；人家問他怎麼皮包骨頭了，他說老母去世了，老婆死掉了，沒有人做飯，餓的；人家問他麵孩一年年長大了，找不到媳婦怎麼辦？

「誰說找不到？」他正色道。「還要找個好的呢。」

他這話可不是光說說嘴，而是早早地就開始行動了。他暗中瞄準的是長生哥的二閨女，圪堆兒。不過這是後來他們兩家結成親家時村裡人才恍然大悟的。長生哥家只有他一個勞動力，算上大隊主任的補貼工分，一年能掙三百來個工就很不少了。他老婆身體虛弱，一直病懨懨的，上不了地；兒女們還小，母親又老，所以每年的糧食款都掙不夠。而黑駿和兒子兩個勞動力，每年的糧食款綽綽有餘，就全部撥給長生哥家了。長生哥大男人，又是一村中總管，不好意思也不屑說什麼感謝的話，長生嫂就都說了：

「這年年該你的，年年還不上，越積越多，以後可怎麼辦呢？」

「在我家賬上是死工分，到了你家賬上就有糧食吃，想那麼遠幹甚？」黑駿哥說得瀟灑，其實別有肺腸。

他隔三差五到長生哥家去閒坐，說些逸聞趣事，全家人聽了高興，慢慢地他好像成了長生哥家的人，說話辦事都是一家人不說兩家話的樣子。

他上工抓得很緊，陰晴風雨無阻，只要隊長吆喝，他一準出門上工。但是到了勞動場所，他像犯了大煙癮，哈氣連連，是村裡出工不出活兒的典型。老一輩人和同輩人都知道他的毛病，但是年輕一代做了生產隊長，就對他不客氣，動不動就衝他吆喝，口氣像吆喝牲口一樣。

「懶驢上坡屎尿多，就看見你往地後塄跑了。」新隊長蠻狗說。

「管天管地，還管得了屎尿？」黑駿哥笑嘻嘻地回應道。

然而物是人非，他依仗巧嘴為自己開拓小小的庇護所的時代結束了，新隊長蠻狗不像老一輩人寬容他，接納他，因此呵斥他的口氣不僅嚴厲，而且狠毒：

「矗著鐝頭像拄了哭棍，不嫌丟人？」

黑駿哥怎麼也想不到年輕一代當了隊長，會對他這個有一把年紀的人說這種話，他用什麼詼諧的話都難以換取笑聲和同情，只好悶頭掘地。然而，他實在是手無縛雞之力，堅持不了多久，又倚著鐝頭把子站著歇息，就又聽見蠻狗惡狠狠地吆喝道：

「村裡沒死人吧？怎麼又有拄哭棍的來了？當孝子也不至於這樣勤呀？」

黑黢哥只好厚著臉皮聽任糟蹋了。手臂有點力氣時就掘幾下，力氣沒有了就當「拄哭棍」的，你愛怎麼罵怎麼罵吧，反正我是沒有力氣了。新隊長看著罵人不管用，就扣他的工分。他找隊長吵架，理論，但是他改變不了自己拄哭棍的毛病，最終只好認了。好在一年到頭總算下來，也就扣掉他二三十個工，權當自己老不中用了，成了半勞力了。

他到長生哥家閒坐，免不了說一說自己的委屈，但是長生哥雖然是包隊幹部，這種生產管理是純粹小隊的範圍，他不好插手也插不了手，因為他當幹部十多年了，早對社員在集體地裡出工不出力的現象深惡痛絕了，不能因為他們走得近就說些不負責任的話。於是，他不疼不癢地說：

「咳，聽起來是衝你喊叫的，其實是殺雞給猴看，地裡拄哭棍的就你一個人嗎？」

「那倒不止！」

「就是呀！你聽權當沒有聽見，儘量出力幹活兒就行了。」

有那麼一段時間，上面推行「學大寨」，記工分搞什麼「自報公議」；就是自己報個數目，大家議論他報得多少，多除少補。黑黢哥覺得這事兒新鮮，從旁觀看別人怎麼行動，看出其中的規律，就把自己的工分拼命往高處報。比如說，一般人在十分、十一分至多十二分之間搖擺，他卻張口就報了十五分。這讓大家的「公議」很作難，因為「公議」一般說來也就在半分、一分和二分之間調整，總不能一下子給他「公議」下去五六分吧。儘管隊長蠻狗帶頭又把他的工分拼命往下壓，但是一壓再壓，他最終得到的工分還是比平時高出一二分，這讓他心情大好，心理平衡了一陣子。後來，這種荒唐透頂的自報公議越來越操作不下去，自然死亡，他的工分又低了下去，不過他這時也漸漸地習慣新隊長的管理方法了：不就是挨罵嗎？不就是少掙一點嗎？不痛不癢，不礙生死，充耳不聞隨遇而安好了。

他成了長生哥家的常客，而且年年給長生哥家撥吃糧款，外面因此傳言他在給長生哥家拉幫套，但是日久天長，人們看見他少精無神，而長生嫂一段時間裡一年四季都病懨懨的樣子，不像雙方烈火乾柴的走勢，傳言就不攻自破了。人都有用武之地的時候。長生哥一家因為拆三官廟頓起風波，搞得焦頭爛額；尤其他老母被蠍子蟄了舌頭，挨了疼痛，受了驚嚇，躺在炕上哼哼呀呀地好不俐落，黑豭哥一下子成了有用之人。首先，他能陪著「肉蛋兒」姥姥說說話，插科打諢的，活躍氣氛。其次，他能審時度勢，分別輕重緩急，抓住實質，化解矛盾。其三，他能出主意想辦法，幫助長生哥解決一些長生哥束手無策的難題。

「草灰這人真是越來越沒意思了，這個，在飯場上嚷嚷說他奶奶夜裡夢見那隻蠍子是三官老爺變的，這個，真是騎在人頭上拉屎。等我忙過這陣子，這個，我還就要拆掉三官廟，拆，拆，拆，拆得一塊磚不剩，這個，看他們還能夢見甚！」長生哥憤憤地說。

「你要聽我一句話，我勸你別賭氣了，三官廟的事以後再說。我聽算命先生說，那座廟不好亂動的，誰要是亂動，誰家裡——」

「你就相信這些東西！這個，你媳婦早早死了，你媽那麼結實，這個，說沒就沒了，你去亂動三官廟了嗎？」

「人都有命管著，讓你三更走，你熬不到天明，她們就那個命。」

「那不就是了，這個。」

「也是也不是。你聽我說，別再去動三官廟，等你奶奶的病好了再說。」

「可公社領導盯上我了——」

「那你也聽我說，等你奶奶的病好了再說。」

長生哥氣哼哼地往屋外走，黑黢哥隨後跟了出來，一起走出院子，說：

「先拖著，別再去亂動三官廟。公社領導算甚？騍子的雞巴，崛起得再硬也是多餘的。我琢磨過，只數公社領導操蛋，從來沒有幹過一件好事，就知道欺負咱老百姓。縣官不如現管，你只管拖著，他們要是著急，他們來拆嘛。」

「還有多村一社的麻煩，這個，別的村一直在咬我，這個，說我護著自己村。」

「你不護著自己村誰護？現在什麼事情都反著幹，就鳥還沒有用屁股眼兒吃飯。他們要不是為了自己村，他們咬咱村幹甚？當初你們為了自己威風，那麼積極地搞多村一社，上面放個屁，看你們那個積極哦。現在怎樣？苦頭來了吧。」

長生哥不以為意地哼了一聲，但是接下來確實沒有輕舉妄動，他奶奶在炕上躺了一個多月，以為凶多吉少，後來居然下地活動了，一天好似一天。這使長生哥暗中吃驚，覺得這世上真是各有各的用處，黑黢哥那樣一個被人喊作「拄哭棍」的人，居然也有用處！從此以後，長生哥雖然沒有對黑黢言聽計從，但是也再也沒有把他的話當作耳旁風。最終，當黑黢哥提出來，要長生哥把二女兒圪堆兒嫁給他兒子時，長生哥不由分說當了閨女的家，答應了這樁婚事兒，雖然讓全村人驚訝，卻完全在情理之中；或說至少完全在黑黢哥的謀算之中。

九、嗚嗚嗚哇——

大姐叫昌苟的媽媽「乾奶」，我們都跟著大姐叫「乾奶」。大姐小時候體弱多病，母親說拜個「乾奶」帶一帶吧。我們兩家相距最近，「乾奶」自報奮勇，說她當定了。她一天能來我們家串幾趟門，東瞧瞧西看看，尤其做飯和縫補，看見她喜歡的，立馬就回家實踐。因為串門耽擱得時間久，很多的時候，「乾大」都會站在廟門口，拉長嗓子，用一半河南腔一半山西調吆喝道：

「昌苟他媽，鍋燒乾了，回來啦。」

「乾大」喊話雖有半河南半山西的口音，但聲音純正，聽起來很有穿透力，能傳遍整個村子。「乾奶」聽見了，一邊站起來準備走，一邊小聲罵道：

「這個老早死，一時一刻也離不開我！」

出了我們的街門，「乾大」一準還在等她，她見了便說：

「人死了叫魂嗎？看看我乾閨女家吃甚，回家也給你做上吃，讓你落個飽食鬼，不行嗎？」

昌苟家住在廟上的上西屋，全村只有他家住在廟上。不過他們不是看廟的，是河南難民，趕上土地改革，村裡沒有房子可分了，幹部們把廟上的空閒房子分給了他家，也算土改所得成果。昌苟的爺爺說一口純正的河南話，用村裡人的話說，一開口「爪兒爪兒的」。我們那一帶叫河南話為「草灰話」，所以村裡害怕昌苟爺爺的小孩子背後都叫他「老草灰」，有點惡作劇的意味。我和昌苟是玩伴，經常上廟裡玩耍，雖不害怕他爺爺，卻忍不住暗地裡窺視他。全村的男人都剃光頭，只有他還留著辮子，灰白，乾澀，稀疏，細溜溜如同一根葉子發黴的小蔥似的，薄薄地盤在頭上一圈兒，隨時會被風吹走的樣子。全村沒有人甘願給他剃頭，只有父親能在他的腦後和腦門兒剃掉一溜，把頭頂那些稀疏的長頭髮留住。他讓別人給他剃頭，別人總是作弄他，專在他頭頂上剃掉一塊，把他的頭搞得不倫不類。他脾氣很怪，好端端的就會發脾氣，但是也許有求於父親，也就愛屋及烏，對我從來都很和藹，而且上山砍柴時經常給我逮個螞蚱什麼的。他的下巴左邊有一個大肉球，差不多占了半拉脖子，只要他活動，那個大肉球就會一哆嗦一哆嗦地顫動。幸虧他留了一把長鬍子，儘管稀疏，卻多少遮擋住了那個大肉球，沖淡了一些恐怖。他的腰在屁股上面齊嶄嶄向前彎去，走起路來整個人都往前探，而屁股又迫不及待地往下沉，把兩條腿壓得彎彎的，在兒時我的眼睛裡，整個身子似乎只能用「奇形怪狀」來說明。全村只有他家還上山打柴燒，而他是家裡打柴的主力。一大捆柴背在背上，腦袋快頂住地了，只有兩條腿推動著整個身子，人們老遠就知道是昌茍爺爺打柴回來了。家裡三間房子，分裡外間，他住在里間，冬天靠燒柴火取暖，把房間熏得黑漆漆的。

昌茍爺爺去世時轟動了全村，不是因為喪事辦得熱鬧，而是因為他們沒有按當地風俗，給他砌墓道，直接挖了一個土坑，棺材放下去，黃土一鍬接一鍬地就砸上去，把棺材埋上，堆起墓堆。出完喪，村裡人在飯場上議論說：

「撲騰——撲騰——撲騰，土一下接一下往上砸，昌茍爺爺在棺材裡受得了嗎？」

「聽說河南草灰都是這樣下葬的。」

「誰說的？人家和咱們一樣，砌墓道的。這是因為虎印沒本事，沒錢砌墓，瞎埋了老人家。」

「誰說人家虎印沒有本事？他那輩人還數他識字多呢。」

「他識那幾個字有甚用？開口就趙錢孫李周武鄭王的，誤了多少事，幾次都差點要了他的命！」

虎印是昌苟的爸爸，我們的「乾大」，因為駝背只有中等身材，走路幹活兒都不急不躁，煙袋不離口，一年四季都咳咳嚓嚓的，清理喉嚨那口常備的痰。我上高小時他讓我看一本發黃的線裝書，我看不懂；我上中學時他又讓我看那本線裝書，我還是看不懂；我上大學時他還讓我看那本書，我還是看不懂。我問他能看懂？他說能。我請教他書裡講什麼，他說不能說。他是引導我對書產生興趣的人之一。單幹時他攢下一頭大紅牛，村裡時興互助組時他比較受歡迎；集體化後，生產隊長派活兒都看人下碟子，多讓他做那些出力不出活的活兒，因此他掙的工分一直比較低，不過他也從不去抗爭。

山西缺水，山西境內的老家自然不例外。上世紀五十年代，上面反覆強調解決缺水問題，地塄溝底到處打旱井。厚土，旱井容易打，但是蓄水很難，關鍵是井壁上必須打上一層混合泥。混合泥用紅土、細沙和石灰攪拌而成，而攪拌需要硬度，得用鍘刀背一下一下猛砍。這些活兒總派到「乾大」頭上，也總讓他和「不識數」的天旺叔搭伴幹活兒。天旺叔的綽號叫「不識數」，「乾大」很想教會他識數，總是從百家姓開始教。那次「乾大」嘴裡念叨著「趙錢孫李」，低頭往用鐵鍬把泥灰往一起攏，而天旺叔真的是個「不識數」，不等「乾大」把灰泥攏俐落，便把鍘刀掄了起來，不偏不倚從「乾大」的腦門兒豁上去，半拃長的口子從鼻樑上一直通到了「乾大」的頭髮根兒，骨頭碴子白花花地露出來，隨後血流如注，「乾大」瞬間成了血人。到了公社醫院縫了十來針，住了十幾天醫院，在家養了一個多月才痊癒了。可是沒過多久，他被派到申莊水庫修大壩，全公社幾百號勞動力，喧囂而熱鬧，戰天鬥地搶速度；「乾大」因為識字，嗓子洪亮，在一組打夯的人群裡喊夯，「乾大」喊得似歌似吟，不想一塊石頭側面飛來，正好砸在「乾大」的右腳面上，他的腳頓時腫得像開花兒的饃饃。更不幸的是他的腳面還感染了，「乾大」不得已在公社醫院住了三個月才保住了整條腿，但是那隻腳從此走路往外撇，號稱「撇子」。昌苟是獨生子，因為爺爺的「奇形怪狀」

和父親的「撇子」，又是外來戶，從小被那些霸道的孩子惡作劇，昌苟急了拿起半頭磚就朝那些孩子們扔，更多的時候是「好手趕不上人馬多」，常被欺負得哭鼻子。如果「乾大」和「乾奶」遇上這種場面，都會毫不猶豫地上去給昌苟撐腰，村裡人因此說昌苟一家大人不懂人事護犢子，和小孩子家一般見識。

虎三大娘仙逝，去伺候三官老爺，這事在村裡越攪越大，被攪入的上年紀女人越來越多，「乾奶」經常把她的乾閨女大姐叫去，讓大姐一遍又一遍地講述大姐的所見所聞。有命姥姥接替虎三大娘在村裡成神仙後，「乾奶」幾乎每次都到現場看熱鬧，回來後又會到我家來講新聞，一邊講一邊和大姐互動，因為大姐也是一個喜歡看熱鬧的人。那些日子，「乾奶」像是五迷三道了，一會兒學虎三大娘，一會兒學有命姥姥，村裡哪裡有新的景象，她就鑽到哪裡去看熱鬧，連「乾大」和昌苟的飯都不能按時做熟了。

「昌苟他媽，鍋燒乾了，回來啦。」

這樣呼喚響徹全村，回聲陣陣，全村人都在猜測「乾奶」又在誰家包打聽呢。說來奇怪，「乾奶」只是個喜歡熱鬧的人，這次湊熱鬧卻彷彿把自己湊進去了，有時會一把鼻涕一把淚地為虎三大娘哭一頓，有時又會身子一哆嗦，惟妙惟肖地學有命姥姥唱上幾段。長生哥的老母被蠍子螫了舌頭後，她幾乎每天都去探望，回到家中吃飯總是咬著自己的舌頭，還疑神疑鬼地在自己的飯碗裡亂翻，看看自己的碗裡是不是也掉進去了蠍子。有一次，她折騰得實在有些過分，「乾大」在一旁嚷嚷道：

「你是不是跟上鬼了？整天起來疑神疑鬼的。你去給我弄一碗蠍子來，看我在鐺子裡怎樣炒著吃！」

「乾大」在村子裡什麼肉都敢吃是有名的，「乾奶」死看不上「乾大」的這個習慣，聽「乾大」這樣嚷嚷，她嚇得一下子把碗扔掉，嚷叫道：

「哎呦呦，三官老爺行行好，你們知道我膽小！」

隨後她出神地看著地上的碎碗和稀飯，兩眼慢慢地就有了光彩，兩條胳膊開始舞動，隨後站起來，兩隻小腳扭來扭去，學著虎三大娘的口氣，唱著有命姥姥的唱詞，跳起大神來：

「天黃黃地黃黃，俺就是虎三好大娘，嘣嘣起嘣嘣起；三十多年照管廟，給三官老爺做清掃，嘣嘣起嘣嘣起；整整齊齊一座廟，好好廟頂拆除了，嘣嘣起嘣嘣起；堂堂三官無遮擋，大雨小雨盡挨澆，嘣嘣起嘣嘣起；站神童子無處躲，一樣挨淋受煎熬，嘣嘣起嘣嘣起；三官派我來通報，廟頂趕緊修整好，嘣嘣起嘣嘣起；要是長期不修好，村子安寧無神保，嘣嘣起嘣嘣起；都是長生你不好，帶領全村去拆廟，嘣嘣起嘣嘣起；你要不把廟頂重修好，你們全家沒好報，嘣嘣起嘣嘣起——」

「乾大」聽她唱了一遍，大吃一驚，因為「乾奶」是個不善記詞兒的人，別人說過的話，她能順順當當地學舌講出來，做到不顛三倒四就很了不起了。這下她能把這樣一大串話背下來，而且似唱似吟，歌不溜溜的，口音既像虎三大娘也像有命姥姥；「乾大」儘管遇事有些反應遲鈍，這次卻知道事情不好了。

「中邪了，中邪了，昌苟，你媽中邪了！」

昌苟還是個十來歲的孩子，看見母親神神叨叨的，一時還反映不過來到底發生了什麼事情。等到爺倆都明白「乾奶」神鬼附身、身不由己時，「乾奶」已經一陣風似的走出家門；爺倆追出來時，「乾奶」已經出了街門；爺倆追出街門時，「乾奶」已經行走在路上，撐手舞腳的，嘴裡念念有詞。「乾奶」前面跑，「乾大」和昌苟後面追；「乾奶」跑到街場，爺倆追到街場；「乾奶」跑到長生哥家，爺倆追到長生哥家。

「天黃黃地黃黃，俺就是虎三好大娘，嘣嘣起嘣嘣起；三十多年照管廟，給三官老爺做清掃，嘣嘣起嘣嘣起；整整齊齊一座廟，好好廟頂拆除了，嘣嘣起嘣嘣起；堂堂三官無遮擋，大雨小雨盡挨澆，嘣嘣起嘣嘣起；站神童子無處躲，一樣挨淋受煎熬，嘣嘣起嘣嘣起；三官派我來通報，廟頂趕緊修整好，嘣嘣起嘣嘣起；要是長期不修好，村子安寧無神保，嘣嘣起嘣嘣起；都是長生你不好，帶領全村去拆廟，嘣嘣起嘣嘣起；你要不把廟頂重修好，你們全家沒好報，嘣嘣起嘣嘣起——」

「乾奶」跳得唱得有勁三道的，爺倆急得抓耳撓腮，怎麼阻止都阻止不了。院子裡一下子來了三口人，唱的唱，叫的叫，喊的喊，鬧的鬧，長生哥家以及別的人家的人都出來了。黃昏時分，他們都在家裡準備晚飯，一看來者不善，長生嫂、大閨女、小閨女、大兒子，都放下活兒，上前阻止「乾奶」。「乾奶」正鬧得歡，哪裡阻止得了，而且越阻止越來勁，跳著唱著非要進長生哥家的門。

「行行好，昌苟他媽，快別鬧了，我家姥姥剛好一點。」長生嫂站在門邊推搡著「乾奶」，說道。

「——都是長生你不好，帶領全村去拆廟，嘣嘣起嘣嘣起；你要不把廟頂重修好，你們全家沒好報，嘣嘣起嘣嘣起——」「乾奶」唱道。

「回去，你這娘們兒，俺們快回去吧！」「乾大」在後面拽著「乾奶」，喊道。

「回去吧，媽，咱回去吧。」昌苟叫道，扯著他媽的腿。

「——都是長生你不好，帶領全村去拆廟，嘣嘣起嘣嘣起；你要不把廟頂重修好，你們全家沒好報，嘣嘣起嘣嘣起——」「乾奶」跳著，唱著。

「這個這個，誰他奶奶家沒好報，嗯？」長生哥正好從外面回來，見虎印一家來搗亂，氣不打一處來，大聲喝道，猶如驚雷。

在場的人嚇了一跳，紛紛一下子愣住了，但是「乾奶」還在一個勁兒跳，一個勁兒唱。長生哥衝了上去，一把拽住「乾奶」，從門口拽下廊階，用力推了出去。「乾奶」一雙小腳騰騰退了幾步，後仰得兩隻手抓向空中，看樣子立馬就倒地了，卻掙扎幾下，站穩了身子。她兩眼發直，目中無人，再次一邊向長生哥家走，一邊唱：

「天黃黃地黃黃，俺就是虎三好大娘，嘣嘣起嘣嘣起；三十多年照管廟，給三官老爺做清掃，嘣嘣起嘣嘣起；整整齊齊一座廟，好好廟頂拆除了，嘣嘣起嘣嘣起——」

「甚烏天黃黃地黃黃，這個這個，看我今兒他奶奶就收拾你個娘！」長生哥喝道，一下子衝到「乾奶」跟前，劈頭蓋臉地亂扇亂推。但是，「乾奶」好像沒事兒人一樣，不覺得挨了打，不知道疼，如同夜遊人一樣只是往前走，只是唱。長生哥見「乾奶」根本不把他放在眼裡，火氣越積越大，出手很重，把「乾奶」推搡了一個趔趄又一個趔趄，一邊罵道：

「你奶奶的不看看你是誰，這個，也敢來我家搗亂，這個，看我今兒不好好收拾你一頓！」

「乾大」跟在「乾奶」身邊，看出來長生哥不像是勸解，對自己的媳婦下手很狠，瞅準時機立馬站在了「乾奶」和長生哥中間，架住了長生哥的手，對昌苟喊道：

「昌苟啊，快拽上你媽回家，要不她就沒有命了！」

但是「乾奶」還是兩眼發直，目中無人，繞過「乾大」和長生哥，又繼續向長生哥家走去：

「天黃黃地黃黃，俺就是虎三好大娘，嘣嘣起嘣嘣起；三十多年照管廟，給三官老爺做清掃，嘣嘣起嘣嘣起；整整齊齊一座廟，好好廟頂拆除了，嘣嘣起嘣嘣起——」

這時，長生嫂、「肉蛋兒」和圪堆兒從家裡出來，一起來攔「乾奶」，幾個人扭在了一起。卻說長生哥多少天來窩在心裡的火，好不容易找到了發洩口，把「乾大」推在一旁，衝到人堆兒裡，對「乾奶」拳打腳踢，有幾下還打在了他的媳婦和閨女身上。這讓他越發惱火，終於抓住了「乾奶」的一條胳膊，把「乾奶」掄起來，猛地一鬆手，甩了出去。「乾奶」這下不能跳也不能唱了，只是啊啊啊地被那股力量帶動著，兩隻小腳倒騰了幾下，啪一聲倒在了地上，半天沒有動靜。「乾大」和昌茍跑了過去，把「乾奶」扶了起來，只見她一口氣背了過去，梗著脖子渾身抽動，爺倆高一聲低一聲地喊叫了老半天，「乾奶」才哇一聲哭了出來：

「嗚嗚嗚哇——」

「乾大」看見自己的媳婦被打成這個樣子，自己卻連媳婦也保護不了，終於忍受不了，緊緊抱扶「乾奶」，衝著長生哥嚷叫起來：

「咦，長生你真敢欺負人！多少人來你家跳大神，你都好言勸開，沒敢動人家一指頭，偏偏對俺家的人大打出手，你真心黑啊。咦，俺們是外來戶，就該受這個氣嗎？自打來到這個村，你們這些人就專欺負我們外來戶，派糧派差，有啥孬事兒都往俺們外來戶頭上攤！咦，算你狠，俺們惹不起還躲不起，俺們看看你還能跳噠多久，俺媳婦要有個好歹，你媳婦也躲不過去，不信咱們走著瞧！」

或許是「乾大」好歹是個識字人，對人對事有超常的判斷，而且還很準確：長生嫂第二天就開始變得神色異常，嘴裡念叨個沒完；一會兒說話像虎三大娘，一會兒像有命姥姥，一會兒像昌茍媽媽，更嚇人的是她褲襠的紅沒完沒了地流起來。

十、看攤兒的

老群大爺到集上賣鐵器，一定會叫上他的老夥計順順哥。老群大爺姓王，在村裡輩分取中，叫他大爺的居多。順順哥姓蘇，輩分很小，快五十了還是當「哥」的時候多。不過，他們兩個歲數差不多，又不是一個姓氏，兩家的孩子都按叔叔大爺的稱謂叫長輩。

順順哥生得白淨，中等個兒，打量天空喜歡挑起一隻眼睛的眉毛，把天象看過，決定衣服的加減。他冬天一身黑，一塊白布巾錯落有致地盤在頭上，白布襪黑布幫千層底白底鞋；夏天白布衫，戴一頂草帽，用帶子繫著褲口，光腳穿一雙千層底鞋。

老群大爺是個紅臉大漢，一米八的個子，穿戴隨便，不過衣服的顏色和順順哥一樣，對待衣服的態度卻截然相反：同樣的免襠褲他卻總是讓褲襠落下去一截兒，同樣的對襟襖他卻不扣扣子用腰帶攔腰繫上；除了嚴冬戴個氈帽，其餘時間都光頭；冬天凍腳了才穿襪子，夏天光腳踩下去鞋幫當拖鞋，踢啦踢啦地老遠就聽見他走來了。這和他的專業有關係：他是方圓幾十里聞名的鐵匠。坐在風箱和火爐前，一前一後地拉著風箱，爐中加溫的鐵塊明亮亮燒到了火候，他突然把風箱劈啪劈啪抽幾下，從爐中取出碎火星比比剝剝響的鐵塊兒，放在砧子上叮噹五四敲打起來，密集的火星嘶嘶四下亂濺；他的小錘子打在哪裡，掄大錘的大錘跟在哪裡，若干次鍛打，他鉗子裡的鐵塊漸成形狀：钁頭、鋤頭、鐵鍬、耙子、斧頭、鑿子、錛頭、剪子、廚刀、錐子、鐵釘……趕上順順哥去市面上溜達，他獨自坐在這些鐵器後面，顧客來到攤位前，問道：

「钁頭多少錢一把？」

「混世，一塊五。」

「夠貴的。一塊二行不？」

「一塊五，混世，底價。」

「你當不了家，攤主呢？」

「混世，我就是。」

買家打量他幾眼，說：

「說笑吧，看攤的還差不多。」

趕上順順哥正好回來了，不急不慌地問顧客道：

「想買一把钁頭？」

「是啊，多少錢一把？」

「兩塊。」

「便宜些吧，我是準心想買的。」

「那就一塊八，不能再便宜了。看看貨色，掂掂重量，要是在這個集上能買到比這重的，我白送你一把。」

「一塊六吧。一塊六我要了。」

「成交。」

買主心滿意足地走了，老群大爺憨憨一笑，說：

「混世，我一塊五賣給他，他不要，你一塊六賣給他，他倒高興。」

「你是打鐵的，夯得太實。買賣就得虛虛實實。」

「就這脾氣，混世，不夯實打不成鐵。」

老群大爺這脾氣一輩子沒有吃過大虧，得益於他的專業。方圓幾十里木匠、石匠甚至氈匠都不缺，就他一個鐵匠，而且手藝不凡，是稀缺人才。買主基本上都是上門訂貨，他上集只是圖個熱鬧，賣幾個現錢吃個火燒，喝一碗肉丸湯，晚上看一場戲。他是村裡愛看戲的人，看懂後還能講給人聽，最後還能總結出戲文的意義。他最喜歡楊家戲，曾經雄心勃勃要生養八個兒子，但是有了第四個兒子時趕上大饑荒，人均四兩糧食，他家的兩個老人都因為得浮腫病而死掉，把他嚇住了。多虧他的手藝，村裡人誰都不准外出掙錢，但是钁頭、鋤頭和鐵鍁是學大寨的必須工具，他因此一直有生意可做，而且理直氣壯。有生意就有活路，他渡過饑荒之路比別的人家順利得多。

在飯場上，他對家事、村事和國事都有說法。他的最大缺憾是當初閻錫山和蔣介石打仗，他被閻錫山的隊伍抓去當壯丁，看見缺胳膊斷腿的士兵嚇破了膽，又尿褲子又拉稀，成了村裡飯場上的笑話。他遇上這樣的場合，會說：

「混世，都是老閻不知天高地厚，和人家老蔣鬥，總打敗仗，傷兵滿營，把咱嚇著了不是？」

「老閻該死！」有人附和道。

「該不該死說不清，混世，反正老蔣最後也還是讓老毛打敗了，沒有守住江山。」

「老毛是誰？」

「混世，毛主席，還能是誰？」

大家一陣哄笑，說鐵匠說出話來也叮噹響。有人趁機問他怎麼說三官廟的事兒，村子鬧得沸沸揚揚的，都說是長生哥把廟頂拆了，讓三官老爺風吹日曬，雨淋雪凍，三官老爺來報復了——老群大爺搶先說：

「混世，三個廟頂上那些鐵件給毀了，才是要害。混世，大鐵葫蘆一個摞一個，四根鐵繩把那個葫蘆塔拉得緊緊的，緊綳鐵繩的是四個麒麟座，怎麼固定在屋坡上的，至今我也沒弄懂。我求他把那些鐵件留給我，混世，我琢磨琢磨，學習學習，他硬是不答應，生生地拉到禮義賣掉，才賣了幾塊錢鐵錢！要是為了錢，混世，我出十塊二十塊也行呀？那些都是手藝，混世，金貴的手藝，現今怕是都失傳了。」

「那些真真是好東西！」有人附和說。

「要說好東西，外面的好東西才叫多呢。」老鐵匠說。「我到高平去進鐵，看見有人拿著一根鐵絲，往鐵東西上一碰，白光呼地冒出來，能把眼睛恍瞎；白光滅了，兩塊鐵就粘在一起了。還有那種大鑽，嘶嘶鑽下去，小窟窿圓溜溜的，一公一母兩個絲扣擰在一起，嚴絲絲的，真是美氣。哪像咱幹甚都笨嚓嚓的，紅漢赤火叮叮噹噹打一天，弄出一具钁來還笨頭笨腦的。看人家的鐵活兒精精巧巧的，我琢磨我這營生長久不了。」

「笨頭笨腦使起來合手，你這手藝是鐵打的，誰都動搖不了。」有人說。

「這可難說，地上跑起來火車汽車，天上飛起來飛機，海上飄起來大輪船，咱這笨手藝，說沒用就沒有用了。」

這話在飯場說過沒有幾天，一天夜裡，黑駿哥就找到老群大爺家，和他商議另一件事情。

臨近八月十五了，老天一連下了八九天，毫無放晴的意思。村裡到處泥歪歪的，出門沒有下腳的地方。因為連陰雨下個不停，天氣變得冷颼颼的，各家各戶燒的煤陸續告罄了，可是去禮義煤窯的路稀泥湯水，溝滿壑平，牲口沒法去拉煤，各家各戶的壯勞力只好結伴去禮義煤窯挑煤。因為雨天路滑，一個平常能挑百餘斤煤的壯勞力，這下只能挑五六十斤煤，一早上的路程，一步三滑的，需要整整一個上午才能回到家中。到了第十天，天氣由連陰雨變成了劈啪作響的雪粒子，天氣更冷，道路更滑；老天如此反常，人們心頭的不解和恐懼與日增多。

這時候，老群大爺的鐵匠鋪最紅火，最熱鬧，好像晏理村只有他的鐵匠鋪是個躲災避難的去處。

「你的碳還能用多久？」一直在給老群大爺幫忙掄大錘的父親問道。

「混世，再用一個月沒事兒，我存下一些。」老群大爺寬慰地說。

「那就好。總算有個烤火的地方。」聚在鐵匠鋪湊紅火的人們一起歡呼說。

「混世，老天爺真生氣了，十幾天陰著臉，穀子穗都淋黑了，再不晴開，都會爛掉，今年就更沒吃的，等著受罪吧。」老群大爺右手拉著風箱，左手拿著沒有吸敗的煙袋，湊到爐火前吸煙。

「連陰雨一下半個月，我這輩子還沒有見過。」父親拄著大錘說。

「鋸老槐樹呀？拆三官廟呀？折騰吧，還遠沒有折騰夠呢！看看這些雞巴幹部就沒有幹過一件好事兒！」有人憤憤地說。

「折騰別人也捎帶了自己了。聽說長生他奶奶才好，他媳婦的病接上了。」又有人說。

「甚病？聽說她也唱起有命姥姥的跳大神了：『天黃黃地黃黃，俺就是虎三好大娘，嘣嘣起嘣嘣起；三十多年照管廟，給三官老爺做清掃，嘣嘣起嘣嘣起；整整齊齊一座廟，好好廟頂拆除了，嘣嘣起嘣嘣起——』你們說可笑不可笑？」另有人搭話說。

「你們說，真有因果報應這麼一說嗎？」再有人問道。

「混世，這是老天爺的事兒，」老群大爺說。「不過前些日子長生一家對待昌苟他媽可夠狠的。混世，跳大神不由她，跳到他家的也不只她一個人，幹甚對她推推搡搡，動手動腳的？這不是欺負昌苟他爸窩囊、昌苟還小嗎？混世，換了別人家，他們敢嗎？混世，甚個社會也一樣，柿子專揀軟的捏。」

「聽說長生媳婦當時和昌苟他媽扭打在一起，全家人拉偏架，當天晚上長生媳婦就跳起大神來了。」還有人說。

「哎，自打走了集體化，村子裡就亂套了。」父親說。

這時，老群大爺的風箱劈啪劈啪緊響了幾下，大傢伙兒知道又到開爐打鐵的時候，紛紛躲在火星飛濺不到的地方。天早早地黑下來，爐火顯得格外明亮，只見一塊亮鐵被拖出火爐，耀眼的火星兒嗶嗶啵啵地響，黃亮黃亮的鐵塊兒擺在了鐵砧上，小槌帶動大錘，一撥又一撥的火星嘶嘶四下亂濺，鐵塊在鍛打中漸漸變形。鍛打的活兒告一段落時，人們終於戀戀不捨地離開鐵匠鋪，一腳水一腳泥地回家去了。

老群大爺一家人剛剛吃過晚飯，鍋灶還沒有收拾俐落，黑駿哥就走進來了。他戴了一頂草帽，穿一雙雨鞋，披了一件夾衣。在門口抖落草帽上的雪粒，他說：

「八月十五還不到，老天下起雪了，怪道不怪道？」

「還在下嗎？」老群大奶問道。

「小雪粒唰唰的，下得密集著呢。」黑駿說著，不客氣地在火邊坐下，環視了一下，對老群大爺的幾個孩子說：「你們到西屋呆一會兒，我跟你爸爸奶奶說點事兒。」

幾個孩子疑疑惑惑地離去後，黑駿開門見山地說：

「長生媳婦一直下紅，半個月了瀝瀝拉拉不斷，人都快挺不住了——」

「趕緊去看醫生啊！」老群大奶說。

「她一直在看醫生。過去好好壞壞的，看了醫生吃些藥總會好起來，可這次甚藥都不管用。我去給她看了陰陽先生，人家說她這病光靠藥不行，還得用一些法子沖一沖。」

「混世，那就趕緊沖吧。」老群大爺說。

「儂戲，所以我來找你來了。」

「混世，我能幹甚？」

「儂戲，打鐵，火星四濺，把那些邪氣沖一沖。」

「混世，我天天都在打鐵呢。」

「儂戲，到三官廟裡去打——」

「混世，你是說去沖三官老爺？」

「儂戲，陰陽先生說那裡現在有邪氣。」

「混世，瞎說，瞎說，真是瞎說。三官老爺都給淋得受不了了，哪路小鬼敢去那裡搗亂？別信那些。混世，打鐵要是能治病，我不打鐵，去治病好了。」

「儂戲，你們還記得東傘村年時隔羊窯裡死人的事兒嗎？儂戲，兩個放羊的在羊窯裡過夜，死了一個，活下來一個，說窯裡不安寧，夜裡動靜大著呢，把羊趕得到處跑。儂戲，一個人生生給弄死了。後來，他們請鐵匠去裡面打了一個月鐵，現在好了。」

「混世，那是大冬天，羊窯裡暖和，能生著鐵爐，可這三官廟呢？混世，廟頂全都拆除了，廟裡稀泥湯水的，怎麼在裡面打鐵？混世，虧得他想得出來，說死了我也不會去。」

黑駿哥愣住了，不知道哪裡走錯了招，讓老群大爺一口拒絕了。他來時信心滿滿，要說的話就擱在嘴邊，這時卻卡在喉嚨眼兒，不知道怎麼才能一吐為快。他以為他腦子好使，這種神神道道的事兒，沒有他辦不了的，可是碰上老群大爺這樣行得端走得正的人，他總是遭遇當頭一棒的局面。老群大爺看他挺作難的樣子，緩下口氣問道：

「混世，黑駿你可不是一個為別人的事兒著急的人，怎麼為這種破事兒黑燈瞎火地跑來跑去？」

「儂戲，這就是咱自己的事兒。我家麵孩說下他家圪堆兒了，兒媳婦家的事兒，你能不著急嗎？」

「混世，人家圪堆兒那樣機靈的閨女，會嫁給你家癔癔症症的麵孩嗎？」

「儂戲，常言道，只要功夫深鐵杵磨成針。儂戲，我下了六七年工夫了，更何況我年年給他家撥口糧錢，一年少則幾十多則一百多，一千多塊錢都出去了！儂戲，一個閨女的彩禮現今多少錢？儂戲，二百來塊，我五個閨女的彩禮都給出去了！再說，我為那個家出了多少力，儂戲，費了多少心，老群叔你是個明白人，你看不見嗎？」

老群大爺睜大了眼睛，看著黑駿，一副對他刮目相看的神情。老群大奶從旁插話說：

「那倒是，全村人都看在眼裡呢。」

「混世，虧得你的苦心，可是去三官廟裡打鐵，混世，咱可不去湊那個熱鬧。退一步說，你們拆三官廟惹了三官老爺了，混世，家里弄得不安寧；如今讓我去糟蹋三官廟，混世，也讓我家雞飛狗跳嗎？不去，我可不去蹚渾水！」老群大爺拒絕得很堅定，絲毫沒有商量的餘地。

「儂戲，那就只有第二種辦法了。」

「那就趕緊用第二種辦法吧。」老群大奶說。

「可那樣的話，儂戲，長生他一準要受到公社的批評。」

「混世，甚辦法還要驚動公社？」老群大爺說。

「儂戲，在三官廟前，再修一座小廟，讓三官老爺在裡面藏身。」

「小村小屯的，混世，悄悄幹，公社不會知道的。想日哄上邊還不容易？」

「如今這世道，儂戲，哪有不透風的牆。」

「混世，那就趁這幾天陰雨連綿，幾個人悄悄去幹，雨過天晴，突然冒出一個小廟來，人們愛怎麼說就怎麼說去吧。」

「儂戲，泥歪歪的，誰去幹呢？」

「自己家的事兒自己幹，混世，還能指望誰？」

十一、那怎麼行？

長生哥當村幹部從來沒有這樣狼狽過，大隊最近幾次開會，討論多會兒把三官廟的牆統統拆掉，用來改造大隊的小學，他都藉口農業生產忙，要等農閒了才顧得上。他在村裡生產隊的會上為拆三官廟大造輿論，一是探探風聲，二是做樣子給大隊看。其實，他當幹部積極參加破除迷信活動，卻從來沒有想到拆三官廟，從小在村裡長大，知道三官廟在村民心中的分量，因為三官廟是村裡人費盡心機保存下來的。三官廟被人提起，要是尋找根源，還得從當初大躍進建設衛生村說起。當時負責晏理村的秦醫生，利用醫生的身分，很快發動全村人，在很短的時間裡把一個小山村搞成了全公社數一數二的衛生村：一條大路從村中穿過，各家廁所撒上了石灰。如此而已。但是，這是一個四個村組成的大隊，另外三個小村不服氣，向公社反應說，晏理村有一座三官廟，裡面的泥胎像在打泥胎運動中保存下來，完好無損，是迷信的表現。這樣的衛生村名不副實。上面對這樣的反映十分重視，要大隊幹部認真查辦。大隊開了會，長生哥回到村裡開小隊會，討論怎麼解決這件事兒。他知道村裡很多人，尤其歲數大的人，反對拆三官廟，說這是別的村嫉妒，是使壞，是趁機毀掉晏理村的脈氣；他們罵村幹部吃裡扒外，不為村裡人著想，他們實在沒有事幹，還不如給狗揉肚去，好好一座廟招誰惹誰了，非要拆掉？

然而，那是一個破壞一切的時代，這樣的事情一旦開了頭，就總有人在推波助瀾。最後，有人提出來，大隊剛剛成立的高小設在橋西廟上的西廂房，西廂房屋坡的瓦都破了，下雨天漏雨，應該拆瓦一次。晏理村上高小的人多，應該多做貢獻，不如拆了三官廟的瓦，用來拆瓦橋西小學的房子。這本來是個歪主意，拆廟補廟，拆好的補壞的，但是四個村四條心，這時三條心算計一條心，多數欺負少數，吵來吵去，最終三官廟開始倒楣了，先是拆掉了瓦，接著拆掉了樑、檁條和椽子，三官廟沒有了屋頂。自然，罵當幹部的是敗家子的人很多，但是都是背後罵；在飯場有人叫罵幾句，也是幹部不在場，尤其長生哥不在場。大家聽了，也就會搖頭嘆氣，一臉無奈之色。長生哥以為這件事兒就這樣過去了，怎麼也沒有料到那些平常規規矩矩、老實巴交的上年紀的女人，一下子成了這場風波的主力軍、生力軍、志願軍。更沒有料到，村裡幾乎所有上年紀的婦女都程度不同地參與進來，活躍分子的神智紛紛出了問題，算不上活躍分子的女人也到處走動，嘀嘀咕咕，推波助瀾。他母親舌頭被蠍子螫了，他認為這事兒純屬巧合，但是那些精神病厲害的婦女卻胡思亂想，偏偏和拆三官廟聯繫在一起，把他自己搞得有時都疑疑忽忽，好像這村子真的存在三官老爺，是村子裡看不見的居民，左右著村民的頭腦。他身為幹部，一村的總管，當然不能相信迷信，可眼看小隊幹部都含糊起來，他成了孤立無援的人，底氣和魄力就大不如前了。近期，他只是強打精神，努力和大隊其他幹部配合工作，不讓公社批評他們大隊幹部不團結，不讓公社認定他是大搞迷信活動的人。

可是，迷信這玩兒，不能不信，不能全信。她老母舌頭挨螫，受了驚嚇，後來她犯糊塗時，也總念叨那些跳大神的詞兒，他真不知道他母親是從誰那裡學來的？他給母親請來醫生，甚至請來公社醫院的醫生，抓緊看病，為的就是儘快清除影響，可她母親病了差不多一個月才好起來。母親剛剛見好，他媳婦卻馬上來病了，而且來之不善！她起先只是糊裡糊塗地說些糊裡糊塗的話，漸漸地，那些糊塗話就和三官廟攪合在一起；漸漸地，她模仿虎三大娘，模仿有命姥姥，模仿昌荀他媽，說唱沒有力氣，哼哼唧唧的，像大螞蜂的嗡嗡聲一樣令人不安。漸漸地，她虛弱不堪，褲襠開始見紅，而且吃什麼藥也不管用，瀝瀝拉拉的，令人恐怖。他那剛剛好起來的母親，看見兒媳婦又病了，念叨說：

「唉，還不如我替她受這個罪，受不了死了算了！好歹我活了七十多了，怎麼都算活了一輩子的人，可兒媳婦還年輕，孫子孫女更小，他們不能沒有媽，不能沒有娘——」

每天回到家，長生哥面臨的就是這樣的局面。他請來了醫生，給媳婦治病，不見效果。醫生換了一個又一個，他媳婦的病卻一天不如一天好。褲襠的血止不住，病象凶巴巴的，可他又急不得惱不得，束手無策。他母親身體見好，但是心病重了，彷彿她把病傳給了兒媳婦。他為母親生病著急，是想讓母親儘快好起來，而這次為媳婦的病著急，卻是害怕她媳婦一旦流血不止，活活流死，他上有老下有小，這個家就散了，毀了。嚴重的是，媳婦的病，彷彿就像慢性自殺，怎麼哪個醫生也不能把血止住呢？頭疼、肚疼、腰疼、心口疼……什麼病不能得，為什麼非要褲襠流血，每天掏出來一團黑紅黑紅的棉花套子，一個血球似的，讓人見了後背直冒冷氣？你不信邪，這病就是這麼邪；你不迷信，神祕的東西就是找到你頭上，送到你眼前來。

幸虧黑駿哥近來每天吃過晚飯都來坐坐，笑話、鬼話、真話、假話，都能把氣氛調劑一下，他心裡憋氣，楞起眉毛或者梗起脖子和黑駿抬槓，都能釋放一下。他不相信迷信，黑駿偏偏張口閉口離不開裝神弄鬼那一套，到了後來，他竟然不敢和黑駿扯起嗓子抬槓了，生怕真有凌駕上空的神祕東西，亂上添亂。一天晚上，黑駿哥在炕邊剛剛坐定，就神神祕祕地對長生哥說：

「儂戲，我前些日子到禮義去了，碰見一個河南算命先生。儂戲，我在他的攤前剛剛蹲下，他就說：『你是要給別人算卦吧？』儂戲，我大吃一驚，心想他怎麼猜到我要給別人算卦呢？儂戲，我說，我給自己算。他說你沒有什麼算的，你媳婦早死了，眼下就是惦記給兒子結下一門好親事，而你想算的卦，就是送給這家人的。儂戲，他這麼一說，我還敢說什麼？那就算吧。」

長生哥以往一準諷刺挖苦黑駿哥一頓，但是這次瞪起兩隻眼睛，靜待下文。黑駿哥並不介意長生哥什麼態度，只管接著說下去：

「你的兄弟家不會有什麼大事兒，都是惹了南面的老爺，怎麼惹下的怎麼敬起來就好了。這事兒我在心裡琢磨了半個多月了，沒有敢和你說。這些天沒完沒了地下雨，我琢磨明白了，就是要咱們給三官老爺修座小廟，敬起他們來，不就完了？」

「那怎麼行？上邊知道了可不得了，我頂不住。」

「這事我來做，你只裝不知道就好了。」

長生哥沒有表示贊成，也沒有表示反對。持續了將近二十天的連綿秋雨下過，三官廟前果然出現了一個小廟，三尺見方，一人來高，裡面擺了幾塊磚搭成供桌，上面有個香爐，焚過的香灰還是新的。誰都不知道小廟是誰修在那裡的，傳說得神乎其神，大家都忍不住到那裡看個究竟。奇事傳遍天下，四個村都知道了，公社也知道了，長生哥因為村裡大搞迷信活動，領導不力，把他的主任停職了。不過，他沒有什麼可抱怨的，因為他媳婦好起來了，不僅褲襠不流紅了，人還壯起來，不久竟又給他生了一個小兒子。

十二、誰非要拆掉呢？

我從中學灰溜溜地回家務農那年冬天，趕上了拆除三官廟的根基。根基上面的磚牆拆去兩三年了，根基還穩穩地原地不動。如果不是村裡幹部換了一茬又一茬，每一茬幹部都有喜歡折騰的那種人，三官廟的根基也許會成為一個可觀的遺址。

站在見棱見角的青石群裡，五間廟宇的地盤，橫豎看去都令人震撼。窗臺石、廊階石、柱墩、門墩，散放在廟前，看得出上面的各種圖案雕刻得十分精緻。最震撼的是廟宇各個角上使用的石頭，三四米長，都恰到好處地鎮守一方。二尺厚二尺寬的青石，長短不一，均用細紋雕成，石頭與石頭的接縫，如同打磨過一般，緊密而筆直。後牆、東牆和西牆，從平整的大石頭上砌起，一層二尺高，修建了五層，才和前牆的平面取齊。根基石就地取材，後牆根基下面丈把深的落差，就是取根基石的結果。西牆留出四五尺寬的河道，是村裡流下來的水的泄水道。

村裡人要在街場修一溜西屋，決定採用三官廟的根基。集體道路越走越窮，村裡修建房子沒有錢糧，只能拆東牆補西牆，三官廟至始至終就是這種窮辦法的犧牲品。最早是打它的瓦和木料的主意，所以屋頂拆除了；其次是打它的磚的主意，所以牆壁拆除了；最後是打它的根基的主意，所以根基也要拆除了。但是，村民們沒有想到，三官廟的根基石塊塊都很龐大，每塊石頭都需要兩槓或三槓才抬得動。然而，第一層石頭起掉，村民們才發現先輩們的氣魄遠在他們的估計之上，因為第二層石頭，每塊石頭都需要四槓或者五槓才能抬得起來。真可謂層層加碼，到了最後兩層，每塊根基石都穩如泰山，巋然不動，十槓二十槓都無濟於事。

村民們看著那些寬大平整、穩重結實的大青石，塊塊虎踞龍盤，雄偉而威猛，不由得自愧不如。

每拆掉一層，村裡的勞動力就動員一次。起初，只動員了二十來歲的青年人來抬石頭。兩層拆過，村裡的三十來歲壯年人也被動員來了。最後兩層，四五十歲的中年人也被動員來了。石頭沒法抬，只得鋪上兩根檁條，把石頭滾在上面，用鐵杠撬著挪動，快撬到頭時，在續接上兩根檁條，一輪接一輪，順了河底的地，一直撬到坡底。原來從河底上村子的路走人走車，坡度大，拐彎多，只好再開一條坡度緩的通道，把檁條鋪上，接著往上撬。談何容易，坡度加上檁條的滑度，大石頭隨時可能反其道而行之，危險無處不在。到了這一步，人的體力已無濟於事，全靠心力支撐。如果大家都灰心喪氣，那些大石頭也許運到坡下，就不了了之了。人的不服輸的勁頭一旦激起來，形成一種不理智的不計後果的力量，確乎可以成就一些事情。

巨大石頭先用鐵繩拴起來，與一根檁條固定在一起；然後，手腕粗的麻繩連在那根檁條上，留出十幾個相連的活套，每個活套穿進一根椽子，兩個人各抬一頭。這是一種滾繩抬石法，各就各位，一二三一起抬，誰挺不直腰，重量就往誰的槓上滾。三四根槓子在大石頭的後面撬，抬力加撬力，一輪檁條撬到頭時一喘息。新開的坡道成一慢坡形狀，整整輪換十次檁條才走得完坡道；每次完成一次坡道的運輸，人們到了坡頭，喘著粗氣，就地而坐，都忍不住會感嘆：

「你說咱這小村有過多少戶人家，修成了這樣大的廟？」

「儂戲，聽說到過一百來戶呢。」黑駿哥回答說；他沒有力氣，但是給巨石拴鐵繩、給杠子拴麻繩，是他的拿手好戲。

「咱們抬一塊大石頭都這麼費勁，古人鍛造一塊石頭要費多大勁呢？」有人問道。

「混世，要不怎麼說古人了不起呢？」老群大爺說。「人家是真捨得下功夫，混世，你們看看這些大石頭，四面的紋路一模一樣，混世，哪像現在的石匠，只鍛打兩面，混世，全在面子上。混世，要不我能對廟頂上那套鐵葫蘆的鐵件那樣上心嗎？古人的手藝，混世，了不得呀。」

「我就是不明白，在遠離村子的溝裡，差不多就是河底的頭了，修一座廟，有什麼用呢？」又有人問道。

「黑駿哥說說，他最知道了。」另有人提議道。

「儂戲，用處可大了。按風水先生說，咱們這村子四面有山，只有南面沒有山——」

「南面也有山，你看，你看。」再有人搗亂說。

「儂戲，別抬槓，我是說跟咱們村連在一起的山。俗話說，靠山吃山，是說有山靠著總歸有好處。儂戲，別的不說，村子周圍的山，過去樹木成蔭，每年夏天和秋天流進泉坡泊池的水，清淩淩的，能一直流到春天。儂戲，泊池的水還沒有吃完，夏天的水就又滲出來了。現在呢，所有的山光禿禿的，泉水斷了，吃水都成了問題了。儂戲，扯遠了，還說三官廟吧。儂戲，風水先生說，村子南邊一道溝，把村裡的運氣都帶走了。反過來，南風一起，煞氣又帶上來了。運氣在流走，煞氣在流進，儂戲，時間一久，村子就多了歪風邪氣——」

「那是誰非要拆掉呢？」還有人問道。

議論到此總是卡殼兒，沒有人說得清楚。有人說是上面講破除迷信，全公社只有晏理村還有泥胎像，一定要打掉；有人說多村一隊，別的村嫉妒三官廟，拆三官廟的瓦用；有人說村幹部表現上進，自己折騰自己，把好好一座廟拆掉了；有人說都是因為窮，在村裡修幾間小破房子，拆東牆補西牆，把一座大廟毀了……我混在人堆裡，每天為自己的腰擔心，因為滾繩抬巨石，我覺得我的腰幾乎要壓折了，每天夜裡疼痛難忍。我上高小之前，三官廟還巍峨挺立，村裡人出於對大饑荒的恐懼，還到三官廟裡去燒香拜藥。我上了五年中學後回村，三官廟就只剩根基了。三官老爺折騰了村民幾年，或者更確切地說，村民折騰了三官老爺幾年，三官廟最後還是夷為平地了。殘破的三官廟不甘心任人摧殘，給村民帶來巨大的精神和心理衝擊，終於折騰出了一座小土廟，殘破的大廟和小土廟共存了兩年多，文化大革命的餘波波及到了小山村，村裡居然冒出來造反派。他們先是把村廟的奶奶塑像和眾多的娃娃泥胎像敲碎搗毀，然後一路殺到河底，把那座小廟推倒了事兒。

然而，迷信風波並未戛然而止，在以後的歲月裡又製造出來更多稀奇古怪的故事，那要在另一本書裡寫了。

十三、尾聲

一

老家的好朋友張元魁寄來一本書，書名叫《走近太行古村落》（程畫梅攝影，閻法寶撰文，中國攝影出版社，二〇〇五年五月），圖文並茂，看著手不釋卷，看過後一直擺在案頭，隨時翻看幾頁，總會勾起遙遠的回憶和不盡的思緒。嚴格說來這是一本攝影集，但是由於配文的作者對地理人文非常熟悉，撰寫的文字頗具歷史深度和文化內涵，便使得一本攝影集遠遠超出了「影集」的作用和意義。

書名《走近太行古村落》中的「太行」，實際上指的只是山西省晉城市管轄的幾個縣所在的地區——高平市、澤州縣、陽城縣、沁水縣和陵川縣。就太行山而言，這裡應是南端；就省份而言，這一帶是山西的南界，如今修築了晉焦（晉城至焦作）高速路，驅車不到半個小時就能到達焦作，而焦作已算得上中原的北端了。我的老家在太行山，從小生活在太行山，但是直到我上大學走出太行山，我一直以為我們縣東部的高山深溝才是具體的太行山。十八歲那年，家裡因為修了幾間土坯房，剛開春就鬧起糧荒，到了六月份實在撐不下去了，父親帶著我去和居住在「山裡頭」糧食還算夠吃的大舅家借糧。那是我很難忘記的一次遠行，日行近百里，山越來越高，崖越來越深，樹木越來越茂密，山間的溪水循溝而流，清冽而源源不斷。到了我的大舅家，地理環境完全稱得上「深山老林」了。在大舅家逗留了三天，聽說了很多「山外人」因為各種禍患進山安家的故事。因為我的大舅也是在兵荒馬亂的年代逃兵役躲進深山的，聽到的故事便引起了我的無限聯想。後來看書多了，能寫點東西，就把那次進山活動寫成了一個六七萬字的小說，取名《進山瑣記》，投了四五家大型文學雜誌，得到了四五封退稿信，竟然沒有一家說得清我寫了些什麼。這下弄得我也迷糊了，直到看了《走進太行古村落》，我才又清晰起來：人的生存性能；或許就是薩特通過他的文學寫作給出的更響亮的界定——存在主義。是的，人生的「存在」實在是一個大問題。儘管至今我一看到「存在主義」就會想到漢語的「苟且偷生」，可如果人類連「生」都成了問題，再偉大的「主義」又有什麼意義呢？沒有想到，我當時寫那篇習作想寫個體的生存問題，竟會在《走近太行古村落》一書中以家族或者村落或者村群的生存形式得到更加強烈的回應，至少在我看來是這樣的。

全書共分三十六篇，每篇或寫一個古村落，或寫一組古建築群，其中一些名字頗有歷史的深度，例如〈絲綢古道南陽行〉、〈竇莊古稱「小北京」〉、〈炎帝故里神農鎮〉、〈唐風古韻伯方村〉、〈名相故里皇城村〉和〈夏朝古都高都鎮〉等等。這些村落都有一個傳奇般的形成過程，村子的建設既有規模又很講究，大部分都有城牆，有的還有環村河，既注意一村一莊的和諧，也注意抵禦外來的侵擾。追究村落的形成，有相當一部分的原始村主都是在尋求生存的遷徙中落腳太行山的。例如近來聞名全國的旅遊勝地皇城村的村主陳家祖籍是河北，在山西流動數個村落，最後落腳中道莊，從土坯茅舍起步，「經過陳家八代人二百七十多年的艱苦奮鬥，到陳廷敬入閣拜相那年（一七〇三年），終於建成了規模宏大、規制顯赫的城堡式莊園。」這個陳廷敬的「廷」字是順治皇帝欽賜，而陳廷敬本人先做過康熙的老師，後成為康熙的重臣和《康熙字典》總閱官，中道莊演變為皇城村，自然與他密不可分。二〇〇一年朋友張元魁邀約我們夫婦去參觀皇城村，走在明清兩朝修築的裡外兩道城牆上，看著腳下宏大的建築群和高入雲端的「建於明崇禎五年（一六三二年）」的六層「河山樓」，曾做過臨時泥水匠的我不禁感慨萬端。朋友是我中學的莫逆之交，見我走在城頭上沉思少言，以為我不喜歡眼前的景物，便關心地問：「這『皇城相府』還有些意思？」我答：「何止！我們這代人當初號稱無產階級的接班人，如今年過半百，活得還不如這城牆裡的一塊磚呢。」在那個時候，我才真正意識到有產者的威嚴和無產者的可憐。這陳氏家族在明清兩朝共出了九個進士，十個舉人，先後有三十六個人在外為官吃皇糧，被譽為「北方第一文化巨族」，在方圓一代造成了神話般的文化強勢。遠的不說，皇城村所屬的陽城縣，歷史上人才輩出，至今每年送出的大學生，不僅在晉城市管轄的範圍，就是在整個山西省都是屈指可數的縣份。

二

第九篇〈百世傳香西文興〉裡的西文興村，位於沁水縣西南二十五公里，是一個以柳氏家族為主的古村落，而這柳氏的先祖便是唐代著名政治家和文學家柳宗元的同宗。唐貞元年間，柳宗元因參與王叔文的政治變革遭到貶黜，其中一支因受連累「棄俯始徙至沁」，「隱居深山，恪守祖訓，耕讀為本」，歷經六百年後「再開百世書香之門風」，幾代人於明成化和明嘉靖年間入朝做官，積累起了一個十三院的城堡式莊園。儘管經歷了近幾十年的極端破壞只剩下了七個破敗的院落，但是我的朋友張元魁在電話裡告訴我：「那裡的建築物要比皇城村還有看頭。」這是可以想見的，柳氏畢竟是一個經過文化薰陶的家族，復興起來自然有文化厚度。這點僅從照片上的精美磚雕、木雕和石雕藝術看去，就讓人嘆為觀止，更何況還有鑲刻於牆壁上的訓詞和箴言：「世代為官而勿貪，產業擴大而勿霸，金倉銀財而勿欺，駟馬之門而勿淫。」，「勿謀人之財產，勿妒人之技能，勿淫人之妻女，勿唆人之公訴，勿壞人之名利。」等等。這樣的村落文化無疑是特定社會的產物，但是我們沒有任何理由宣判它是舊的文化，過時的文化，因而就要必須破除。人類的成長需要豐富而多樣的文化土壤。實踐證明，無論多麼英明的人物都沒有能力為廣大民眾提供統一的健康的文化土壤。

對我來說，最驚訝的是在第七篇裡終於發現了〈侯莊趙家老南院〉的來龍去脈。侯莊這個名字在我聽來就是神話中的一個去處，「趙家老南院」是父輩們掛在口頭的一個嚮往之地。在我很小的記憶中，天氣漸漸熱起來的時候，不管地裡的活兒多忙，村裡總有那麼幾個長輩搭伴兒步行三十多里「去侯莊趕會」，早出晚歸，帶來許多關於集上的新聞，比如規模比往年大了還是小了，趕會的人比往年多了還是少了，會上的東西比往年多了還是少了，誰買了什麼東西值了，誰買什麼東西不值，等等。眼前的事情說過，更多的是對「侯莊會」的過去的追憶。歸納起來，長輩們關於侯莊會及趙家老南院的說法是：趙家祖上逃荒來到侯莊，無處居住，因為有一棟房子裡半夜總是鬧鬼而荒廢，便住了進去。可是趙家的祖上住進去後卻沒有鬧鬼，半夜反有人托夢，說他們睡覺的炕下面藏著一缸金子。他們第二天果然在炕裡刨出了金子，從此就發家了。後來趙家成了方圓幾十里的大戶，每年春去夏來之際都要叫戲班子來唱戲，後來就有了侯莊會。趙家老南院每年在會上都要開飯棚，誰去趕會沒有帶錢，儘管去那個飯棚白吃，管飽了還可以帶乾糧走。會趕完了，趙家還會把會上所有買賣人沒有賣掉的東西統統收購，讓那些來賣東西的人高高興興地來，高高興興地回。

隨著時代的凋零，侯莊會有了新的傳說，最令人難忘的是三年困難時期，村裡去趕會的長輩們親眼看見一個老頭，因為沒有糧票，拿著五塊錢買不到一個燒餅，眼巴巴等到天黑，氣得把五塊錢塞進燒餅爐裡燒了。關於當初糧食貧乏實行糧票制的種種傳說，這是我聽到的最令人心酸的一種。還看見有一個人去趕會餓得實在不行，光天化日之下把別人手裡的東西搶過來又是吐唾沫又是擤鼻涕，糟蹋得別人無法吃了自己吃了。再往後，鄉間的「會」和「集」什麼的，在破舊立新的大氣候中改名為「物資交流大會」，可具有諷刺意味的是物資交流會上難見物資，趕會的人失去了趕會的目的和興趣，漸漸就不再去了；就連侯莊會這樣聞名遐邇的大集會，也徒有虛名了。我小時候十分嚮往的侯莊會，到了我中學畢業的時候，村裡只有父親和一個鐵匠還去趕會，只是回來後唉聲嘆氣，說：要是趙家還發達就好了，少說咱也能到他家的飯棚裡混個肚飽呀。這話從我父親這樣一輩子相信勞動致富極講臉面的莊稼人口裡說出來，實在是讓活人的威嚴喪失淨盡了。後來有了些文化，有了些經歷，我才明白父輩去侯莊趕會是去尋發財夢，就連他們掛在口頭的有關趙家的傳說，也是根據種地人發家致富的想像編撰出來的。祖祖輩輩務農而窮困，他們多想有一筆在自家炕頭撿到的發家的資本呀。至於發多大家，致多大富，在他們看來，每年能請得起戲班子，能在一個會上「開飯棚」，能把會上的東西統統收購下來，那就是個氣派了。我們盡可以說農民眼光短淺，可我們曾經把一個地大物博的國家折騰得沒有了「物資」，我們的目光又能「遠大」到哪裡去呢？

〈侯莊趙家老南院〉一章裡是這樣記載的：「侯莊趙氏家族，祖居山西聞喜縣，後遷於洪洞縣，元末又遷至高平縣侯莊村。」「侯莊趙家由明代中葉發跡，到明末清朝的興盛，歷時四百年之久。在山西、河南、安徽、江蘇和浙江，有工商字號大小一百零八座，並壟斷了兩淮地區六州縣的鹽務。」，「創辦了江南有名的『趙永升』商號。」，「它是晉商巨富之一。」由此看來，我的父輩們看到的侯莊會上趙家的氣派，不過是九牛一毛而已，可就是這九牛一毛，不知成為方圓幾十里多少有抱負的農民一輩子發家致富的夢想啊。人不能沒有希望，而實現希望又怎麼能離開可以效法的榜樣呢？難怪本書的作者感嘆道：「作為其光宗耀祖、顯赫世家標誌的老南院也於土改時易其主人。望著這些破敗的院落，思緒中一直尋覓趙家昔日的輝煌。除了這座老南院有待於研究和開發外，趙家那種下太行，居中原，跨黃淮，越長江的艱苦創業精神，理應成為當今人們學習的榜樣。」

三

書真是一種寶貝，書中的內容不僅讓讀者增長知識，還能喚醒讀者沉眠的記憶。《走近太行古村落》一書中讓我感到格外親切而又無限感慨的是第二十章〈文物匯聚禮義鎮〉，而其中所說的「鎮內的崔府君廟、南吉祥寺、北吉祥寺和龍岩寺均為國家級文物重點保護單位」；這四處寺廟除了龍岩寺之外，其餘三處都是我再熟悉不過的地方，尤其南吉祥寺，我在村裡讀完小學上高小就走進了這所寺廟。就一個村落來說，大戶人家是支柱，寺廟往往就是標誌了。我在村裡上小學也是在廟裡，房高院深，從環境上說並不陌生，但南吉祥寺更大更深更高，是我當時入住那裡的主要印象。此章關於南吉祥寺的篇幅有六七百字，卻幾乎全是我寄宿那裡兩年之中沒有聽說過的。比如：「南吉祥寺，溯自唐太宗貞觀年間奉敕修建。原位於平川南面之宋家川，至宋天聖年間，遷至平川重新修建。」「是禮義鎮四處國寶單位中廟齡最長的古建文物。」等等；另外還有一個完整的故事，更是饒有興趣：

這次重建始於原籍本縣路城的一位姓崔的有錢人家。此公寄居平川村時，因年歲較大，妻妾尚未給他生下個承嗣的兒子，便想通過捐資修廟的善舉換得後繼有人。不料此舉甚靈，夫人果為其生下貴子名有孚，年僅十五歲就中了狀元，而且還是宋朝七狀元之首。碑文所記甚詳，可惜此碑文文革中已被毀，現只剩下老百姓的口碑傳說了。

幸哉，幸哉，這塊石碑我見過，就在我們教室的正對面，還演繹出了小孩子家的一些故事呢。這所寺廟所在的平川村是方圓最大的村子，我們小村的孩子去大村上學，受點欺負是難免的。我記得剛剛上高小不久，有兩個大個子姓趙的同學常把我們村同去的三個男孩子叫到那塊碑前，說：「看看這碑上，捐錢修廟的差不多都是我們姓趙的，出錢多的也是我們姓趙的。所以你們帶好吃的乾糧，要給我們吃。」可惜我們當時識字有限，根本看不懂碑文；不過話說回來，就是看懂了也沒有用，因為這顯然是一種訛詐行為，卻也是長期忍饑挨餓的惡果。那是一九六一年深秋的樣子，三年困難時期正當時，有了前兩年自救的經驗，大人們學會了「收不收吃一秋」的手段，說白了就是到集體地裡偷竊糧食。農民是非常現實的，總不能眼看著糧食活活餓死，但道德一旦淪喪，道德回歸便難上加難，以至於遲至上個世紀九十年代，我們那一帶山上堺邊以至公路兩旁的樹木總被偷竊，不論什麼樹，只要長至檩條甚至椽子粗細一準會被盜伐，可悲可嘆！成年人的行為是未成年人效仿的榜樣，公有制帶來的窮困導致的道德淪喪，恐怕是公有制的創始人和實踐者始料未及的。我們村裡的孩子帶乾糧是因為食堂的伙食太差，而平川村的孩子訛詐我們，說到底也還是因為家裡的伙食也好不到哪裡去。好在我上學很少帶乾糧，瞄著乾糧的大個子學生沒有找過我的麻煩。但是，當時不知哪裡流行過來一種給小孩子蒸壽桃保平安的風氣，有一次回家母親很例外地讓我帶壽桃，囑咐我一定要自己吃了，還說壽桃是敬過娘娘的，別人吃了就會吃去我的壽數。當時我十一歲，一共十一個「壽桃饃饃」，儘管大如核桃，可也是我一兩次吃不完的，因此帶到學校後便藏到了席子後面，結果讓老鼠吃了個一乾二淨。老鼠吃了我的壽桃，吃了我的壽數，心裡很疼，但是我覺得總比招徠大個子同學的訛詐要好得多。我始終認為，同類相殘是最可悲最可怕的事情！關於這座寺廟，我上學的時候只聽說過一件至今記憶猶新的事情：當初修建廟宇的工匠很多，大師傅們和麵蒸饅頭忙不過來，便偷著使用手段，一說是夜深人靜時用腳和麵，一說是用屁股搓麵。關於這兩種說法，我們小孩子家一起爭論了一次又一次；對於第一種說法我還比較能理解，但是對於第二種說法我始終難以理解。如今看著照片上那些熟悉的場所，我終於恍然大悟，明白那些說法還是饑腸轆轆的老百姓對白麵饅頭無限渴望的一種黑色幽默。既然人在餓極的情況下能往別人的飯裡擤鼻涕吐唾沫，糟蹋得別人噁心後自己狼吞虎嚥，那麼用腳和麵或者用屁股和麵蒸出的饅頭，那要香甜不知多少了，更何況故事的背後隱藏著那麼誘人的巨大數量的白麵饅頭呢！

關於這所寺廟，有些文字顯然有誤：「殿面上下設兩層半圓形窗戶，中間和東西兩側為三開式殿門，木質『圓明殿』匾額高懸於中間門首。殿的兩側內牆還有五十多平米的元代壁畫，形象生動，線條流暢，為寺內現存之珍品。」「殿面上下設兩層半圓形窗戶，中間和東西兩側為三開式殿門」這樣的前牆格局，完全是我們那裡民居兩層樓的標準設計，顯然是後來砌的牆壁，不是原始的。據我所知，那個正殿曾經做過糖坊，在一九五八年想入非非的荒唐年代，人們曾在裡邊用甜菜熬過餳和糖。我在那裡上學的時候，殿面還是多半截牆，比兩邊的山牆凹進去一大塊，和木柱上面的木結構連在一起，形成一個窄走廊。可以想見，原始「圓明殿」的前面和所有的寺廟正殿一樣，全是莊重宏偉的木柱式結構。書中照片上這種前牆格局，封閉結實，更有利於儲藏。我當時上學期間，那所寺廟裡的幾所房子一直是村子裡的倉庫。偌大的村子，解放後幾十年中窮得叮叮噹噹，始終無財力修建一所倉庫，把祖宗的東西拆西牆補東牆，湊合著使用，也只能如此。不過，寺廟改做學校或者倉庫的過程也未必輕鬆。我聽說，當初在寺廟裡「打泥胎」行動幾起幾落，數千年流傳下來的泥胎塑像成了老百姓心中的神靈和精神支柱，打掉它們或許只是數天數月的暴力活動，但是由此在方圓一代老百姓，尤其上年紀的女性中間，引發的「精神事故」，據說多不勝數。然而，我在那裡最為刻骨銘心的事情，竟是面對我們學生使用的桌子和椅子。我們使用的桌椅是用槐木做的。槐木是我們那一帶最硬的木頭之一，但是我們的桌椅全都折腿的折腿，斷面的斷面，開榫的開榫，而且我上學的兩年中還在不斷毀壞，桌子在不斷更換，而椅子幾乎全換過了。因為桌椅像耄耋老人的胳膊腿般脆弱，經常壞掉，我從老師們的怨言中得知，它們竟是我們村的兩棵老槐樹打造的，因為是千年老槐，木頭已朽，經不住使用！當初第一次聽到這個消息，我整整兩天看著那些桌椅發呆。那是兩棵參天大槐樹，鬱鬱蔥蔥，樹冠奇大，少有枯枝敗葉，無數個鳥窩匿藏其中。東頭的那棵老槐樹五人合抱，西頭的七人合抱。西頭的老槐樹下有個小廟，正月村裡人都要到那個小廟裡敬「槐樹爺」。樹大招風，至今我也不知道誰算計了它們，誰命令工匠伐倒了它們，誰拿朽木做學校的桌椅；我只記得，在村裡砍伐那兩棵大槐樹的兩個月，不是東家奶奶中了邪，就是西家姥姥鬼纏了身，村裡籠罩著一種惶惶不安的氣氛！我們曾經以為打碎一個舊世界是多麼痛快淋漓的事情，歷史證明那是自欺欺人，受傷害的還是我們人類自己。

四

本章中關於崔府君廟，認為它是「目前禮義鎮內保存最完整的金、元建築。」、「該廟始建於唐代，重修於金大定二十四年（西元一一八四年），歷代屢有維修和增建。」說來遺憾，我曾在那裡度過無數個夜晚，可是始終我都不知道它叫什麼名字。當時我的朋友已在公社廣播站工作，而我在相距鎮東幾百米的農機廠「混吃喝」，每天下班後去他那裡坐坐，只需和廠裡人說聲「去廣播站」，便抽身離去了。其實，廣播站只占了寺廟西南角的兩間廂房，上下兩層，樓下住人，樓上是機房。那是一九七一年的樣子，廣播的內容還都是打碎一個黑暗的舊世界，建立一個紅彤彤的新世界之類的內容。從一個千年古剎裡發出這樣的聲音，本身就是諷刺。那時我們已經二十歲出頭，農村人的艱難和無望已經深深刺痛了我們，稍有常識的人都知道做農民根本沒有絲毫的光榮和尊嚴，所以想方設法謀生路早已成為婦孺皆知的事情。我的朋友吃了供應糧，雖然工資只有十八塊，但「皇糧」的光輝十分耀眼，他很快成為整個公社待字閨閣的女孩子們眼中的白馬王子。我的情況還慘點，雖然免去了日曬雨淋風吹，但是吃集體糧，半工資半工分，眼高的女孩子還看不上這種身分。所以，我們在一起不管把話說到天上還是地下，最終還是會落實在他的工資怎樣提高和我的供應糧如何解決的具體問題上。說實話，我這個人容易隨遇而安，農機廠的工作是朋友「拉兄弟一把」的結果，上下頓有碗像樣的飯吃，我已經相對滿足了，對於如何吃上供應糧因為無望就壓根兒沒有多想。但是，朋友是一個比親兄弟還真摯的好人兒，覺得我不能和他同等身分於心不安，雖然無職無權卻憑著他的良好人際關係，有一天叫我到公社去報名，說縣裡要招收一批文化青年，給縣裡培養幹部，而我算是公社推薦的僅有的兩個人選之一。後來的歷史證明，這批人都在縣裡各個部門做了官，有一兩個還做了縣令呢。我當初山中無老虎猴子稱霸王，是農機廠的頭號業務骨幹，廠長跑到公社說我走了整個農機廠就要散架子，死鬧活鬧，硬把我鬧下來了。我因此還鬧過一段情緒，不過真是塞翁失馬焉知非福，只過了幾個月，一個經常來廣播站請我理髮的趙老師，閒話問問我婚否，我說還沒有哪個眼睛向下看的女孩子看上我呢。他問我真的，我說真的，他於是像演戲似的一下子站起來，連連揮手說：明天快去（北）吉祥寺找聯區校長報名，全國正在招收工農兵大學生，首要條件就是未婚。我說我已經到公社文教書記那裡報過名，根本沒有人理睬我。他說如今形勢大變，禮義作為全縣堂堂的文化大公社，保送了十幾個人都讓招生老師打回來了。公社覺得丟了臉，把保送候選人的差事委託給聯區校長，命令他無論如何送去一個合格的，他正發愁沒有人選呢。……

直到閱讀〈文物匯聚禮義鎮〉一章，我才知道我的這個珍貴資訊是在一個名為「崔府君廟」裡獲悉的。在閱讀《走近太行古村落》一書中，我才知道「崔府君廟」是太行山裡的特產，在另一章〈沁河岸邊「金郭壁」〉裡有如下文字：

相傳，唐代崔玨於貞觀七年（西元六三三）任上黨長子縣令，其才智過人，理刑有方，且多有善舉，愛民如子，深受世人讚譽。在《列仙金傳》的孤本中，曾記有他「晝理陽間事，夜斷陰府冤，發摘人鬼，勝似神明」的故事，民間至今還流傳「崔玨審虎」的故事。在他去世之後，各地紛紛為其立廟，以昭功德。

天時，地利，人和，這不僅是打仗的首要條件，更是人類好好生存的基本條件。晉東南，金（鐵礦）、木（老林）、水（泉水）、火（煤）、土（黃土），樣樣豐富，尤其厚實的黃土和豐富的煤礦，對燒制磚瓦，修房造屋，是再好不過的條件。倚仗深山厚土，面向平坦的中原，這太行山南端在兵荒馬亂政治動盪的社會是躲避禍亂的好去處，而在天下太平政通人和的社會是走下太行山，挺進中原，跨過黃河與長江，到更廣闊的天地尋求發展的最好根據地。人和呢？崔玨們也許就是最好的因素了。崔玨由人變成了神，是中國人的一種智慧。中國廟宇裡的神靈大都是由人演化而來的。在這種演化過程中，有產者無疑是催化劑和助產婆，比如皇城村的陳家，文西興村的柳氏，侯莊的趙家，平川村「姓崔的有錢人家」，等等。他們為了自家的財產的安全，費盡心智創造和諧的村落文化。《走近太行古村落》一書中的三十六個古村落，村村都有廟宇。人需要物資，也需要信仰。太行山的富人知道像崔玨這樣一個好縣令存在民間的重大意義，於是給他修建廟宇，由人演繹成神，演繹成一種勢力，一種榜樣，一種規勸，一種明示，一種制約，一種文化。誠如美國著名作家達衛・梭羅在他的不朽之作《瓦爾登湖》裡寫下的：「正人君子的道德風範如同風；百姓的善良仁義如同草；風在草上吹拂，草會躬身相迎。」其實，這是梭羅翻譯孔子的譯文，有這位美國思想者的思考成分，是中西文化的結合。

然而，文化是什麼呢？曾做過臺北市文化局長的龍應台在她的一篇文章裡這樣寫道：

文化其實體現在一個人如何對待他人、對待自己、如何對待自己所處的自然環境。在一個文化厚實深沉的社會裡，人懂得尊重自己——他不苟且，因為不苟且所以有品位；人懂得尊重別人——他不霸道，因為不霸道所以有道德；人懂得尊重自然——他不掠奪，因為不掠奪所以有永續的智能。品位、道德、智慧，是文化積累的總和。

這些話講得平淡中見真知，如果成立，那一定是更高階段的，更高層次的，而我在閱讀《走近太行古村落》一書之中之後直至寫這篇拙文時，我一直在思考的還只是：

無產者無文化，有產者有文化；有恆產者有恒心，有恒心才能有文化積累，而文化只有積累起來，才能給人以啟示。

——〈恆產者的文化沉澱〉二〇〇六年《隨筆》第一期

Do歷史019　PC0428

文革的起源
——公有制啟示錄

作　　者／蘇福忠
主　　編／蔡登山
責任編輯／黃大奎、李書豪
圖文排版／周妤靜
封面設計／王嵩賀

出版策劃／獨立作家
發 行 人／宋政坤
法律顧問／毛國樑　律師
製作發行／秀威資訊科技股份有限公司
地址：114 台北市內湖區瑞光路76巷65號1樓
電話：+886-2-2796-3638　傳真：+886-2-2796-1377
服務信箱：service@showwe.com.tw
展售門市／國家書店【松江門市】
地址：104 台北市中山區松江路209號1樓
電話：+886-2-2518-0207　傳真：+886-2-2518-0778
網路訂購／秀威網路書店：https://store.showwe.tw
國家網路書店：https://www.govbooks.com.tw

出版日期／2015年8月　BOD一版　定價／420元

|獨立|作家|
Independent Author
寫自己的故事，唱自己的歌

文革的起源：公有制啟示錄 / 蘇福忠著 -- 一版. --
臺北市：獨立作家, 2015.08
面； 公分. -- (Do歷史；PC0428)
BOD版
ISBN 978-986-5729-81-3(平裝)

1. 蘇福忠 2. 回憶錄 3. 文化大革命 4. 文集

782.887 104007318

國家圖書館出版品預行編目

讀者回函卡

感謝您購買本書，為提升服務品質，請填妥以下資料，將讀者回函卡直接寄回或傳真本公司，收到您的寶貴意見後，我們會收藏記錄及檢討，謝謝！如您需要了解本公司最新出版書目、購書優惠或企劃活動，歡迎您上網查詢或下載相關資料：http:// www.showwe.com.tw

您購買的書名：________________________________

出生日期：________年________月________日

學歷：□高中（含）以下　□大專　□研究所（含）以上

職業：□製造業　□金融業　□資訊業　□軍警　□傳播業　□自由業

　　　□服務業　□公務員　□教職　□學生　□家管　□其它_____

購書地點：□網路書店　□實體書店　□書展　□郵購　□贈閱　□其他

您從何得知本書的消息？

□網路書店　□實體書店　□網路搜尋　□電子報　□書訊　□雜誌

□傳播媒體　□親友推薦　□網站推薦　□部落格　□其他__________

您對本書的評價：（請填代號　1.非常滿意　2.滿意　3.尚可　4.再改進）

封面設計____　版面編排____　內容____　文／譯筆____　價格____

讀完書後您覺得：

□很有收穫　□有收穫　□收穫不多　□沒收穫

對我們的建議：________________________________

____

____

____

請貼
郵票

11466
台北市內湖區瑞光路 76 巷 65 號 1 樓
獨立作家讀者服務部 收

(請沿線對折寄回，謝謝！)

姓　　名：＿＿＿＿＿＿＿＿　年齡：＿＿＿＿　性別：□女　□男

郵遞區號：□□□□□

地　　址：＿＿＿＿＿＿＿＿＿＿＿＿＿＿＿＿

聯絡電話：(日)＿＿＿＿＿＿＿＿＿＿(夜)＿＿＿＿＿＿＿＿＿＿

E-mail：＿＿＿＿＿＿＿＿＿＿＿＿＿＿＿＿